KB084740

특별부록

2020 ~ 2017년
서울교통공사 NCS 기출문제

모바일 OMR 답안분석

2020 ~ 2017년 시행 기출문제

※ 다음은 스마트 스테이션에 관한 자료이다. 다음 자료를 보고 이어지는 질문에 답하시오. [1~3]

서울 지하철 2호선에 '스마트 스테이션'이 본격 도입된다. 서울교통공사는 현재 분산되어 있는 분야별 역사 관리 정보를 정보통신기술(ICT)을 기반으로 통합·관리할 수 있는 '스마트 스테이션'을 내년(2021년) 3월까지 2호선 50개 전 역사에 구축한다고 밝혔다.

스마트 스테이션은 올해 4월 지하철 5호선 군자역에서 시범 운영됐다. 그 결과 순회 시간이 평균 28분에서 10분으로 줄고, 돌발 상황 시 대응 시간이 평균 11분에서 3분으로 단축되는 등 안전과 보안, 운영 효율이 향상된 것으로 나타났다.

스마트 스테이션이 도입되면 3D맵, IoT센서, 지능형 CCTV 등이 유기적으로 기능하면서 하나의 시스템을 통해 보안, 재난, 시설물, 고객서비스 등 통합적인 역사 관리가 가능해진다. 3D맵은 역 직원이 역사 내부를 3D 지도로 한눈에 볼 수 있어 화재 등의 긴급 상황이 발생했을 때 신속 대응에 도움을 준다. 지능형 CCTV는 화질이 200만 화소 이상으로 높고, 객체 인식 기능이 탑재되어 있어 제한구역의 무단침입이나 역사 화재 등이 발생했을 때 실시간으로 알려준다. 지하철 역사 내부를 3차원으로 표현함으로써 위치별 CCTV 화면을 통한 가상순찰도 가능하다.

서울교통공사는 기존 통합 모니터링 시스템을 개량하는 방식으로 2호선 내 스마트 스테이션의 도입을 추진한다. 이와 관련해 지난달 L통신사 컨소시엄과 계약을 체결하였다. 이번 계약에는 군자역에 적용된 스마트 스테이션 기능을 보완하는 내용도 들어 있다. 휠체어를 자동으로 감지하여 역 직원에게 통보해주는 기능을 추가하는 등 교통약자 서비스를 강화하고, 직원이 역무실 밖에서도 역사를 모니터링할 수 있도록 모바일 버전을 구축하는 것이 주요 개선사항이다.

서울교통공사는 2호선을 시작으로 점진적으로 전 호선에 스마트 스테이션 도입을 확대해 나갈 예정이다. 또 스마트 스테이션을 미래형 도시철도 역사 관리 시스템의 표준으로 정립하고, 향후 해외에 수출할 수 있도록 기회를 모색해 나갈 계획이라고 밝혔다.

〈스마트 스테이션의 특징〉

- 역무실 공백 상태가 줄어든다.
- 상황 대응이 정확하고 빨라진다.
- 출입관리가 강화된다.

〈일반 CCTV와 지능형 CCTV의 특징〉

구분	일반 CCTV	지능형 CCTV
특징	사람이 영상을 항시 감시·식별	영상분석 장치를 통해 특정 사람, 사물, 행위 등을 인식
장단점	– 유지보수가 용이함 – 24시간 모니터링 필요 – 모니터링 요원에 의해 사건·사고 인지	– 정확한 식별을 통한 관리의 용이성 – 자동화된 영상분석 장치를 통해 특정 상황 발생 시 알람 등을 이용해 관제요원에게 통보 – 개발이 어려움

01 다음 중 기사문의 내용과 일치하는 것은?

① 스마트 스테이션은 2020년 말까지 2호선 전 역사에 구축될 예정이다.
② 스마트 스테이션은 2019년 4월에 처음으로 시범 운영되었다.
③ 현재 5호선 군자역에서는 분야별 역사 관리 정보를 통합하여 관리한다.
④ 현재 군자역의 직원은 역무실 밖에서도 모바일을 통해 역사를 모니터링할 수 있다.
⑤ 2호선에 도입될 스마트 스테이션에는 새롭게 개발된 통합 모니터링 시스템이 적용된다.

02 다음 중 일반 역(스테이션)의 특징으로 옳지 않은 것은?

① 스마트 스테이션에 비해 순찰 시간이 짧다.
② 스마트 스테이션에 비해 운영비용이 많이 든다.
③ 스마트 스테이션에 비해 돌발 상황에 대한 대응 시간이 길다.
④ 스마트 스테이션에 비해 더 많은 인력이 필요하다.
⑤ 스마트 스테이션에 비해 사건·사고 등을 실시간으로 인지하기 어렵다.

---

01 스마트 스테이션에서는 분산되어 있는 분야별 역사 관리 정보를 정보통신기술을 기반으로 통합 관리한다. 따라서 현재 스마트 스테이션을 시범 운영하고 있는 5호선 군자역에서는 역사 관리 정보가 통합되어 관리되고 있음을 알 수 있다.

오답분석

① 서울교통공사는 스마트 스테이션을 2021년 3월까지 2호선 50개 전 역사에 구축할 예정이다.
② 스마트 스테이션은 올해 2020년 4월 지하철 5호선 군자역에서 시범 운영되었다.
④ 모바일 버전의 구축은 이번에 체결한 계약의 주요 개선사항 중 하나이므로 현재는 모바일을 통해 역사를 모니터링할 수 없다.
⑤ 스마트 스테이션은 기존 통합 모니터링 시스템을 개량하는 방식으로 도입될 예정이므로 앞으로 도입될 스마트 스테이션에는 새롭게 개발된 모니터링 시스템이 아닌 보완·개선된 기존의 모니터링 시스템이 적용될 것이다.

02 스마트 스테이션이 군자역에서 시범 운영된 결과, 순회 시간이 평균 28분에서 10분으로 줄었다. 따라서 일반 역의 순찰 시간은 스마트 스테이션의 순찰 시간보다 더 긴 것을 알 수 있다.

오답분석

② 스마트 스테이션이 시범 운영된 결과, 운영 효율이 향상된 것으로 나타났으므로 일반 역은 스마트 스테이션에 비해 운영비용이 많이 드는 것을 알 수 있다.
③ 스마트 스테이션이 시범 운영된 결과, 돌발 상황에 대한 대응 시간이 평균 11분에서 3분으로 단축되었으므로 일반 역의 대응 시간은 스마트 스테이션보다 더 긴 것을 알 수 있다.
④ 스마트 스테이션이 도입되면 3D맵과 지능형 CCTV를 통해 가상순찰이 가능해지므로 스마트 스테이션에서는 일반 역보다 적은 인력이 필요할 것이다.
⑤ 스마트 스테이션의 경우 지능형 CCTV를 통해 무단침입이나 역사 화재 등을 실시간으로 인지할 수 있지만, 일반 역에서는 이를 실시간으로 인지하기 어렵다.

정답 01 ③ 02 ①

안심Touch

03 다음은 스마트 스테이션의 3D맵이다. 다음을 보고 판단한 내용으로 옳지 않은 것은?

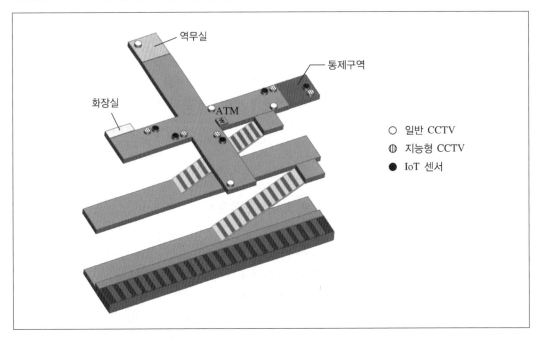

① 역무실의 CCTV는 고장이 나더라도 유지보수가 용이하다.

② ATM기 오른편의 CCTV보다 맞은편의 CCTV를 통해 범죄자 얼굴을 쉽게 파악할 수 있다.

③ 역 내에 지능형 CCTV와 IoT센서는 같이 설치되어 있다.

④ 통제 구역의 CCTV는 침입자를 실시간으로 알려준다.

⑤ 역무실에서는 역 내의 화장실 주변에 대한 가상순찰이 가능하다.

---

03 지능형 CCTV(◍)의 경우 높은 화소와 객체 인식 기능을 통해 사물이나 사람의 정확한 식별이 가능하다. 따라서 ATM기 맞은편에 설치된 일반 CCTV(○)보다 ATM기 오른쪽에 설치된 지능형 CCTV(◍)를 통해 범죄자 얼굴을 쉽게 파악할 수 있다.

오답분석

① 일반 CCTV(○)는 유지보수가 용이하다는 장점이 있다.

③ 제시된 3D맵을 보면 모든 지능형 CCTV(◍)는 IoT센서(●)와 함께 설치되어 있음을 알 수 있다.

④ 지능형 CCTV(◍)는 객체 인식 기능을 통해 제한구역의 무단침입 등이 발생할 경우 이를 실시간으로 알려 준다.

⑤ 지하철 역사 내부를 3차원으로 표현한 3D맵에서는 지능형 CCTV(◍)와 IoT 센서(●) 등을 통해 가상순찰이 가능하다.

정답 03 ②

04 다음 중 고객접점서비스에 대한 설명으로 옳은 것을 모두 고르면?

> ㄱ. 덧셈 법칙이 적용된다.
> ㄴ. 처음 만났을 때의 15초가 중요하다.
> ㄷ. 서비스 요원이 책임을 지고 고객을 만족시킨다.
> ㄹ. 서비스 요원의 용모와 복장이 중요하다.
> ㅁ. 고객접점서비스를 강화하기 위해서는 서비스 요원의 권한을 약화시켜야 한다.

① ㄱ, ㄴ, ㄷ   ② ㄴ, ㄷ, ㄹ
③ ㄷ, ㄹ, ㅁ   ④ ㄱ, ㄷ, ㄹ, ㅁ
⑤ ㄱ, ㄴ, ㄷ, ㄹ, ㅁ

05 다음 중 거절에 대한 설명으로 옳지 않은 것은?

○○공사	입사를	축하합니다
응할 수 없는 이유를 설명한다	거절은 되도록 늦게 해야 한다	모호하지 않고 단호하게 거절한다
여러분	**환영합니다**	
정색하지 않는다	도움을 주지 못한 것에는 아쉬움을 표현한다	

① ○○공사   ② 입사를
③ 축하합니다.   ④ 여러분
⑤ 환영합니다.

---

04   고객접점서비스(MOT)는 고객과 서비스 요원 사이에서 15초 동안의 짧은 순간 이루어지는 서비스로, 이 15초 동안 고객접점에 있는 서비스 요원이 책임과 권한을 가지고 우리 회사를 선택한 것이 가장 좋은 선택이었다는 사실을 고객에게 입증해야 한다. 이때, 서비스 요원의 용모와 복장 등은 첫인상을 좌우하는 중요한 요소가 된다.

오답분석
ㄱ. 고객접점서비스는 모든 서비스에서 100점을 맞았더라도 한 접점에서 불만이 나오면 $100 \times 0 = 0$의 곱셈 법칙이 적용되어 모든 서비스 점수가 0점이 된다.
ㅁ. 고객접점서비스를 강화하기 위해서는 서비스 요원의 권한을 강화하여야 한다.

05   거절은 빠르게 하는 것이 좋다.
올바른 거절 방법
• 거절에 대해 먼저 사과하고, 상대방이 이해할 수 있게 응할 수 없는 이유를 설명한다.
• 거절은 시간을 들이지 말고 바로 하는 것이 좋다.
• 모호한 태도를 보이는 것보다 단호하게 거절하는 것이 좋다.
• 정색을 하면 상대방의 감정이 상하므로 주의한다.
• 거절한 다음에는 도움을 주지 못하는 것에 대해 아쉬움을 표현한다.

정답 04 ② 05 ②

※ 다음은 지점이동을 원하는 직원들에 대한 자료이다. 자료를 보고 이어지는 질문에 답하시오. [6~7]

<표>

성명	1차 희망지역	보직	경력	성명	1차 희망지역	보직	경력	
A	대구	시내운전	3년	H	부산	연료주입	3년	
B	대전	차량관리	5년	I	서울	시내운전	6년	
C	서울	연료주입	4년	J	대구	차량관리	5년	
D	경기	차량관리	2년	K	광주	연료주입	1년	
E	서울	시내운전	6년	L	경기	연료주입	2년	
F	부산	연료주입	7년	M	부산	시내운전	8년	
G	경기	차량관리	1년	N	대구	차량관리	7년	

〈직원 기록〉

〈조건〉

- 각 지역마다 희망지역을 신청한 사람 중 2명까지 이동할 수 있다.
- 우선 희망지역이 3명 이상이면 경력이 높은 사람이 우선된다.
- 1차 희망 지역에 가지 못한 사람들은 2차 희망지역에서 다음 순위 방법으로 선정된다.
  - 보직 우선순위 '시내운전 > 차량관리 > 연료주입'
  - 보직이 같을 경우 경력이 낮은 사람 우선
- 희망지역은 3차까지 신청 가능하다.
- 3차 희망지역도 안 될 경우 지점이동을 하지 못한다.

| 2020년

06 1차 희망지역인 서울과 경기지역으로 이동할 직원들이 바르게 연결된 것은?

①
서울
E, I
경기
G, L

②
서울
C, I
경기
D, L

③
서울
E, I
경기
D, L

④
서울
C, E
경기
D, G

⑤
서울
C, I
경기
D, G

07 다음은 지점이동을 지원한 직원들의 희망지역을 정리한 표이다. 표를 참고할 때 어느 지역으로도 이동하지 못하는 직원은?

<희망지역 신청표>

성명	1차 희망지역	2차 희망지역	3차 희망지역	성명	1차 희망지역	2차 희망지역	3차 희망지역
A	대구	울산	부산	H	부산	광주	울산
B	대전	광주	경기	I	서울	경기	–
C	서울	경기	대구	J	대구	부산	울산
D	경기	대전	–	K	광주	대전	
E	서울	부산	–	L	경기	서울	–
F	부산	대구	포항	M	부산	대전	대구
G	경기	광주	서울	N	대구	포항	–

① A

② C

③ G

④ H

⑤ N

---

06 지점이동을 원하는 직원들 중 1차 희망지역에 서울을 신청한 직원은 C, E, I이고, 경기를 적은 직원은 D, G, L이다. 하지만 조건에서 희망지역을 신청한 사람 중 2명만 이동할 수 있으며, 3명 이상이 지원하면 경력이 높은 사람이 우선된다고 했으므로 서울을 신청한 직원 중 경력이 6년인 E, I가 우선이며, 경기는 경력이 2년인 D, L이 우선이 된다. 따라서 서울 지역으로 이동할 직원은 E, I이며, 경기 지역은 D, L이다.

07 지점이동을 원하는 직원들 중 첫 번째와 두 번째 조건에 따라 1차 희망지역으로 발령을 받는 직원을 정리하면 다음과 같다.

서울	경기	대구	대전
E, I	D, L	J, N	B
부산	**광주**	**포항**	**울산**
F, M	K		

1차 희망지역에 탈락한 직원은 A, C, G, H이며, 4명의 2차 희망지역에서 순위 선정 없이 바로 발령을 받는 직원은 울산을 지원한 A이다. G와 H는 광주를 지원했지만 광주에는 K가 이동하여 한 명만 더 갈 수 있기 때문에 둘 중 보직 우선순위에 따라 차량관리를 하고 있는 G가 이동하게 된다. H는 3차 희망지역으로 울산을 지원하여 울산에 배정된 직원은 A 1명이므로 울산으로 이동한다. C의 경우 2·3차 희망지역인 경기, 대구 모두 2명의 정원이 배정되어 있으므로 이동하지 못한다. 따라서 지점이동을 하지 못하는 직원은 C이다.

정답 06 ③ 07 ②

08 다음 중 감정은행계좌에 대한 설명으로 가장 적절하지 않은 것은?

〈감정은행계좌〉

1. 감정은행계좌란?

인간관계에서 구축하는 신뢰의 정도를 은유적으로 표현한 것으로, 만약 우리가 다른 사람에 대해 공손하고 친절하며 정직하고 약속을 지킨다면 우리는 감정을 저축하는 것이 되고, 무례하고 불친절한 행동 등을 한다면 감정을 인출하는 것이 된다.

2. 감정은행계좌 주요 예입수단

내용	사례
상대방에 대한 이해심	여섯 살 아이는 벌레를 좋아하였지만, 아이의 행동을 이해하지 못한 부모는 벌레를 잡아 내쫓았다. 결국 아이는 크게 울고 말았다.
사소한 일에 대한 관심	두 아들과 여행을 간 아버지는 막내아들이 추워하자 입고 있던 자신의 코트를 벗어 막내아들에게 입혔다. 여행에서 돌아온 뒤 표정이 좋지 않은 큰아들과 이야기를 나누어보니 동생만 챙긴다고 서운해하고 있었다.
약속의 이행	A군과 B군이 오전에 만나기로 약속하였으나, B군은 오후가 다 되어서야 약속장소에 나왔다. A군은 앞으로 B군과 만나기로 약속할 경우 약속 시간보다 늦게 나가야겠다고 생각하였다.
기대의 명확화	이번에 결혼한 신혼부부는 결혼생활에 대한 막연한 기대감을 품고 있었다. 그러나 결혼 후의 생활이 각자 생각하던 것과 달라 둘 다 서로에게 실망하였다.
언행일치	야구선수 C는 이번 시즌에서 20개 이상의 홈런과 도루를 성공하겠다고 이야기하였다. 실제 이번 시즌에서 C가 그 이상을 해내자 사람들은 C의 능력을 확실히 믿게 되었다.
진지한 사과	D사원은 작업 수행 중 실수가 발생하면 자신의 잘못을 인정하고 사과하였다. 처음에는 상사도 이를 이해하고 진행하였으나, 같은 실수와 사과가 반복되자 이제 D사원을 신뢰하지 않게 되었다.

① 상대방을 제대로 이해하지 못하면 감정이 인출될 수 있다.
② 분명한 기대치를 제시하지 않아 오해가 생기면 감정이 인출될 수 있다.
③ 말과 행동을 일치시키거나 약속을 지키면 신뢰의 감정이 저축된다.
④ 내게 사소한 것이 남에게는 사소하지 않을 수 있다.
⑤ 잘못한 것에 대해 사과를 하면 항상 신뢰의 감정이 저축된다.

---

08 진지한 사과는 감정은행계좌에 신뢰를 예입하는 것이지만, 반복되는 사과나 일상적인 사과는 불성실한 사과와 같은 의미로 받아들여져 감정이 인출될 수 있다.

감정은행계좌 주요 예입수단
• 상대방에 대한 이해심 : 다른 사람을 진정으로 이해하기 위해 노력하는 것이야말로 우리가 할 수 있는 가장 중요한 예입수단이다.
• 사소한 일에 대한 관심 : 약간의 친절과 공손함은 매우 중요하다. 이와 반대로 작은 불손, 작은 불친절, 하찮은 무례 등은 막대한 인출을 가져온다.
• 약속의 이행 : 책임을 지고 약속을 지키는 것은 중요한 감정 예입 행위이며, 약속을 어기는 것은 중대한 인출 행위이다.
• 기대의 명확화 : 신뢰의 예입은 처음부터 기대를 분명히 해야 가능하다.
• 언행일치 : 개인의 언행일치는 신뢰를 가져오고, 감정은행계좌에 많은 종류의 예입을 가능하게 하는 기초가 된다.
• 진지한 사과 : 진지한 사과는 감정은행계좌에 신뢰를 예입하는 것이다.

정답 08 ⑤

09 다음 중 〈보기〉와 관련된 자기인식에 대한 설명으로 옳지 않은 것은?

———————————————— 〈보기〉 ————————————————
○ ㉠ 이력서에 적힌 개인정보를 바탕으로 보직이 정해졌다.
○ ㉡ 일을 하면서 몰랐던 적성을 찾았다.
○ ㉢ 지시에 따라 적성에 맞지 않은 일을 계속하였다.
○ ㉣ 상사가 나에게 일에 대한 피드백을 주었다.
○ ㉤ 친한 동료와 식사를 하면서 나의 꿈을 이야기했다.
○ ㉥ 나의 평판에 대해 직장 동료나 상사에게 물어본다.

① ㉣은 눈먼 자아와 연결된다.
② ㉡은 아무도 모르는 자아와 연결된다.
③ ㉠은 공개된 자아와 연결된다.
④ ㉥은 숨겨진 자아와 연결된다.
⑤ 조셉과 해리 두 심리학자가 '조해리의 창' 이론을 만들었다.

10 다음 중 우리나라 직장인에게 요구되는 직업윤리와 가장 관련이 없는 것은?

① 전문성　　　　　　　　　　② 성실성
③ 신뢰성　　　　　　　　　　④ 창의성
⑤ 협조성

- -

09　숨겨진 자아는 타인은 모르지만, 나는 아는 나의 모습을 의미한다. 자신의 평판에 대해 직장 동료나 상사에게 물어보는 것은 타인은 알고 있지만, 나는 알지 못하는 나의 모습을 의미하는 눈먼 자아와 연결된다.

조해리의 창(Johari's Window)
조해리의 창은 대인관계에 있어서 자신이 어떻게 보이고, 또 어떤 성향을 가지고 있는지를 파악할 수 있도록 한 심리학 이론으로, 미국의 심리학자 조셉 루프트와 해리 잉햄이 고안하였다.
• 눈먼 자아 : 나에 대해 타인은 알고 있지만, 나는 알지 못하는 모습
• 아무도 모르는 자아 : 타인도 나도 모르는 나의 모습
• 공개된 자아 : 타인도 나도 아는 나의 모습
• 숨겨진 자아 : 타인은 모르지만, 나는 아는 나의 모습

10　직업윤리의 일반적 덕목에는 소명의식, 천직의식, 직분의식, 책임의식, 전문가의식, 봉사의식 등이 있으며, 한국인들은 중요한 직업 윤리 덕목으로 책임감, 성실성, 정직함, 신뢰성, 창의성, 협조성, 청렴함 등을 강조한다.

정답　09 ④　10 ①

〈철도차량의 개조〉

• 개요

철도차량을 소유하거나 운영하는 자가 철도차량을 개조하여 운행하려면 국토교통부 장관의 개조승인을 받아야 한다.

• 내용

1) 철도안전법 시행규칙 제75조의3(철도차량 개조승인의 신청 등)

① 철도차량을 소유하거나 운영하는 자(이하 "소유자 등"이라 한다)는 철도차량 개조승인을 받으려면 별지 제45호 서식에 따른 철도차량 개조승인신청서에 다음 각호의 서류를 첨부하여 국토교통부 장관에게 제출하여야 한다.

1. 개조 대상 철도차량 및 수량에 관한 서류

2. 개조의 범위, 사유 및 작업 일정에 관한 서류

3. 개조 전·후 사양 대비표

4. 개조에 필요한 인력, 장비, 시설 및 부품 또는 장치에 관한 서류

5. 개조작업수행 예정자의 조직·인력 및 장비 등에 관한 현황과 개조작업수행에 필요한 부품, 구성품 및 용역의 내용에 관한 서류. 다만, 개조작업수행 예정자를 선정하기 전인 경우에는 개조작업수행 예정자 선정기준에 관한 서류

6. 개조 작업지시서

7. 개조하고자 하는 사항이 철도차량기술기준에 적합함을 입증하는 기술문서

② 국토교통부 장관은 제1항에 따라 철도차량 개조승인 신청을 받은 경우에는 그 신청서를 받은 날부터 15일 이내에 개조승인에 필요한 검사내용, 시기, 방법 및 절차 등을 적은 개조검사 계획서를 신청인에게 통지하여야 한다.

2) 철도안전법 시행규칙 제75조의5(철도차량 개조능력이 있다고 인정되는 자)

국토교통부령으로 정하는 적정 개조능력이 있다고 인정되는 자란 다음 각 호의 어느 하나에 해당하는 자를 말한다.

1. 개조 대상 철도차량 또는 그와 유사한 성능의 철도차량을 제작한 경험이 있는 자

2. 개조 대상 부품 또는 장치 등을 제작하여 납품한 실적이 있는 자

3. 개조 대상 부품·장치 또는 그와 유사한 성능의 부품·장치 등을 1년 이상 정비한 실적이 있는 자

4. 법 제38조의7 제2항에 따른 인증정비조직

5. 개조 전의 부품 또는 장치 등과 동등 수준 이상의 성능을 확보할 수 있는 부품 또는 장치 등의 신기술을 개발하여 해당 부품 또는 장치를 철도차량에 설치 또는 개량하는 자

3) 철도안전법 시행규칙 제75조의6(개조승인 검사 등)

① 개조승인 검사는 다음 각 호의 구분에 따라 실시한다.

1. 개조 적합성 검사 : 철도차량의 개조가 철도차량기술기준에 적합한지 여부에 대한 기술문서 검사

2. 개조 합치성 검사 : 해당 철도차량의 대표편성에 대한 개조작업이 제1호에 따른 기술문서와 합치하게 시행되었는지 여부에 대한 검사

3. 개조형식시험 : 철도차량의 개조가 부품 단계, 구성품 단계, 완성차 단계, 시운전 단계에서 철도차량 기술기준에 적합한지 여부에 대한 시험

② 국토교통부 장관은 제1항에 따른 개조승인 검사 결과 철도차량기술기준에 적합하다고 인정하는 경우에는 별지 제45호의 4서식에 따른 철도차량 개조승인증명서에 철도차량 개조승인 자료집을 첨부하여 신청인에게 발급하여야 한다.

③ 제1항 및 제2항에서 정한 사항 외에 개조승인의 절차 및 방법 등에 관한 세부사항은 국토교통부 장관이 정하여 고시한다.

| 2019년

11 다음 중 철도차량 개조 순서가 바르게 연결된 것은?

① 개조신청 – 사전기술 검토 – 개조승인
② 개조신청 – 개조승인 – 사전기술 검토
③ 사전기술 검토 – 개조신청 – 개조승인
④ 사전기술 검토 – 개조승인 – 개조신청
⑤ 개조승인 – 사전기술 검토 – 개조신청

| 2019년

12 K씨는 철도차량 개조를 신청하기 위해 자료를 살펴보았다. 다음 중 K씨가 자료를 통해 알 수 없는 것은?

① 신청 시 구비 서류
② 개조승인 검사 종류
③ 개조승인 검사 기간
④ 신청서 처리 기간
⑤ 차량 개조 자격

---

11 철도차량을 소유하거나 운영하는 자가 철도차량 개조승인을 받으려면 먼저 철도안전법 시행규칙 제75조의3 제1항에 나타난 서류와 개조승인신청서를 제출하여야 한다. 개조신청이 접수되면 철도차량의 개조가 철도차량기술기준 등에 적합한지 여부에 대한 검토가 진행된다. 검토 결과 적합하다고 인정된 경우 국토교통부 장관의 개조승인을 받을 수 있다. 따라서 철도차량의 개조는 '개조신청 – 사전기술 검토 – 개조승인'의 순서로 진행된다.

12 개조승인 신청 이후 개조검사 계획서가 통지되는 기한은 알 수 있으나, 이후 실시되는 개조승인 검사가 얼마 동안 진행되는지는 알 수 없다.

오답분석
① 철도안전법 시행규칙 제75조의3 제1항
② 철도안전법 시행규칙 제75조의6 제1항
④ 철도안전법 시행규칙 제75조의3 제2항
⑤ 철도안전법 시행규칙 제75조의5

정답 11 ① 12 ③

안심Touch

13 다음은 자아효능감에 관한 자료이다. 다음 빈칸에 들어갈 말이 차례대로 연결된 것은?

〈자아효능감〉

반두라(Bandura)의 이론에 따르면 자아효능감(Self Efficacy)이란 자신이 어떤 일을 성공적으로 수행할 수 있는 능력이 있다고 믿는 개인적 기대와 신념을 의미한다. 반두라는 자아효능감이 ____㉠____ 경험을 통해 결정된다고 보았다. 이를 위해서는 실제 성공할 수 있는 수준부터 시작하여 단계별로 높여 나가며 목표를 달성하도록 해야 한다. 스스로 해낼 수 있다는 긍정적인 신념은 성공 경험이 쌓임으로써 발생하기 때문이다.

또한 반두라는 실제 자신의 ____㉠____ 보다는 약하지만, 성공한 사람들의 경험을 간접적으로 학습하는 ____㉡____ 역시 자아효능감 형성에 영향을 미치는 요인으로 보았다. 다른 사람의 성공 사례를 통해 '저 사람이 할 수 있다면 나도 할 수 있다.'는 생각을 가질 수 있다는 것이다. 즉, 반두라는 개인의 행동과 반응이 다른 사람의 행동에 영향을 받는 ____㉢____ 경험의 역할을 강조하였다.

한편, 자신의 능력에 대한 의심이나 과제에 대한 불안은 자아효능감 형성에 좋지 않은 영향을 미친다고 보았으며, 오히려 적당한 ____㉣____ 상태에서 온전한 능력을 발휘할 수 있다고 보았다.

	㉠	㉡	㉢	㉣
①	모델링	정서적 각성	수행성취	사회적
②	모델링	수행성취	정서적 각성	사회적
③	정서적 각성	수행성취	모델링	정서적 각성
④	수행성취	모델링	사회적	정서적 각성
⑤	수행성취	모델링	정서적 각성	사회적

---

13 ㉠ 수행성취, ㉡ 모델링, ㉢ 사회적, ㉣ 정서적 각성

정답 13 ④

14 다음은 의약품 종류별 상자 수에 따른 가격표이다. 종류별 상자 수를 가중치로 적용하여 가격에 대한 가중평균을 구하면 66만 원이다. 이때 빈칸에 들어갈 가격으로 적절한 것은?

〈의약품 종류별 가격 및 상자 수〉

(단위 : 만 원, 개)

구분	A	B	C	D
가격	( )	70	60	65
상자 수	30	20	30	20

① 60만 원

② 65만 원

③ 70만 원

④ 75만 원

⑤ 80만 원

15 농도가 12%인 A설탕물 200g, 15%인 B설탕물 300g, 17%인 C설탕물 100g이 있다. A와 B설탕물을 합친 후 300g만 남기고 버린 다음, 여기에 C설탕물을 합친 후 다시 300g만 남기고 버렸다. 이때, 마지막 300g 설탕물에 녹아 있는 설탕의 질량은?

① 41.5g

② 42.7g

③ 43.8g

④ 44.6g

⑤ 45.1g

---

14 가중평균은 원값에 해당되는 가중치를 곱한 총합을 가중치 합으로 나눈 것을 말한다. A의 가격을 a만 원이라고 할 때, 식을 구하면 다음과 같다.

$$\frac{(a \times 30) + (70 \times 20) + (60 \times 30) + (65 \times 20)}{30 + 20 + 30 + 20} = 66 \rightarrow \frac{30a + 4,500}{100} = 66 \rightarrow 30a = 6,600 - 4,500 \rightarrow a = \frac{2,100}{30} \rightarrow a = 70$$

따라서 A의 가격은 70만 원이다.

15 A, B, C설탕물의 설탕 질량을 구하면 다음과 같다.

• A설탕물 : $200 \times 0.12 = 24$g

• B설탕물 : $300 \times 0.15 = 45$g

• C설탕물 : $100 \times 0.17 = 17$g

A, B설탕물을 합치면 설탕물 500g에 설탕은 $24 + 45 = 69$g, 농도는 $\frac{69}{500} \times 100 = 13.8$%이다. 합친 설탕물을 300g만 남기고 C설탕물과 합치면, 설탕물 400g이 되고 여기에 들어있는 설탕의 질량은 $300 \times 0.138 + 17 = 58.4$g이다. 또한, 합친 설탕물을 300g만 남기면 농도는 일정하므로 설탕물이 $\frac{3}{4}$으로 줄어든 만큼 설탕의 질량도 같이 줄어든다. 따라서 설탕의 질량은 $58.4 \times \frac{3}{4} = 43.8$g이다.

정답 14 ③ 15 ③

안심Touch

16 매년 수입이 4,000만 원인 A씨의 소득 공제 금액이 작년에는 수입의 5%였고, 올해는 수입의 10%로 늘었다. 작년 대비 증가한 올해의 소비 금액은 얼마인가?(단, 소비 금액은 천 원 단위에서 절사한다)

〈소비 금액별 소득 공제 비율〉

소비 금액	공제 적용 비율
1,200만 원 이하	6%
1,200만 원 초과 4,600만 원	72만 원+(1,200만 원 초과금)×15%

① 1,334만 원 ② 1,350만 원
③ 1,412만 원 ④ 1,436만 원
⑤ 1,455만 원

17 A기차와 B기차가 36m/s의 일정한 속력으로 달리고 있다. 600m 길이의 터널을 완전히 지나는 데 A기차는 25초, B기차는 20초가 걸렸다면 A기차와 B기차의 길이로 옳은 것은?

	A기차	B기차
①	200m	150m
②	300m	100m
③	150m	120m
④	200m	130m
⑤	300m	120m

---

16 작년과 올해 공제받은 금액 중 1,200만 원 초과금을 x, y만 원이라 하고 공제받은 총금액에 관한 방정식으로 x, y를 구하면 다음과 같다.

- 작년 : $72 \times 0.15x = 4,000 \times 0.05 \rightarrow 72 + 0.15x = 200 \rightarrow x = \dfrac{128}{0.15} \fallingdotseq 853$

- 올해 : $72 \times 0.15y = 4,000 \times 0.1 \rightarrow 72 + 0.15y = 400 \rightarrow y = \dfrac{328}{0.15} \fallingdotseq 2,187$

따라서 작년 대비 증가한 올해 소비 금액은 $(2,187 + 1,200) - (853 + 1,200) = 1,334$만 원이다.

17 A, B기차의 길이를 각각 a, bm라고 가정하고 터널을 지나는 시간에 대한 방정식을 세우면 다음과 같다.

- A기차 : $\dfrac{600 + a}{36} = 25 \rightarrow 600 + a = 900 \rightarrow a = 300$

- B기차 : $\dfrac{600 + b}{36} = 20 \rightarrow 600 + b = 720 \rightarrow b = 120$

따라서 A기차의 길이는 300m이며, B기차의 길이는 120m이다.

정답 16 ① 17 ⑤

18 다음 중 H부장의 질문에 대해 옳지 않은 대답을 한 사원은?

H부장 : 10진수 21을 2, 8, 16진수로 각각 바꾸면 어떻게 되는가?
A사원 : 2진수로 바꾸면 10101입니다.
B사원 : 8진수로 바꾸면 25입니다.
C사원 : 16진수로 바꾸면 16입니다.

① A사원　　　　　　　　　　② B사원
③ C사원　　　　　　　　　　④ A, B사원
⑤ B, C사원

18　숫자 21을 2, 8, 16진수로 바꾸면 다음과 같다.
　• 2진수
　2) 21
　2) 10 ⋯ 1
　2) 5 ⋯ 0
　2) 2 ⋯ 1
　　　1 ⋯ 0
　아래부터 차례대로 적으면 10101, 21의 2진수 숫자이다.
　• 8진수
　8) 21
　　　2 ⋯ 5
　21의 8진수는 25이다.
　• 16진수
　16) 21
　　　1 ⋯ 5
　21의 16진수는 15이다.
따라서 옳지 않은 대답을 한 사원은 C사원이다.

정답 18 ③

19 다음은 셀리그먼 박사가 개발한 PERMA 모델이다. 다음 중 PERMA 모델의 'E'에 해당하는 설명으로 옳은 것은?

〈PERMA 모델〉

P		긍정적인 감정(Positive Emotion)
E		
R		인간관계(Relationship)
M		의미(Meaning & Purpose)
A		성취(Accomplishment & Achievement)

① 사람은 고립되면 세상을 바라보는 균형이 깨지고, 고통도 혼자 감내하게 된다.

② 목표를 세우고 성공하게 되는 과정은 우리에게 기대감을 심어준다.

③ 현재를 즐기며, 미래에 대한 낙관적인 생각을 갖는다.

④ 무엇인가에 참여하게 되면 우리는 빠져들게 되고, 집중하게 된다.

⑤ 자신이 가치 있다고 생각하는 것을 찾고, 그 가치를 인식해야 한다.

---

19 PERMA 모델의 'E'는 참여(Engagement & Flow)로 시간 가는 줄 모르는 것, 어떤 활동에 빠져드는 동안 자각하지 못하는 것, 자발적으로 업무에 헌신하는 것 등을 말하므로 ④가 적절하다.

오답분석

① 인간관계(Relationship)에 대한 설명이다.

② 성취(Accomplishment & Achievement)에 대한 설명이다.

③ 긍정적인 감정(Positive Emotion)에 대한 설명이다.

⑤ 의미(Meaning & Purpose)에 대한 설명이다.

정답 19 ④

20 K회사에서 지난 주 월요일부터 금요일까지 행사를 위해 매일 회의실을 대여했다. 회의실은 501호부터 505호까지 마주보는 회의실 없이 차례대로 위치해 있으며, 하루에 하나 이상의 회의실을 대여할 수 있지만, 전날 사용한 회의실은 다음날 바로 사용할 수 없다. 또한 바로 붙어있는 회의실들은 동시에 사용할 수 없지만, 월요일에는 예외적으로 붙어있는 두 개의 회의실을 사용했다. 다음 회의실 사용 현황을 참고하여 수요일에 2개의 회의실을 대여했다고 할 때, 수요일에 대여한 회의실은 몇 호인가?

〈회의실 사용 현황〉

구분	월요일	화요일	수요일	목요일	금요일
회의실	501호	504호		505호	

① 501호, 502호
③ 502호, 503호
⑤ 501호, 505호

② 501호, 503호
④ 504호, 505호

21 다음 〈조건〉을 충족하는 을의 나이로 가장 적절한 것은?

〈조건〉
- 갑과 을은 부부이다. a는 갑의 동생, b, c는 갑의 아들과 딸이다.
- 갑은 을과 동갑이거나 나이가 많다.
- a, b, c 나이의 곱은 2,450이다.
- a, b, c 나이의 합은 46이다.
- a는 19~34세이다.
- 갑과 을의 나이 합은 아들과 딸의 나이 합의 4배이다.

① 46세
③ 44세
⑤ 42세

② 45세
④ 43세

---

20 월요일은 붙어있는 회의실 두 곳 501호와 502호를 사용했고, 화요일은 504호, 목요일은 505호를 사용하였다. 이때 전날에 사용한 회의실은 사용할 수 없다고 했으므로 화요일과 목요일에 사용한 504·505호는 수요일에 사용이 불가능하고 월요일에 사용한 501·502호, 그리고 아직 사용하지 않은 503호는 가능하다. 하지만 수요일에 대여한 회의실은 두 곳이므로 세 회의실 중에 붙어있지 않은 501·503호만 사용 가능하다. 따라서 수요일에 501·503호를 대여했음을 알 수 있다.

21 a, b, c의 나이를 식으로 표현하면 $a \times b \times c = 2{,}450$, $a+b+c=46$이다. 나이의 곱을 소인수분해하면 $a \times b \times c = 2{,}450 = 2 \times 5^2 \times 7^2$이다. 2,450의 약수 중에서 19~34 사이인 수를 구하면 25이므로 갑의 동생 a는 25세가 된다. 그러므로 아들과 딸 나이의 합은 $b+c=21$이다. 따라서 갑과 을 나이 합은 $21 \times 4 = 84$가 되며, 갑은 을과 동갑이거나 연상이라고 했으므로 을의 나이는 42세 이하이다.

정답 20 ② 21 ⑤

22 A1 인쇄용지의 크기가 한 단위 작아질 경우 가로 길이의 절반이 A2 용지의 세로 길이가 되고, A1 용지의 세로 길이는 A2 용지의 가로 길이가 된다. 이는 용지가 작아질 때마다 같은 비율로 적용된다. 이때 A4에서 A5로 축소할 경우 길이의 축소율은?(단, $\sqrt{2}=1.4$, $\sqrt{3}=1.7$)

① 20% ② 30%
③ 40% ④ 50%
⑤ 60%

---

22 A1의 가로를 a[mm], 세로를 b[mm]라고 하면 A1의 세로 길이 b는 A2의 가로 길이가 되고, A1의 가로 길이의 $\frac{1}{2}$은 A2의 세로 길이가 된다. 이런 방식으로 A3부터 A5까지 각각의 가로와 세로 길이를 구하면 다음과 같다.

구분	가로 길이(mm)	세로 길이(mm)
A1	a	b
A2	b	$\frac{a}{2}$
A3	$\frac{a}{2}$	$\frac{b}{2}$
A4	$\frac{b}{2}$	$\frac{a}{4}$
A5	$\frac{a}{4}$	$\frac{b}{4}$

가로와 세로가 같은 비율로 작아지므로 A4와 A5의 길이 축소율을 a와 b에 관한 식으로 나타내면

(가로 길이 축소율)=(세로 길이 축소율) → $\frac{a}{4} \div \frac{b}{2} = \frac{b}{4} \div \frac{a}{4}$ → $\frac{a^2}{16} = \frac{b^2}{8}$ → $a = \sqrt{2}\,b \cdots$ ㉠

따라서 ㉠을 A4에서 A5의 가로 길이 축소율에 대입하면 $\frac{a}{4} \div \frac{b}{2} = \frac{a}{2b} = \frac{\sqrt{2}\,b}{2b} = \frac{1.4}{2} = 0.7$이므로 30%로 축소됨을 알 수 있다.

정답 22 ②

23 다음 글을 읽고 오프라 윈프리의 설득 비결로 옳은 것은?

1954년 1월 29일, 미시시피주에서 사생아로 태어난 오프라 윈프리는 어릴 적 사촌에게 강간과 학대를 당하고 14살에 미혼모가 되었으나, 2주 후에 아기가 죽는 등 불우한 어린 시절을 보냈다. 그 후 고등학생때 한 라디오 프로에서 일하게 되었고, 19살에는 지역의 저녁 뉴스에서 공동뉴스캐스터를 맡게 되었다. 그러나 곧 뛰어난 즉흥적 감정 전달 능력 덕분에 뉴스 캐스터가 아닌 낮 시간대의 토크쇼에서 진행자로 활동하게 되었다.

에이엠 시카고(AM Chicago)는 시카고에서 낮은 시청률을 가진 30분짜리 아침 토크쇼였지만 오프라 윈프리가 맡은 이후, 시카고에서 가장 인기 있는 토크쇼였던 '도나휴'를 능가하게 되었다. 그리고 그 쇼가 바로 전국적으로 방영되었던 '오프라 윈프리 쇼'의 시초였다.

이렇듯 그녀가 토크쇼의 진행자로서 크게 성공할 수 있었던 요인은 무엇이었을까? 얼마 전 우리나라에서 방송되었던 한 프로그램에서는 그 이유에 대해 '말하기와 듣기'라고 밝혔다. 실제로 그녀는 방송에서 자신의 아픈 과거를 고백함으로써 게스트들의 진심을 이끌어 냈으며, 재밌는 이야기에 함께 웃고 슬픈 이야기를 할 때는 함께 눈물을 흘리는 등 그녀의 공감 능력을 통해 상대방의 닫힌 마음을 열었다. 친숙한 고백적 형태의 미디어 커뮤니케이션이라는 관계 형성 토크의 새로운 영역을 개척한 것이다.

오프라 윈프리는 상대방의 설득을 얻어내기 위한 방법으로 다섯 가지를 들었다. 첫째, 항상 진솔한 자세로 말하여 상대방의 마음을 열어야 한다. 둘째, 아픔을 함께 하는 자세로 말하여 상대방의 공감을 얻어야 한다. 셋째, 항상 긍정적으로 말한다. 넷째, 사랑스럽고 따뜻한 표정으로 대화한다. 다섯째, 말할 때는 상대방을 위한다는 생각으로 정성을 들여 말해야 한다. 또한 그녀는 '바위 같은 고집쟁이도 정성을 다해 말하면 꼼짝없이 마음의 문을 열고 설득당할 것이다.'라고도 말했다.

① 자신감 있는 태도
② 화려한 경력
③ 공감의 화법
④ 상대방에 대한 사전 조사
⑤ 사실적 근거

---

23 오프라 윈프리는 상대방의 설득을 얻어 내기 위해서는 진솔한 자세로 상대방의 마음을 열고, 아픔을 함께 하는 자세로 상대방의 공감을 얻어야 한다고 하였으므로, 그녀의 설득 비결로 ③이 옳다.

정답 23 ③

안심Touch

24 다음 글에서 나타나는 문제의 원인으로 가장 적절한 것은?

> 러시아에 공산주의 경제가 유지되던 시절, 나는 모스크바에 방문했다가 이상한 장면을 보게 되었다. 어떤 한 사람이 계속 땅을 파고 있고, 또 다른 사람은 그 뒤를 쫓으며 계속 그 구멍을 덮고 있었던 것이다. 의아했던 나는 그들에게 이러한 행동의 이유를 물어보았고, 그들이 말하는 이유는 단순했다. 그들은 나무를 심는 사람들인데 오늘 나무를 심는 사람이 오지 않아 한 사람이 땅을 판 후, 그대로 다음 사람이 그 구멍을 메우고 있었다는 것이다.

① 과도한 분업화 ② 체력 저하
③ 체계화되지 않은 체제 ④ 복잡한 업무
⑤ 리더의 부재

25 다음 중 밑줄 친 조직의 성격으로 적절한 것은?

> **제4조(국가 등의 책무)**
> ① **국가와 지방자치단체**는 국민의 생명·신체 및 재산을 보호하기 위하여 철도안전시책을 마련하여 성실히 추진하여야 한다.
> ② 철도운영자 및 철도시설관리자(이하 '철도운영자 등'이라 한다)는 철도운영이나 철도시설관리를 할 때에는 법령에서 정하는 바에 따라 철도안전을 위하여 필요한 조치를 하고, 국가나 지방자치단체가 시행하는 철도안전시책에 적극 협조하여야 한다.

① 관리적·정치적 조직 ② 호혜조직
③ 체제유지목적 조직 ④ 봉사조직
⑤ 경제적 조직

---

24 사람들은 나무를 심는 일을 땅을 파는 일, 나무를 심는 일, 구멍을 메우는 일로 각각 나누어 진행하였다. 분업화는 이처럼 일을 각 업무별로 나누어 진행하는 것으로 업무의 효율성을 높여주지만, 각각의 일을 담당한 사람들은 본인 위주의 일밖에 할 수 없다는 단점이 있다. 따라서 글에 나타난 문제의 원인으로 ①이 가장 적절하다.

25 국가와 지방자치단체는 사회 속에서 사람·자원 및 하위 체제의 통제·조정에 관한 기능을 수행하는 관리적·정치적 조직에 속한다.
오답분석
② 호혜조직 : 조직으로부터 혜택을 받는 주요 수혜자가 조직의 구성원인 조직으로 노동조합, 정당 등이 이에 해당된다.
③ 체제유지목적 조직 : 교육·문화 등의 활동을 통해 사회의 문화 체제를 계승·발전시키려는 조직으로 교육기관·문화단체 등이 이에 해당된다.
④ 봉사조직 : 일반 대중이 조직의 1차적 수혜자로, 이들을 대상으로 서비스를 제공한다. 학교, 병원 등이 이에 해당된다.
⑤ 경제적 조직 : 사회에서 경제적 생산과 배분의 역할을 하는 조직으로 기업체 등이 이에 해당된다.

정답 24 ① 25 ①

26 다음 사례에서 갑에게 나타난 인지적 오류의 유형으로 가장 적절한 것은?

> 을과 함께 있던 갑은 새로 들어온 신입사원이 자신의 옆을 지나가면서 웃는 것을 보고 분명히 자신을 비웃는 것이라고 생각하였다. 을은 과민한 생각이 아니냐며 다른 재밌는 일이 있는 것이라고 이야기했지만, 갑은 을의 이야기를 듣지 않고 자괴감에 빠졌다.

① 정신적 여과   ② 개인화
③ 과잉 일반화   ④ 이분법적 사고
⑤ 예언자적 사고

27 다음 중 A대리에게 나타나는 증상의 원인으로 가장 적절한 것은?

> S공사 A대리는 회사 내 유능한 인재로 인정받고 있다. 하지만 S공사에서는 적자 해소를 위해 인력을 축소하고 신규인력 채용을 연기하였고 A대리는 기존에 여러 사원과 하던 업무를 점점 홀로 떠맡게 되었다. 일처리가 빠르기로 소문난 A대리였지만, 일이 A대리에게만 집중되자 A대리의 능력으로도 소화해내기 힘들어졌다. A대리는 모든 일에 무기력해졌고, 현재 퇴사를 고려하고 있다.

① 대인관계가 원활하지 않아서   ② 일의 난이도가 낮아서
③ 민원 업무 때문에   ④ 일의 양이 과도하게 많아서
⑤ 업무에 비해 연봉이 적어서

---

26   갑은 무관한 사건을 자신과 관련된 것으로 잘못 해석하고 있는 개인화의 오류를 범하고 있다.

오답분석
① 정신적 여과 : 상황의 주된 내용은 무시하고, 특정한 일부의 정보에만 주의를 기울여 전체의 의미를 해석하는 오류이다.
③ 과잉 일반화 : 한두 번의 사건에 근거하여 일반적 결론을 내리고, 무관한 상황에도 그 결론을 적용하는 오류이다.
④ 이분법적 사고 : 여러 가지 가능성이 있음에도 불구하고 두 가지 가능성에 한정하여 사고하는 오류이다.
⑤ 예언자적 사고 : 충분한 근거 없이 미래에 일어날 일을 단정하고 확신하는 오류이다.

27   A대리는 갑자기 많아진 업무로 인해 무기력감을 느끼고, 마침내 퇴사까지 고려하고 있다. 이러한 증상은 의욕적으로 일에 몰두하던 사람이 극도의 신체적·정신적 피로감을 호소하며 무기력해지는 번아웃 증후군으로, 주로 긴 노동시간에 비해 짧은 휴식 시간, 강도 높은 노동 등이 원인이 된다.

정답 26 ②   27 ④

28 다음 글에 나타난 유비의 리더십 유형으로 가장 적절한 것은?

> '모난 돌이 정 맞는다.', '갈대는 휘지만 절대 부러지지 않는다.'라는 말이 있다. 직장 생활을 하다 보면 정에 맞거나, 부러져야 할 위기의 순간이 찾아온다. 그때 겉모습은 그리 아름답지 않겠지만 휘거나 굽히는 모양새가 필요하다. 그러나 사실 자존감을 잃지 않는 범위 내에서 겸손과 굽힘의 유연함을 갖추기는 매우 어렵다.
>
> 우리가 주목해야 할 것은 유비가 제갈량을 얻기 위해 갖춘 겸손의 태도이다. 당시 유비는 47세로, 27세의 제갈량보다 무려 스무 살이나 연상이었다. 그럼에도 불구하고, 유비는 제갈량을 세 번이나 찾아가 머리를 굽혔다. 마지막 세 번째에는 낮잠을 자는 제갈량을 무려 몇 시간이나 밖에 서서 기다리는 모습을 보이면서 제갈량의 마음을 얻은 것으로 알려져 있다. 또한 유비는 나이, 신분, 부, 출신 지역 등을 가리지 않고 인재를 등용했으며, 인재를 얻기 위해서는 자신을 낮추는 데 주저함이 없었다. 당시 유비의 책사였던 서서가 어쩔 수 없는 상황으로 유비를 떠나면서 제갈량을 추천했던 것도 유비의 진심에 탄복했기 때문이다.

① 서번트 리더십
② 카리스마 리더십
③ 거래적 리더십
④ 민주적 리더십
⑤ 방임적 리더십

---

28 유비는 상대의 나이나 신분과 관계없이 스스로를 낮추는 겸손의 태도를 통해 능력 있는 인재들을 등용하여 함께 목표를 달성하고자 했다. 이러한 유비의 태도는 리더가 부하를 섬기며 서로 간의 신뢰를 형성하고, 그들의 성장 및 발전을 통해 궁극적으로 조직의 목표를 달성하는 서번트 리더십을 보여준다.

오답분석
② 카리스마 리더십 : 리더는 구성원의 의견보다는 자신의 주관을 갖고 팀을 이끈다.
③ 거래적 리더십 : 리더가 구성원들과 맺은 교환 관계에 기초해서 영향력을 발휘한다.
④ 민주적 리더십 : 리더는 구성원들의 참여와 합의에 따라 의사결정을 한다.
⑤ 방임적 리더십 : 리더는 최소한의 영향만을 행사하며, 의사결정권을 구성원에게 일임한다.

정답 28 ①

29 다음 중 밑줄 친 단어의 한자가 바르게 연결된 것은?

> 현행 수입화물의 프로세스는 <u>적하</u>목록 제출, 입항, 하선, 보세운송, 보세구역 반입, 수입신고, 수입신고 수리, 반출의 절차를 이행하고 있다. 입항 전 수입신고는 5% 내외에 머무르고, 대부분의 수입신고가 보세구역 반입 후에 행해짐에 따라 보세운송 절차와 보세구역 반입 절차가 반드시 수반되어야 했다. 하지만 새로운 제도가 도입되면 해상화물의 적하목록 제출시기가 적재 24시간 전(근거리 출항 전)으로 앞당겨져 입항 전 수입신고가 일반화될 수 있는 여건이 <u>조성</u>될 것이다. 따라서 수입화물 프로세스가 적하목록 제출, 수입신고, 수입신고 수리, 입항, 반출의 절차를 거침에 따라 화물반출을 위한 세관 절차가 입항 전에 종료되므로 보세운송, 보세구역 반입이 생략되어 수입화물을 신속하게 화주에게 인도할 수 있게 된다.

① 積下 – 調聲　　　　　　　② 積下 – 組成
③ 積荷 – 潮聲　　　　　　　④ 積荷 – 造成
⑤ 責任 – 造成

30 A사에 근무하는 K대리는 워드프로세서로 작성된 보고서에 동영상 파일을 삽입하려고 한다. 다음 중 워드프로세서에 삽입 가능한 동영상 파일의 파일 형식으로 적절하지 않은 것은?

① mpg　　　　　　　　② avi
③ asf　　　　　　　　　④ mp4
⑤ tif

---

29 • 적하(積荷) : 화물을 배나 차에 실음
　 • 조성(造成) : 분위기나 정세 따위를 만듦

　 오답분석
　 • 적하(積下) : 짐을 부림
　 • 조성(調聲) : 소리를 낼 때에 그 높낮이와 장단을 고름
　 • 조성(組成) : 여러 개의 요소나 성분으로 얽거나 짜서 만듦
　 • 책임(責任) : 맡아서 해야 할 임무나 의무

30 워드프로세서에 삽입 가능한 동영상 파일의 파일 형식은 mpg, avi, asf, wmv, mp4 등이 있으며, tif는 고화질과 큰 사이즈의 사진을 뽑거나 인쇄를 할 때 사용하기 적합한 이미지 파일 형식이다.

정답 29 ④　30 ⑤

31 다음은 어느 영화의 한 장면이다. 다음 중 이 영화에서 하고자 하는 이야기로 가장 적절한 것은?

어느 한 법정에서 선정된 12명의 배심원이 한 소년의 살인죄에 대한 유·무죄를 가린다. 배심원들의 의견이 만장일치가 되어야만 소년의 형량이 결정되는데, 12명의 배심원은 학교의 빈 강당으로 수용되고 이들은 모든 외부 세계와 단절된다. 혹시라도 있을 수 있는 편견과 잘못된 판단을 방지하기 위해서이다. 이들은 서로 이름도 모르고 아무런 연계성이 없는 사람들로 이들 중 대표 한 사람을 뽑아서 회의를 연다. 이들은 모두 어차피 수사가 다 끝났고 증인도 있으니 이 불쌍한 소년이 유죄라 생각하며 빨리 결정을 내고 해산하려는 생각뿐이다. 그러나 그중 단 한 사람이 무죄를 선언하자 야단법석이 일어난다.
"정말로 무죄라고 생각하시나요?"
"꼭 저런 사람들이 있지."
"저 소년과 아는 사이 아닌가!"
하지만 그 한 명의 배심원은 그들의 압력에 동조하지 않고 말했다.
"나까지 저 소년이 유죄라고 하면, 저 소년은 진짜로 죽을 것 아니오?"
결국 비밀 투표가 시행되고, 한 사람이 더 무죄에 투표하게 된다. 배심원들 사이에서 분분한 논쟁이 이어지면서 하나둘씩 소년의 무죄를 느낀다. 결정적으로 이 살인사건의 증인이었던 옆집 여자의 증언이 위증으로 판명되면서 배심원 모두가 소년의 무죄를 선언하게 된다.

① 다수의 의결에 따라야 한다.
② 범죄를 저질렀으면 벌을 받아야 한다.
③ 결정을 내리기 전에는 다른 의견도 들어봐야 한다.
④ 다수의 의견이 항상 옳은 것은 아니다.
⑤ 소수의 의견은 다수의 의견에 앞선다.

---

31 한 사람만이 소년이 유죄라는 대다수의 의견에 동조하지 않고 소년의 무죄를 주장하였고, 마침내 소년은 무죄로 판결 받는다. 다수의 의견을 따라 판결을 내렸다면 소년은 억울하게 살인죄의 판정을 받았을 것이다. 이를 통해 이 영화는 다수의 의견이 항상 옳지만은 않다는 것을 이야기하고 있다.

정답 31 ④

32 전통적인 회식비 분담 방식은 회식비 총액을 인원수로 나누는 방식이다. 하지만 최근에는 자신이 주문한 만큼 부담하는 거래내역 방식을 사용하기도 한다. 다음 중 전통적인 방식에 비해 거래내역 방식으로 회식비를 분담할 때 부담이 덜어지는 사람은 누구인가?

〈주문내역〉			
구분	메인요리	샐러드	디저트
병수	12,000원	–	3,000원
다인	15,000원	5,000원	3,000원, 5,000원
한별	13,000원	5,000원	7,000원
미진	15,000원	3,000원	6,000원, 5,000원
건우	12,000원	4,000원	5,000원, 5,000원

① 병수
② 다인
③ 한별
④ 미진
⑤ 건우

33 다음 중 벤치마킹의 분류와 그 특징이 잘못 연결된 것은?

① 내부적 벤치마킹 – 자사 내 타부서와 비교하는 방법
② 경쟁적 벤치마킹 – 경쟁사와 비교하여 유사 업무 처리 과정을 비교하는 방법
③ 기능적 벤치마킹 – 동일한 산업의 동일한 기능을 비교하는 방법
④ 전략적 벤치마킹 – 최우수 기업의 전략과 방법을 조사하는 방법
⑤ 본원적 벤치마킹 – 동일한 제품을 판매하는 경쟁사의 사업 과정을 비교하는 방법

---

32 거래내역 방식은 각자 주문한 금액만 부담하므로 주문금액을 정리하면 다음과 같다.

구분	주문금액
병수	12,000+3,000=15,000원
다인	15,000+5,000+3,000+5,000=28,000원
한별	13,000+5,000+7,000=25,000원
미진	15,000+3,000+6,000+5,000=29,000원
건우	12,000+4,000+5,000+5,000=26,000원
합계	123,000원

전통적인 회식비 분담 방식으로 낼 경우, 모두 $\frac{123,000}{5}=24,600$원씩 부담한다. 따라서 거래내역 방식으로 회식비를 분담할 때 부담이 덜어지는 사람은 병수이다.

33 본원적 벤치마킹(과정 벤치마킹)은 가장 넓은 범위의 벤치마킹으로, 비교 대상은 경쟁 관계나 산업영역에 구애받지 않는다. 따라서 전혀 다른 제품을 생산하는 회사의 사업 과정도 그 비교 대상이 될 수 있다.

정답 32 ① 33 ⑤

34 다음은 A ~ E자동차의 성능을 비교한 자료이다. K씨의 가족은 서울에서 거리가 140km 떨어진 곳으로 여행을 가려고 한다. 가족 구성원은 총 4명이며 모두가 탈 수 있는 차를 렌탈하려고 할 때, 어떤 자동차를 이용하는 것이 가장 비용이 적게 드는가?(단, 비용은 일의 자리에서 반올림한다)

〈자동차 성능 현황〉

구분	종류	연료	연비
A자동차	하이브리드	일반 휘발유	25km/L
B자동차	전기	전기	6km/kW
C자동차	가솔린 자동차	고급 휘발유	19km/L
D자동차	가솔린 자동차	일반 휘발유	20km/L
E자동차	가솔린 자동차	고급 휘발유	22km/L

〈연료별 비용〉

구분	비용
전기	500원/kW
일반 휘발유	1,640원/L
고급 휘발유	1,870원/L

〈자동차 인원〉

구분	인원
A자동차	5인승
B자동차	2인승
C자동차	4인승
D자동차	6인승
E자동차	4인승

① A자동차   ② B자동차

③ C자동차   ④ D자동차

⑤ E자동차

---

34 K씨 가족은 4명이므로 4인승 이상의 자동차를 택해야 한다. 2인승인 B자동차를 제외한 나머지 4종류 자동차의 주행거리에 따른 연료비용은 다음과 같다.

- A자동차 : $\dfrac{140}{25} \times 1,640 \fallingdotseq 9,180$원
- C자동차 : $\dfrac{140}{19} \times 1,870 \fallingdotseq 13,780$원
- D자동차 : $\dfrac{140}{20} \times 1,640 = 11,480$원
- E자동차 : $\dfrac{140}{22} \times 1,870 = 11,900$원

따라서 A자동차를 이용하는 것이 가장 비용이 적게 든다.

정답 34 ①

35 다음 A, B의 태도에 알맞은 직업윤리 덕목은?

> A : 내가 하는 일은 내가 가장 잘할 수 있는 일이고, 나는 내게 주어진 사회적 역할과 책무를 충실히 하여 사회에 기여하고 공동체를 발전시켜나간다.
>
> B : 내가 하는 일은 기업의 이익을 넘어 사회에 기여할 수 있는 일이라고 생각한다. 나는 이런 중요한 일을 하므로 내 직업에 있어서 성실히 임해야 한다.

	A의 직업윤리	B의 직업윤리		A의 직업윤리	B의 직업윤리
①	봉사의식	소명의식	②	책임의식	직분의식
③	천직의식	소명의식	④	전문가의식	직분의식
⑤	봉사의식	책임의식			

---

35 A는 직업에 대한 사회적 역할과 책무를 충실히 수행하는 책임의식의 태도를 지니고 있으며, B는 자신이 맡은 일이 사회와 기업을 성장시키는 데 중요하다고 생각하는 직분의식의 태도를 지니고 있다.

오답분석
- 봉사의식 : 직업을 통해 다른 사람과 공동체에 봉사하는 정신을 갖추고 실천하는 태도이다.
- 소명의식 : 자신의 일은 하늘에 의해 맡겨진 것이라 생각하는 태도이다.
- 천직의식 : 자신의 일이 능력과 적성에 꼭 맞다 여기고 열성을 가지고 성실히 임하는 태도이다.
- 전문가의식 : 자신이 맡은 일의 분야에 대한 지식과 교육을 밑바탕으로 성실히 일하는 태도이다.

정답 35 ②

36 다음은 철도종사자 등의 신체검사에 관한 지침의 일부이다. 밑줄 친 정보에 해당하는 것은?

〈철도종사자 등의 신체검사에 관한 지침〉

제9조(기록보존 등)

① 신체검사의료기관은 신체검사 판정서를 발급한 경우에는 별지 제2호 서식의 신체검사 판정서 관리대장에 기록하고, 다음 각 호의 서류를 신체검사 판정서를 발급한 날부터 5년 동안 보존하여야 한다.

1. 신체검사판정서 및 관련 검사자료

2. 신체검사판정서 교부대장

② 제1항 각 호에 따른 자료에 대하여는 교육생의 경우에는 교육훈련기관이, 철도종사자의 경우에는 철도운영기관이, 운전면허시험·관제자격증명 응시자의 경우에는 교통안전공단이 각각 철도안전정보망에 입력하여야 하며, 교통안전공단 이사장은 그 자료를 보관·관리하여야 한다.

③ 신체검사의료기관의 장은 신체검사 판정서 및 신체검사의 기록 등 신체검사를 시행하는 과정에서 알게 된 정보에 관하여는 누설하지 말아야 한다.

① 몸무게 　　　　　　　　　② 면허발급일자

③ 근속기간 　　　　　　　　④ 주소지

⑤ 연봉

36　밑줄 친 정보는 신체검사를 통해 알 수 있는 부분으로, ①은 신체검사 항목에 해당하나, ②·③·④·⑤는 해당되지 않는다.

정답 36 ①

37 다음 사례에서 박 과장이 속한 부적응적 인간관계 유형은 무엇인가?

> 박 과장은 모든 사내 인간관계에서 다툼과 대립을 반복하여 팀 내에서 늘 갈등의 중심으로 여겨진다. 사내에는 박 과장과 친한 사람도 있지만, 자주 갈등을 일으키는 탓에 박 과장을 싫어하는 사람도 많다. 김 대리는 이 과장과의 면담에서 박 과장이 팀 내에서 늘 갈등을 일으키는 것을 이야기하며, 박 과장의 언행으로 인해 감정이 상했다고 털어 놓았다. 그러나 박 과장과 친한 이 과장은 박 과장이 사실은 두려움이 많은 친구라고 이야기했다.

① 불안형
② 실리형
③ 소외형
④ 반목형
⑤ 의존형

---

37 박 과장은 다른 사람들과 친밀한 관계를 맺기도 하지만, 주로 인간관계에서 대립과 다툼을 반복하기 때문에 반목형의 유형에 속한다.

부적응적 인간관계 유형
• 회피형
 – 경시형 : 인간관계가 사는 데 있어 중요하지 않고 무의미하다고 생각하는 유형
 – 불안형 : 사람을 사귀고자 하는 욕구가 있지만, 사람을 만나는 것이 불안하고 두려워 결과적으로 경시형과 같이 고립된 생활을 하는 유형
• 피상형
 – 실리형 : 인간관계를 실리적인 목적에 두는 유형
 – 유희형 : 인간관계는 항상 즐거움을 추구하며 가벼운 관계를 유지하는 유형
• 미숙형
 – 소외형 : 대인관계 기술이 미숙하여 다른 사람들로부터 따돌림을 받는 유형
 – 반목형 : 인간관계에서 대립과 다툼을 반복하여 다른 사람에게 상처를 남기는 유형
• 탐닉형
 – 의존형 : 스스로를 나약한 존재라고 생각하여 항상 누군가에게 의지하려는 유형
 – 지배형 : 혼자서는 항상 허전함과 불안함을 느껴 자신의 추종세력을 찾는 유형

정답 37 ④

2020 ~ 2017년 시행 기출문제

38 다음 자료는 운전면허 취득을 위한 교육훈련 과정별 교육시간 및 교육훈련 과목이다. 주어진 자료를 참고하여 갑과 을의 대화 중 밑줄 친 ㉠과 관련된 욕구와 이에 대한 을의 조언을 바르게 연결한 것은?

〈운전면허 취득을 위한 교육훈련 과정별 교육시간 및 교육훈련 과목(제20조 제3항 관련)〉

1. 일반응시자

교육과정	교육훈련 과목
디젤차량 운전면허(470시간)	
제1종 전기차량 운전면허(470시간)	• 현장실습교육
제2종 전기차량 운전면허(410시간)	• 운전실무 및 모의운행훈련
철도장비 운전면허(170시간)	• 비상 시 조치 등
노면전차 운전면허(240시간)	

2. 운전면허 소지자

소지면허	교육과정	교육훈련 과목
디젤차량 운전면허 제1종 전기차량 운전면허 제2종 전기차량 운전면허	고속철도차량 운전면허(280시간)	• 현장실습교육 • 운전실무 및 모의운행훈련 • 비상 시 조치 등
디젤차량 운전면허	제1종 전기차량 운전면허(35시간)	• 현장실습교육 • 운전실무 및 모의운행훈련
	제2종 전기차량 운전면허(35시간)	
	노면전차 운전면허(20시간)	
제1종 전기차량 운전면허	디젤차량 운전면허(35시간)	• 현장실습교육 • 운전실무 및 모의운행훈련
	제2종 전기차량 운전면허(35시간)	
	노면전차 운전면허(20시간)	
제2종 전기차량 운전면허	디젤차량 운전면허(70시간)	• 현장실습교육 • 운전실무 및 모의운행훈련
	제1종 전기차량 운전면허(70시간)	
	노면전차 운전면허(20시간)	
철도장비 운전면허	디젤차량 운전면허(260시간)	• 현장실습교육 • 운전실무 및 모의운행훈련 • 비상 시 조치 등
	제1종 전기차량 운전면허(260시간)	
	제2종 전기차량 운전면허(170시간)	
	노면전차 운전면허(100시간)	
노면전차 운전면허	디젤차량 운전면허(120시간)	• 현장실습교육 • 운전실무 및 모의운행훈련 • 비상 시 조치 등
	제1종 전기차량 운전면허(120시간)	
	제2종 전기차량 운전면허(105시간)	
	철도장비 운전면허(45시간)	

3. 일반사항

가. 철도차량 운전면허 소지자가 다른 종류의 철도차량 운전면허를 취득하기 위하여 교육훈련을 받는 경우에는 신체검사와 적성검사를 받은 것으로 본다. 다만, 철도장비 운전면허 소지자가 다른 종류의 철도차량 운전면허를 취득하기 위하여 교육훈련을 받는 경우에는 적성검사를 받아야 한다.

나. 고속철도차량 운전면허를 취득하기 위한 교육훈련을 받으려는 사람은 법 제21조에 따른 디젤차량, 제1종 전기차량 또는 제2종 전기차량의 운전업무 수행경력이 3년 이상 있어야 한다.

다. 모의운행훈련은 전(全) 기능 모의운전연습기를 활용한 교육훈련과 병행하여 실시하는 기본기능 모의운전연습기 및 컴퓨터지원교육시스템을 활용한 교육훈련을 포함한다.

라. 철도장비 운전면허 취득을 위하여 교육훈련을 받는 사람의 모의운행훈련은 다른 차량 종류의 모의운전연습기를 활용하여 실시할 수 있다.

마. 교육시간은 교육훈련기관이 별도로 정하는 성적평가 기준에 따라 개인별로 20% 범위에서 단축할 수 있다.

갑 : 제1종 전기차량 운전면허를 따야겠어.

을 : 그래, 너의 꿈을 이루려면 지금 가지고 있는 제2종 전기차량 운전면허로는 부족하겠지. 제1종 전기차량 운전면허를 취득하는 것은 좋은 방법이라고 생각해.

갑 : 하지만 나는 지금 아이도 커 가고 있고……. 470시간의 교육을 받으려면 현재 직장을 그만두어야 하는데, 그러면 당장 ㉠ 생활하기가 어려워.

을 : _____

① 안전의 욕구 – 자네는 너무 자기합리화를 하는 것 같아.
② 생리적 욕구 – 자네는 너무 제한적으로 사고하는 것 같아.
③ 안전의 욕구 – 자네는 자기중심적으로 생각하는 것 같아. 주변을 둘러봐.
④ 생리적 욕구 – 자네는 내부정보를 제대로 알아보지 않은 것 같네.
⑤ 자아실현 욕구 – 자네는 너무 제한적으로 사고하는 것 같아.

---

38 매슬로우의 욕구 5단계에 따르면 기본적인 식욕, 수면욕이나 의식주와 같이 우리 생활의 가장 기본적인 요소들은 생리적 욕구에 속하므로 갑이 고민하고 있는 문제는 생리적 욕구이다. 또한, 갑은 제2종 전기차량 운전면허를 이미 소지하고 있으므로 제1종 전기차량 운전면허를 취득하기 위해서는 470시간이 아닌 70시간의 교육과정만 받으면 된다. 따라서 교육시간 정보를 제대로 알아보지 못한 갑에 대해 을의 조언으로 ④가 적절하다.

정답 38 ④

39 다음 중 안드라고지(Andragogy)에 대한 설명으로 옳지 않은 것은?

① 성과 중심, 문제해결 중심, 생활 중심의 성향을 보인다.
② 교수자는 지원자의 안내자 역할을 한다.
③ 교사중심 교육이며 교과중심적인 성향을 갖는다.
④ 학습의 책임이 학생에게 있다고 본다.
⑤ 학습자가 스스로 배우고 주도해 나가는 과정을 의미한다.

40 다음 중 어미 '-지'의 쓰임이 잘못 연결된 것은?

> ㉠ 상반되는 사실을 서로 대조적으로 나타내는 연결 어미
> ㉡ (용언 어간이나 어미 '-으시-', '-었-', '-겠-' 뒤에 붙어) 해할 자리에 쓰여, 어떤 사실을 긍정적으로 서술하거나 묻거나 명령하거나 제안하는 따위의 뜻을 나타내는 종결 어미. 서술, 의문, 명령, 제안 따위로 두루 쓰인다.
> ㉢ (용언의 어간이나 어미 '-으시-', '-었-' 뒤에 붙어) 그 움직임이나 상태를 부정하거나 금지하려 할 때 쓰이는 연결 어미. '않다', '못하다', '말다' 따위가 뒤따른다.

① ㉠ - 콩을 심으면 콩이 나지 팥이 날 수는 없다.
② ㉡ - 그는 이름난 효자이지.
③ ㉡ - 그는 어떤 사람이지?
④ ㉢ - 쓰레기를 버리지 마시오.
⑤ ㉢ - 그는 얼마나 부지런한지 세 사람 몫의 일을 해낸다.

---

39 페다고지(Pedagogy)에 대한 설명이다.
페다고지와 안드라고지의 비교

구분	페다고지(Pedagogy)	안드라고지(Andragogy)
학습자	의존적	자기주도적
교사(교수자)	권위적	동기부여자, 안내자
학습지향성	교과목 지향	생활중심적, 성과지향적
교육방법	교사중심적 수업	학생중심적 수업
학습초점	개인의 초점	문제해결에 초점
학습책임	교사가 책임	학생이 책임
경험	중요하지 않음	매우 중요함

40 ⑤에서는 ㉢이 아닌 '막연한 의문이 있는 채로 그것을 뒤 절의 사실이나 판단과 관련시키는 데 쓰는 연결어미'인 '-ㄴ지'가 사용되었다.

정답 39 ③ 40 ⑤

41 다음 중 철도 운전면허를 취득할 수 있는 사람은?

〈철도안전법〉

제11조(결격사유)

다음 각 호의 어느 하나에 해당하는 사람은 운전면허를 받을 수 없다.

1. 만 18세 미만인 사람
2. 철도차량 운전상의 위험과 장해를 일으킬 수 있는 정신질환자 또는 뇌전증환자로서 대통령령으로 정하는 사람
3. 철도차량 운전상의 위험과 장해를 일으킬 수 있는 약물(마약류 관리에 관한 법률 제2조 제1호에 따른 마약류 및 화학물질관리법 제22조 제1항에 따른 환각물질을 말한다. 이하 같다) 또는 알코올 중독자로서 대통령령으로 정하는 사람
4. 두 귀의 청력을 완전히 상실한 사람, 두 눈의 시력을 완전히 상실한 사람, 그 밖에 대통령령으로 정하는 신체장애인

〈철도안전법 시행규칙〉

제12조(운전면허를 받을 수 없는 사람)

① 철도안전법 제11조 제2호 및 제3호에서 '대통령령으로 정하는 사람'이란 해당 분야 전문의가 정상적인 운전을 할 수 없다고 인정하는 사람을 말한다.

② 철도안전법 제11조 제4호에서 '대통령령으로 정하는 신체장애인'이란 다음 각 호의 어느 하나에 해당하는 사람을 말한다.

1. 말을 하지 못하는 사람
2. 한쪽 다리의 발목 이상을 잃은 사람
3. 한쪽 팔 또는 한쪽 다리 이상을 쓸 수 없는 사람
4. 다리·머리·척추 또는 그 밖의 신체장애로 인하여 걷지 못하거나 앉아 있을 수 없는 사람
5. 한쪽 손 이상의 엄지손가락을 잃었거나 엄지손가락을 제외한 손가락을 3개 이상 잃은 사람

---

① 전문의가 뇌전증환자로서 정상적인 운전을 할 수 없다고 인정한 사람

② 전문의가 알코올 중독자로서 정상적인 운전을 할 수 없다고 인정한 사람

③ 교통사고로 두 다리를 잃어 걷지 못하는 사람

④ 태어날 때부터 두 눈의 시력을 완전히 상실한 사람

⑤ 사고로 한쪽 손의 새끼손가락을 잃은 사람

---

41 철도안전법 시행규칙 제12조 제2항 제5호에 따르면 한쪽 손 이상의 엄지손가락을 잃었거나 엄지손가락을 제외한 손가락을 3개 이상 잃은 사람의 경우 운전면허를 받을 수 없다. 따라서 한쪽 손의 새끼손가락을 잃은 사람은 이에 해당하지 않으므로, 철도 운전면허를 취득할 수 있다.

오답분석
① 철도안전법 제11조 제2호
② 철도안전법 제11조 제3호
③ 철도안전법 시행규칙 제12조 제2항 제3호
④ 철도안전법 제11조 제4호

정답 41 ⑤

2020 ~ 2017년 시행 기출문제

42 K회사의 업무는 전 세계에서 이루어진다. 런던지사에 있는 A대리는 11월 1일 오전 9시에 업무를 시작하여 오후 10시에 마치고 시애틀에 있는 B대리에게 송부하였다. B대리는 11월 2일 오후 3시부터 작업하여, 끝내고 바로 서울에 있는 C대리에게 자료를 송부하였다. C대리는 자료를 받자마자 11월 3일 오전 9시부터 자정까지 작업을 하고 최종 보고하였다. 다음 중 세 명이 업무를 마무리 하는 데 걸린 시간은 총 몇 시간인가?

위치	시차
런던	GMT+0
시애틀	GMT−7
서울	GMT+9

① 25시간 ② 30시간
③ 35시간 ④ 40시간
⑤ 45시간

---

42 런던에서 A대리는 11월 1일 오전 9시부터 오후 10시까지 일을 하여 13시간이 걸렸다. 시애틀의 B대리는 11월 2일 오후 3시부터 서울 시간으로 11월 3일 오전 9시에 일을 끝마쳤다. 서울 시간을 시애틀 시간으로 바꾸면 시애틀이 서울보다 16시간 느리므로 B대리가 끝마친 시간은 11월 2일 오후 5시가 되고, B대리가 업무하는 데 걸린 시간은 2시간이다. 마지막으로 C대리는 11월 3일 오전 9시부터 자정까지 작업을 하고 보고했으므로 15시간이 걸렸다. 따라서 세 명의 대리가 업무를 하는 데 걸린 시간은 총 13+2+15=30시간이다.

정답 42 ②

43 다음 A사원과 B사원의 대화 중 빈칸에 들어갈 단축키 내용으로 적절한 것은?

> A사원 : 오늘 야근 예정이네. 이걸 다 언제하지?
> B사원 : 무슨 일인데 그래?
> A사원 : 아니 부장님이 오늘 가입한 회원들 중 30대의 데이터만 모두 추출하라고 하시잖아. 오늘 가입한 사람들만 1,000명이 넘는데…
> B사원 : 엑셀의 자동필터 기능을 사용하면 되잖아. 단축키는 _____ 야.
> A사원 : 이런 기능이 있었구나! 덕분에 오늘 일찍 퇴근할 수 있겠군. 고마워!

① Ctrl + Shift + L

② Ctrl + Shift + %5

③ Ctrl + Shift + &7

④ Ctrl + Shift + ∵

⑤ Ctrl + Shift + F

---

43 엑셀 자동필터 설정 단축키는 Ctrl + Shift + L 이다.

오답분석
② 백분율 적용
③ 테두리 적용
④ 현재 시간 나타내기
⑤ 셀 서식

정답 43 ①

44 A ~ E사의 올해 영업이익 결과에 대해 사람들이 이야기하고 있다. 이 중 한 사람만 거짓을 말할 때, 항상 참인 것은?(단, 영업이익은 올랐거나 내렸다)

> 철수 : A사는 영업이익이 올랐다.
> 영희 : B사는 D사보다 영업이익이 더 올랐다.
> 수인 : E사의 영업이익이 내렸고, C사 영업이익도 내려갔다.
> 희재 : E사는 영업이익은 올랐다.
> 연미 : A사는 D사보다 영업이익이 덜 올랐다.

① E사는 영업이익이 올랐다.
② B사는 A사보다 영업이익이 더 올랐다.
③ C사의 영업이익이 내려갔다.
④ D사는 E사보다 영업이익이 덜 올랐다.
⑤ E사는 B사보다 영업이익이 덜 올랐다.

---

44 다섯 명 중 수인과 희재는 동시에 참이 될 수 없으므로 수인이나 희재가 거짓을 말한다.
수인이가 거짓을 말할 경우와 희재가 거짓을 말할 경우, 항상 참인 영희와 연미의 명제를 정리해보면 영업이익이 많이 오른 순서는 B사>D사>A사이다. 따라서 ②가 항상 참임을 알 수 있다.

오답분석
① 희재가 거짓일 때는 E사의 영업이익이 내렸다.
③ 수인이가 거짓일 때는 C사의 영업이익이 올랐다.
④ D사와 E사의 영업이익 비교는 명제들 사이에서 알 수 없는 사실이다.
⑤ B사와 E사의 영업이익 비교는 명제들 사이에서 알 수 없는 사실이다.

정답 44 ②

45 다음의 표는 두 회사가 광고를 투입할 경우에 얻어지는 회사별 수입을 나타내고 있다. 다음 중 옳지 않은 것은?

구분	B회사는 광고를 한다	B회사는 광고를 하지 않는다
A회사는 광고를 한다	A회사 매출 70% 상승, B회사 매출 70% 상승	A회사 매출 100% 상승, B회사 매출 30% 하락
A회사는 광고를 하지 않는다	A회사 매출 30% 하락, B회사 매출 100% 상승	A회사 매출 30% 상승, B회사 매출 30% 상승

① 두 회사 모두 광고를 하는 것이 이 문제의 우월전략균형이다.
② 두 회사 모두 광고를 하지 않는 것이 이 문제의 내쉬균형이다.
③ 이 상황이 반복되면 두 회사는 광고를 계속하게 될 것이다.
④ 광고를 하는 것이 우월전략이고, 안 하는 것이 열등전략이다.
⑤ 두 회사는 상대방이 광고유무에 상관없이 광고를 하는 것이 최적의 전략이다.

---

45 내쉬균형은 게임이론의 개념으로써 각 참여자가 상대방의 전략을 주어진 것으로 보고 자신에게 최적인 전략을 선택할 때, 그 결과가 균형을 이루는 최적 전략의 집합을 말한다. 상대방의 전략이 공개되었을 때 어느 누구도 자기 전략을 변화시키려고 하지 않는 전략의 집합이라고 말할 수 있다. A·B회사가 광고를 같이 하거나 하지 않을 때 둘 다 매출이 상승하고 어느 한 회사만 광고를 할 경우 광고를 한 회사만 매출이 상승한다. 따라서 두 회사 모두 광고를 하는 것이 내쉬균형이 된다.

정답 45 ②

46 다음은 권력과 복종을 기준으로 조직을 구분한 에치오니(Etzioni)의 조직 유형이다. 다음 중 각 조직 유형에 대한 설명이 잘못 연결된 것은?

구분	소외적 몰입	타산적 몰입	도덕적 몰입
강제적 권력	㉠		
보상적 권력		㉡	
규범적 권력			㉢

① ㉠ – 강제적 통제 권력이 사용되며, 구성원은 조직의 목적에 매우 부정적인 태도를 취한다.

② ㉠ – 교도소나 군대 등이 이에 속한다.

③ ㉡ – 물질적 보상체제를 사용하여 구성원을 통제하고, 구성원은 보상에 따라 타산적으로 조직에 참여한다.

④ ㉢ – 종교 단체나 전문직 단체 등이 이에 속한다.

⑤ ㉢ – 구성원은 반대급부에 대한 계산을 따져보고 그만큼만 조직에 몰입한다.

---

46 ㉢은 규범적 조직으로 이 조직의 구성원은 보상과 관계없이 당연히 조직에 순응해야 한다고 생각하여 조직에 헌신적으로 참여한다. 이와 달리 공리적 조직(㉡)의 구성원은 대부분이 보수·상여금 등에 대하여 이해득실을 따져 조직에 참여한다. 따라서 ⑤는 공리적 조직에 대한 설명이다.

정답 46 ⑤

47 협상과정은 '협상 시작 → 상호 이해 → 실질 이해 → 해결 대안 → 합의 문서' 5단계로 구분할 수 있다.
다음 〈보기〉의 내용을 협상 순서에 따라 바르게 나열한 것은?

─〈보기〉─

ⓐ 최선의 대안에 대해 합의하고 이를 선택한다.
ⓑ 겉으로 주장하는 것과 실제로 원하는 것을 구분하여 실제로 원하는 바를 찾아낸다.
ⓒ 협상 진행을 위한 체제를 구축한다.
ⓓ 갈등 문제의 진행 상황 및 현재 상황을 점검한다.
ⓔ 합의문의 합의 내용, 용어 등을 재점검한다.

① ㉠ → ㉡ → ㉣ → ㉢ → ㉤
② ㉠ → ㉣ → ㉡ → ㉢ → ㉤
③ ㉢ → ㉣ → ㉡ → ㉠ → ㉤
④ ㉢ → ㉡ → ㉣ → ㉠ → ㉤
⑤ ㉢ → ㉡ → ㉣ → ㉤ → ㉠

───

47 협상의 단계에 따라 〈보기〉를 배열하면 ㉢ 협상 시작 → ㉣ 상호 이해 → ㉡ 실질 이해 → ㉠ 해결 대안 → ㉤ 합의 문서의 순서임을
알 수 있다.

협상과정의 5단계
• 협상 시작
  – 협상 당사자들 사이에 상호 친근감을 쌓음
  – 간접적인 방법으로 협상의사를 전달
  – 상대방의 협상의지를 확인
  – 협상 진행을 위한 체제를 짬
• 상호 이해
  – 갈등 문제의 진행사항과 현재의 상황을 점검
  – 적극적으로 경청하고 자기주장을 제시
  – 협상을 위한 협상대상 안건을 결정
• 실질 이해
  – 겉으로 주장하는 것과 실제로 원하는 것을 구분하여 실제로 원하는 바를 찾아냄
  – 분할과 통합의 기법을 활용하여 이해관계를 분석
• 해결 대안
  – 협상 안건마다 대안들을 평가
  – 개발한 대안들을 평가
  – 최선의 대안에 대해서 합의하고 선택
  – 대안 이행을 위한 실행계획 수립
• 합의 문서
  – 합의문 작성
  – 합의문의 합의 내용, 용어 등을 재점검
  – 합의문에 서명

정답 47 ③

〈철도안전법〉

제5조(철도안전 종합계획)

① 국토교통부장관은 5년마다 철도안전에 관한 종합계획(이하 '철도안전 종합계획'이라 한다)을 수립하여야 한다.

③ 국토교통부장관은 철도안전 종합계획을 수립할 때에는 미리 관계 중앙행정기관의 장 및 철도운영자 등과 협의한 후 기본법 제6조 제1항에 따른 철도산업위원회의 심의를 거쳐야 한다. 수립된 철도안전 종합계획을 변경(대통령령으로 정하는 경미한 사항의 변경은 제외한다)할 때에도 또한 같다. 〈개정 2013. 3. 23.〉

④ 국토교통부장관은 철도안전 종합계획을 수립하거나 변경하기 위하여 필요하다고 인정하면 관계 중앙행정기관의 장 또는 특별시장·광역시장·특별자치시장·도지사·특별자치도지사(이하 '시·도지사'라 한다)에게 관련 자료의 제출을 요구할 수 있다. 자료 제출 요구를 받은 관계 중앙행정기관의 장 또는 시·도지사는 특별한 사유가 없으면 이에 따라야 한다. 〈개정 2013. 3. 23.〉

제6조(시행계획)

① 국토교통부장관, 시·도지사 및 철도운영자 등은 철도안전 종합계획에 따라 소관별로 철도안전 종합계획의 단계적 시행에 필요한 연차별 시행계획(이하 '시행계획'이라 한다)을 수립·추진하여야 한다. 〈개정 2013. 3. 23.〉

제7조(안전관리체계의 승인)

① 철도운영자 등(전용철도의 운영자는 제외한다. 이하 이 조 및 제8조에서 같다)은 철도운영을 하거나 철도시설을 관리하려는 경우에는 인력, 시설, 차량, 장비, 운영절차, 교육훈련 및 비상대응계획 등 철도 및 철도시설의 안전관리에 관한 유기적 체계(이하 '안전관리체계'라 한다)를 갖추어 국토교통부장관의 승인을 받아야 한다. 〈개정 2013. 3. 23., 2015. 1. 6.〉

② 전용철도의 운영자는 자체적으로 안전관리체계를 갖추고 지속적으로 유지하여야 한다.

③ 철도운영자 등은 제1항에 따라 승인받은 안전관리체계를 변경(제5항에 따른 안전관리기준의 변경에 따른 안전관리체계의 변경을 포함한다. 이하 이 조에서 같다)하려는 경우에는 국토교통부장관의 변경승인을 받아야 한다. 다만, 국토교통부령으로 정하는 경미한 사항을 변경하려는 경우에는 국토교통부장관에게 신고하여야 한다. 〈개정 2013. 3. 23.〉

⑤ 국토교통부장관은 철도안전경영, 위험관리, 사고 조사 및 보고, 내부점검, 비상대응계획, 비상대응훈련, 교육훈련, 안전정보관리, 운행안전관리, 차량·시설의 유지관리(차량의 기대수명에 관한 사항을 포함한다) 등 철도운영 및 철도시설의 안전관리에 필요한 기술기준을 정하여 고시하여야 한다. 〈개정 2013. 3. 23., 2015. 1. 6.〉

제8조(안전관리체계의 유지 등)

① 철도운영자등은 철도운영을 하거나 철도시설을 관리하는 경우에는 제7조에 따라 승인받은 안전관리체계를 지속적으로 유지하여야 한다.

② 국토교통부장관은 철도운영자 등이 제1항에 따른 안전관리체계를 지속적으로 유지하는지를 점검·확인하기 위하여 국토교통부령으로 정하는 바에 따라 정기 또는 수시로 검사할 수 있다. 〈개정 2013. 3. 23.〉

제9조(승인의 취소 등)

① 국토교통부장관은 안전관리체계의 승인을 받은 철도운영자 등이 다음 각 호의 어느 하나에 해당하는 경우에는 그 승인을 취소하거나 6개월 이내의 기간을 정하여 업무의 제한이나 정지를 명할 수 있다. 다만, 제1호에 해당하는 경우에는 그 승인을 취소하여야 한다. 〈개정 2013. 3. 23.〉

1. 거짓이나 그 밖의 부정한 방법으로 승인을 받은 경우

2. 제7조 제3항을 위반하여 변경승인을 받지 아니하거나 변경신고를 하지 아니하고 안전관리체계를 변경한 경우

3. 제8조 제1항을 위반하여 안전관리체계를 지속적으로 유지하지 아니하여 철도운영이나 철도시설의 관리에 중대한 지장을 초래한 경우
4. 제8조 제3항에 따른 시정조치명령을 정당한 사유 없이 이행하지 아니한 경우

제61조(철도사고 등 보고)

① 철도운영자 등은 사상자가 많은 사고 등 대통령령으로 정하는 철도사고 등이 발생하였을 때에는 국토교통부령으로 정하는 바에 따라 즉시 국토교통부장관에게 보고하여야 한다. 〈개정 2013. 3. 23.〉
② 철도운영자 등은 제1항에 따른 철도사고 등을 제외한 철도사고 등이 발생하였을 때에는 국토교통부령으로 정하는 바에 따라 사고 내용을 조사하여 그 결과를 국토교통부장관에게 보고하여야 한다. 〈개정 2013. 3. 23.〉

〈철도안전법 시행령〉

제5조(시행계획 수립절차 등)

① 법 제6조에 따라 특별시장·광역시장·특별자치시장·도지사 또는 특별자치도지사(이하 '시·도지사'라 한다)와 철도운영자 및 철도시설관리자(이하 '철도운영자 등'이라 한다)는 다음 연도의 시행계획을 매년 10월 말까지 국토교통부장관에게 제출하여야 한다. 〈개정 2013. 3. 23.〉
② 시·도지사 및 철도운영자 등은 전년도 시행계획의 추진실적을 매년 2월 말까지 국토교통부장관에게 제출하여야 한다. 〈개정 2013. 3. 23.〉

제57조(국토교통부장관에게 즉시 보고하여야 하는 철도사고 등)

법 제61조 제1항에서 '사상자가 많은 사고 등 대통령령으로 정하는 철도사고 등'이란 다음 각 호의 어느 하나에 해당하는 사고를 말한다.
1. 열차의 충돌이나 탈선사고
2. 철도차량이나 열차에서 화재가 발생하여 운행을 중지시킨 사고
3. 철도차량이나 열차의 운행과 관련하여 3명 이상 사상자가 발생한 사고
4. 철도차량이나 열차의 운행과 관련하여 5천만 원 이상의 재산피해가 발생한 사고

〈철도안전법 시행규칙〉

제86조(철도사고 등의 보고)

① 철도운영자 등은 법 제61조 제1항에 따른 철도사고 등이 발생한 때에는 다음 각 호의 사항을 국토교통부장관에게 즉시 보고하여야 한다. 〈개정 2013. 3. 23.〉
  1. 사고 발생 일시 및 장소
  2. 사상자 등 피해사항
  3. 사고 발생 경위
  4. 사고 수습 및 복구 계획 등
② 철도운영자 등은 법 제61조 제2항에 따른 철도사고 등이 발생한 때에는 다음 각 호의 구분에 따라 국토교통부장관에게 이를 보고하여야 한다. 〈개정 2013. 3. 23.〉
  1. 초기보고 : 사고발생현황 등
  2. 중간보고 : 사고수습·복구상황 등
  3. 종결보고 : 사고수습·복구결과 등
③ 제1항 및 제2항에 따른 보고의 절차 및 방법 등에 관한 세부적인 사항은 국토교통부장관이 정하여 고시한다. 〈개정 2013. 3. 23.〉

48 다음 중 글을 이해한 내용으로 적절하지 않은 것은?

① 국토교통부장관은 철도운영 및 철도시설의 안전관리에 필요한 기술기준을 정하여 고시하여야 한다.

② 국토교통부장관은 5년마다 철도안전에 관한 종합계획을 수립하여야 하는데, 이때에는 미리 관계 중앙행정기관의 장 및 철도운영자와 협의한 후 철도산업위원회의 심의를 거쳐야 한다.

③ 이미 수립된 철도안전 종합계획을 변경하려는 경우에 국토교통부장관의 변경승인을 받아야 하지만, 경미한 변경 사항의 경우는 국토교통부장관에게 신고하여야 한다.

④ 철도운영자가 부정한 방법으로 안전관리체계에 대한 승인을 받은 경우 국토교통부장관은 6개월 이내의 기간을 정하여 업무의 제한이나 정지를 명할 수 있다.

⑤ 철도안전 종합계획을 수립하거나 변경하기 위하여 자료가 필요한 경우 국토교통부장관은 관계 중앙행정기관의 장 또는 시·도지사에게 관련 자료의 제출을 요구할 수 있다.

49 다음 중 철도운영자의 임무에 대한 설명으로 옳지 않은 것은?

① 철도운영자는 철도운영을 하거나 철도시설을 관리하려는 경우 안전관리에 관한 유기적 체계를 갖추어 국토교통부장관의 승인을 받아야 한다.

② 철도운영자가 안전관리체계를 변경하려는 경우 국토교통부장관의 변경승인을 받아야 한다.

③ 3명 이상의 사상자가 발생한 철도사고의 경우 철도운영자는 즉시 국토교통부장관에게 사고 발생 일시 및 장소, 사고발생 경위 등을 보고하여야 한다.

④ 열차의 탈선으로 사고가 발생한 경우 철도운영자는 국토교통부장관에게 최소 3번 이상 보고해야 한다.

⑤ 철도운영자는 다음 연도의 시행계획을 매년 10월 말까지 국토교통부장관에게 제출하여야 한다.

---

48 철도운영자가 부정한 방법으로 안전관리체계에 대한 승인을 받은 경우 국토교통부장관은 그 승인을 취소해야 한다(철도안전법 제9조 제1항 제1호).

오답분석
① 철도안전법 제7조 제5항
② 철도안전법 제5조 제1항·제3항
③ 철도안전법 제7조 제3항
⑤ 철도안전법 제5조 제4항

49 열차의 탈선사고는 '사상자가 많은 사고 등 대통령령으로 정하는 철도사고 등'에 해당하는 사고로 이 경우에는 사고 발생 및 일시 및 장소, 사상자 등 피해사항, 사고 발생 경위 등을 국토교통부장관에게 즉시 보고하여야 한다(철도안전법 제61조 제1항, 철도안전법 시행령 제57조 제1호, 철도안전법 시행규칙 제86조 제1항).

오답분석
① 철도안전법 제7조 제1항
② 철도안전법 제7조 제3항
③ 철도안전법 제61조 제1항, 철도안전법 시행령 제57조 제3호, 철도안전법 시행규칙 제86조 제1항
⑤ 철도안전법 시행령 제5조 제1항

정답 48 ④ 49 ④

50 다음 중 적절한 대답을 한 면접자를 모두 고른 것은?

> 면접관 : 선호하지 않는 일을 한다고 하면 그것도 직업이라고 할 수 있습니까?
> 갑   : 보수를 받지 않는다면 그것은 직업이 아니라고 생각합니다.
> 면접관 : 최근에 직업을 가진 적이 있습니까?
> 을   : 네. 저번 여름에 해외로 자원봉사를 반년간 다녀왔습니다.
> 면접관 : 마지막에 가진 직업이 무엇입니까?
> 병   : 1개월 동안 아르바이트를 한 것이 마지막 직업이었습니다.
> 면접관 : 중요한 미팅에 나가는데 길에 할머니가 쓰러져있으면 어떻게 하시겠습니까?
> 정   : 119에 도움을 요청한 후, 미팅에 나가겠습니다.
> 면접관 : 입사를 한다면 입사 후에 어떠한 활동을 하실 계획입니까?
> 무   : 입사 후에 저의 경력관리를 위해 직무와 관련된 공부를 할 계획입니다.

① 갑, 병
② 갑, 정
③ 을, 병
④ 병, 정
⑤ 정, 무

---

50 정은 중요한 업무를 앞두고 있음에도 불구하고 쓰러진 할머니를 외면하지 않겠다는 대답을 통해 바람직한 윤리적 태도를 보여주었다. 무의 대답에서는 입사 이후에도 자신의 직무와 관련된 능력을 연마하겠다는 바람직한 직업관과 태도를 볼 수 있다. 따라서 면접관의 질문에 대해 적절한 대답을 한 지원자는 정과 무이다.

오답분석
• 갑 : 직업을 보수를 받기 위한 수단으로만 보는 그릇된 직업관을 지니고 있다. 또한, 선호하지 않는 일에 대해 물었는데 다른 대답을 하고 있다.
• 을 : 직업은 일정한 수입을 얻는 것이므로 보수와 관계없는 자원봉사를 직업으로 볼 수 없다.
• 병 : 직업은 일정 기간 계속 수행되어야 한다는 계속성을 지닌다. 1개월 아르바이트는 이러한 계속성을 지니지 못하므로 직업으로 볼 수 없다.

정답 50 ⑤

51 다음 상황에서 나타난 갑과 을의 행위 원인이 바르게 연결된 것은?

- 갑은 철도안전법상 열차 내에서 물건을 매매할 수 없다는 것을 알고 있었지만, 생계가 어려워지자 가족들을 먹여 살리기 위해 열차 내에서 물건을 판매하였다.
- 을은 술을 한 잔만 마시려고 했으나 술자리 분위기가 너무 좋아 만취 상태에 이르렀고, 만취 상태에서 판단능력을 상실하고 운전업무를 수행 중인 병을 폭행하였다.

	갑	을
①	무관심	무절제
②	무절제	무지
③	무관심	무지
④	무지	무관심
⑤	무절제	무관심

51　갑은 열차 내에서 물건을 판매하는 행위가 비윤리적 행위임을 알면서도 윤리적 행동을 중요하게 여기지 않은 무관심으로, 을은 만취 상태에서 판단능력을 상실하여 자신의 통제를 벗어난 무절제로 인해 비윤리적 행위를 저질렀다.

오답분석

무지 : 무엇이 옳고, 무엇이 그른지 모르기 때문에 비윤리적 행위가 발생한다.

정답 51 ①

52 S공사의 A대리는 제품 시연회를 준비하고 있다. 다음 중 5W1H에 해당하는 정보로 옳지 않은 것은?

〈환경개선 특수차 시연회 시행계획〉

안전점검의 날을 맞이하여 시민고객에게 우리공사 환경안전정책 및 지하철 환경개선 노력을 홍보하고, 시민고객과의 소통으로 시민고객과 함께하는 지하철 환경개선사업으로 도약하고자 함

1. 추진개요
   - 행사명 : 시민과 함께하는 환경개선 특수차 시연회 개최
   - 시행일시 : 2017. 12. 4. (월) 10:00 ~ 12:00
   - 장소 : 차량기지 장비유치선
   - 시연장비 : 고압살수차
   - 참석대상 :
     – 환경개선 특수차 시연회 일반인 신청자 : 20명
     – 우리공사 : 장비관리단장 외 20명
   ※ 시민참여 인원 등 행사일정은 현장여건에 따라 변동될 수 있음

2. 행사내용
   - 우리공사 지하철 환경관리 정책홍보 및 특수차 소개
   - 시민과 함께하는 지하철 화재예방 영상 교육
   - 2017년 환경개선 특수장비 운영에 따른 환경개선 활동 및 시연
   - 차량검수고 견학(차량사업소 협조)
   - 지하철 환경개선에 대한 시민고객의 의견수렴(설문지)

① When – 2017년 12월 4일
② Where – 차량기지 장비유치선
③ What – 지하철 환경개선 특수차 시연회
④ How – 환경개선 특수차 시연 및 차량검수고 견학
⑤ Why – 시민참여 인원 등 행사일정 변동 가능

---

52 5W1H의 Why에 해당하는 정보는 제품 시연회의 필요성과 관계있으므로, 공사의 환경안전정책 및 지하철 환경개선 노력 홍보 및 시민고객과의 소통 등이 적절하다.

5W1H
- Who : 누가 적격인가?
- Why : 왜 그것이 필요한가?
- What : 그 목적은 무엇인가?
- Where : 어디서 하는 것이 좋은가?
- When : 언제 하는 것이 좋은가?
- How : 어떤 방법이 좋은가?

정답 52 ⑤

53 다음 대화와 이메일을 읽고, C회원에게 필요한 네티켓 원칙으로 가장 적절한 것을 고르면?

> A대리 : 카페 운영이 쉽지 않아요.
>
> B과장 : 어떤 점에서 쉽지 않나요?
>
> A대리 : 정보공유를 위한 카페를 만들었는데 질문만 많고 정보 공유는 잘 되지 않아요. 질문 글이 전체 신규 글의 절반이 넘기도 한다니까요.
>
> B과장 : 카페 운영원칙을 잘 세워서 문화를 만들어야 하지 않을까요?
>
> A대리 : 원칙을 세우는 것도 문제예요. 질문을 했다는 이유로 이용을 제재하기는 애매하고 반발이 심하니 원칙을 강제할 수 없거든요. 특히, 반말이나 줄임말을 쓰지 않는 원칙을 만들었더니 잘 지키지 않는 분들도 많고, 제재를 가하면 반발을 하는 분들이 많아서 힘들어요.
>
> B과장 : 참 큰일이군요.
>
> > 받는 이 : 카페 운영자
> >
> > 보낸 이 : C회원
> >
> > 제목 : 쥔장 보시오!
> >
> > 내용 : 내가 질문한 게 뭐 그리 큰 잘못이라고 이용 제재씩이나 하슈? 그리고 인터넷상에서 줄임말도 쓸 수 있고 반말할 수도 있지. 이런 걸로 불편하게 제재를 하면 카페 이용은 어떻게 하라는 거요?

① 당신의 권력을 남용하지 말라.

② 카페의 환경에 어울리게 행동하라.

③ 논쟁은 절제된 감정 아래 행하라.

④ 전문적인 지식을 공유하라.

⑤ 실제생활과 똑같은 기준과 행동을 고수하라.

---

53 어떤 공간에서는 허용될 수 있는 것들이 다른 공간에서는 무례하다고 판단될 수 있으므로, 새로운 공간에 참여하고자 할 때에는 그 환경을 잘 파악하고, 그러한 문화에 맞게 행동해야 한다. C회원은 카페의 이용 원칙 등을 지키지 않고 운영자인 A대리에게 이용 제재를 받자 오히려 이러한 제재에 반발하여 항의하는 이메일을 보냈다. 따라서 C회원에게 필요한 네티켓 원칙으로 ②가 적절하다.

정답 53 ②

54 서울교통공사의 캐릭터인 또타를 보고 다섯 사람이 대화를 나누었다. 다음 중 또타의 특성에 대해 잘못 말한 사람은?

① 수민 : 또타는 시민과 늘 함께하는 지하철의 모습을 밝고 유쾌한 이미지로 표현한 것 같아.

② 영찬 : 캐릭터의 개구진 표정을 통해 지하철이 자꾸 타고 싶은 즐겁고 행복한 공간임을 강조한 것 같아.

③ 애진 : 서울교통공사의 기업 브랜드에 즐겁고 유쾌한 이미지를 부여하는 커뮤니케이션 수단이 될 것 같아.

④ 경태 : 전동차 정면 모양으로 캐릭터 얼굴을 디자인해서 일상적으로 이용하는 대중교통수단의 모습을 참신한 느낌으로 표현한 것 같아.

⑤ 보라 : 메인 컬러로 사용한 파란색은 시민과 공사 간의 두터운 신뢰를 상징하고 있어.

---

54   전동차 정면 모양이 아닌 측면 모양으로 디자인되었다.

정답 54 ④

안심Touch

55 다음 설명을 읽고 이에 해당하는 것을 고르면?

> 2개 이상의 국가가 서로 상품이나 서비스를 사고팔 때 매기는 관세나 각종 수입제한을 철폐하여 교역을 자유화하려는 협정이다. 모든 품목의 관세를 없애는 것이 원칙이나, 당사자 간 협상에 따라 일부 품목에만 관세를 물리도록 예외를 정하기도 한다.

① WTO　　　　　　　　　　　② IMF
③ FTA　　　　　　　　　　　④ WHO
⑤ SOFA

56 마케팅팀의 A사원은 아침마다 관련 기사를 찾아본다. 아래 기사를 읽고 ㉠의 사례로 적절한 것을 고른 것은?

> 뉴메릭 마케팅이란, 숫자를 뜻하는 'Numeric'과 'Marketing'을 합한 단어로, 브랜드나 상품의 특성을 나타 내는 숫자를 통해 사람들에게 인지도를 높이는 마케팅 전략을 말한다. 숫자는 모든 연령대 그리고 국경을 초월하여 공통으로 사용하는 기호이기 때문에 이미지 전달이 빠르고 제품의 특징을 함축적으로 전달할 수 있다는 장점이 있다. 또한, 숫자 정보를 제시하여 소비자들이 신빙성 있게 받아들이게 되는 효과도 있다. 뉴메릭 마케팅은 크게 세 가지 방법으로 구분할 수 있는데, 기업 혹은 상품의 역사를 나타낼 때, ㉠ 특정 소비자를 한정 지을 때, 제품의 특성을 반영할 때이다.

① 한 병에 비타민 C 500mg이 들어있는 '비타 500'
② 13 ~ 18세 청소년들을 위한 CGV의 '1318 클럽'
③ 46cm 내에서 친밀한 대화가 가능하도록 한 '페리오 46cm'
④ 1955년 당시 판매했던 버거의 레시피를 그대로 재현해 낸 '1955 버거'
⑤ 1974년 GS슈퍼 1호점 창립 연도 때의 초심 그대로를 담아낸 '1974 떡갈비'

---

55 **오답분석**
① WTO : 세계무역기구
② IMF : 국제통화기금
④ WHO : 세계보건기구
⑤ SOFA : 한ㆍ미 행정협정

56 특정 소비자(13세부터 18세의 청소년)를 한정하여 판매하는 마케팅 전략을 구사하고 있는 것은 ②이다.
오답분석
①ㆍ③ 제품의 특성을 반영한 마케팅
④ㆍ⑤ 기업 혹은 상품의 역사를 나타낸 마케팅

정답 55 ③　56 ②

57 ■, ▲, ♥의 무게가 다음과 같을 때, ■+▲의 무게는 100원짜리로 얼마인지 올바르게 구한 것은?

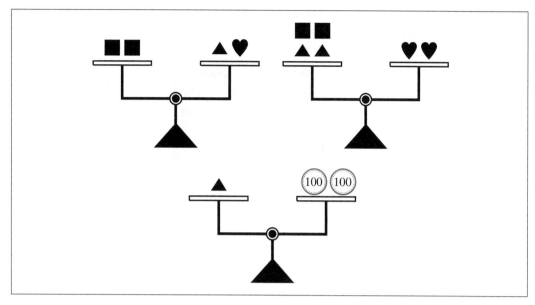

① 300원   ② 400원

③ 500원   ④ 600원

⑤ 700원

---

57 ■, ▲, ♥의 무게를 각각 x, y, z[g]라 하고, 제시된 무게를 식으로 나타내면 다음과 같다.

$2x = y + z \cdots$ ㉠

$2x + 2y = 2z \ \rightarrow \ x = -y + z \cdots$ ㉡

$y = 200 \cdots$ ㉢

㉠−㉡을 하면 $x = 2y \cdots$ ㉣

㉣에 ㉢을 대입하면 $x = 2 \times 200 = 400$

따라서 ■+▲의 무게는 $x + y = 400 + 200 = 600$원이다.

정답 57 ④

58 K공사 홍보실에 근무하는 A사원은 12일부터 15일까지 워크숍을 가게 되었다. 워크숍을 떠나기 직전 A사원은 자신의 스마트폰 날씨예보 어플을 통해 워크숍 장소인 춘천의 날씨를 확인해 보았다. 다음 중 A사원이 확인한 날씨예보의 내용으로 적절한 것은?

① 워크숍 기간 중 오늘이 일교차가 가장 크므로 감기에 유의해야 한다.
② 내일 춘천지역의 미세먼지가 심하므로 주의해야 한다.
③ 워크숍 기간 중 비를 동반한 낙뢰가 예보된 날이 있다.
④ 내일모레 춘천지역의 최고 · 최저기온이 모두 영하이므로 야외활동 시 옷을 잘 챙겨 입어야 한다.
⑤ 글피엔 비는 오지 않지만 최저기온이 영하이다.

---

58 글피는 모레의 다음 날로 15일이다. 15일은 비는 오지 않고 최저기온은 영하이다.

오답분석

① 12 ~ 15일의 일교차를 구하면 다음과 같다.
  - 12일 : 11−0=11℃
  - 13일 : 12−3=9℃
  - 14일 : 3−(−5)=8℃
  - 15일 : 8−(−4)=12℃
  따라서 일교차가 가장 큰 날은 15일이다.
② 제시된 자료에서 미세먼지에 관한 내용은 확인할 수 없다.
③ 14일의 경우 비가 예보되어 있지만 낙뢰에 관한 예보는 확인할 수 없다.
④ 14일의 최저기온은 영하이지만 최고기온은 영상이다.

정답 58 ⑤

59 진실마을 사람은 진실만을 말하고, 거짓마을 사람은 거짓만을 말한다. 주형이와 윤희는 진실마을과 거짓마을 중 한 곳에서 사는데, 다음 윤희가 한 말을 통해 주형이와 윤희는 각각 어느 마을에 사는지 적절하게 유추한 것은?

> 윤희 : "적어도 우리 둘 중에 한 사람은 거짓말쟁이 마을 사람이다."

① 윤희는 거짓마을 사람이고, 주형이는 진실마을 사람이다.
② 윤희는 진실마을 사람이고, 주형이는 거짓마을 사람이다.
③ 윤희와 주형이 모두 진실마을 사람이다.
④ 윤희와 주형이 모두 거짓마을 사람이다.
⑤ 윤희의 말만으로는 알 수 없다.

60 한글에서 파일을 다른 이름으로 저장할 때 사용하는 단축키는 무엇인가?

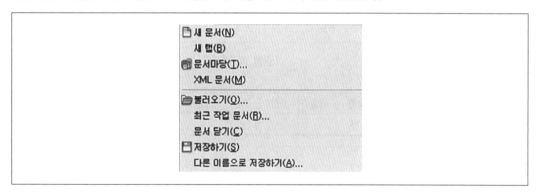

① [Alt]+[N]
② [Ctrl]+[N], [P]
③ [Alt]+[S]
④ [Alt]+[P]
⑤ [Alt]+[V]

---

59 윤희를 거짓마을 사람이라고 가정하면 윤희의 말은 거짓이므로, 두 사람 모두 진실마을 사람이어야 한다. 그러면 가정과 모순이 발생되므로 윤희는 거짓마을 사람이 아니다. 따라서 윤희의 말은 참이므로 주형이는 거짓마을 사람이다.

60 **오답분석**
① 새 문서
② 쪽 번호 매기기
③ 저장하기
④ 인쇄하기

정답 59 ② 60 ⑤

61 다음의 막대를 사용해 서로 다른 길이를 잴 수 있는 경우의 수는?

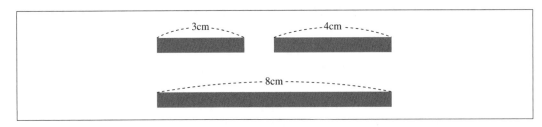

① 6가지　　　　　　　　　　② 7가지
③ 8가지　　　　　　　　　　④ 9가지
⑤ 10가지

62 자동차 제조 회사에서 근무하는 황 대리는 T중형차 매출현황에 대한 보고서를 작성 중이었다. 그런데 실수로 커피를 쏟아 월별 매출 일부분과 평균 매출 부분이 얼룩지게 되었다. 황 대리가 기억하는 연 매출액은 246억 원이고, 3분기까지의 평균 매출은 22억 원이었다. 다음 중 남아 있는 매출현황을 통해 4분기의 평균 매출을 올바르게 구한 것은?

〈월별 매출현황〉

(단위 : 억 원)

1월	2월	3월	4월	5월	6월	7월	8월	9월	10월	11월	12월	평균
−	−	−	16	−	−	12	−	18	−	20	−	−

① 14억 원　　　　　　　　　② 16억 원
③ 18억 원　　　　　　　　　④ 20억 원
⑤ 22억 원

61　• 3가지 막대 중 1가지만 선택하는 경우 : 3cm, 4cm, 8cm
　• 3가지 막대 중 2가지를 선택해 긴 막대를 만드는 경우 : 3+4=7cm, 3+8=11cm, 4+8=12cm
　• 3가지 막대 중 2가지를 선택해 짧은 막대를 만드는 경우 : 4−3=1cm, 8−4=4cm, 8−3=5cm
　• 3가지 막대 중 2가지를 선택해 더한 후 나머지 막대의 길이를 더하거나 빼서 만드는 경우 : 8−(3+4)=1cm, (8+3)−4= 7cm, (8+4)−3=9cm
　• 3가지 막대를 모두 사용해 긴 막대를 만드는 경우 : 3+4+8=15cm
　따라서 구하는 경우의 수는 10가지이다(∵ 1cm, 4cm, 7cm는 두 번 나온다).

62　3분기까지의 매출액은 평균 매출이 22억 원이므로 22×9=198억 원이다. 연 매출액이 246억 원이라고 하였으므로 4분기의 매출액은 246−198=48억 원이다. 따라서 4분기의 평균 매출은 $\frac{48}{3}$=16억 원이다.

정답 61 ⑤　62 ②

63 M사 전산팀의 팀원들은 회의를 위해 회의실에 모였다. 회의실의 테이블은 원형모형이고, 다음 〈조건〉에 근거하여 자리배치를 하려고 할 때, 김 팀장을 기준으로 왼쪽 방향으로 앉은 사람을 순서대로 올바르게 나열한 것은?

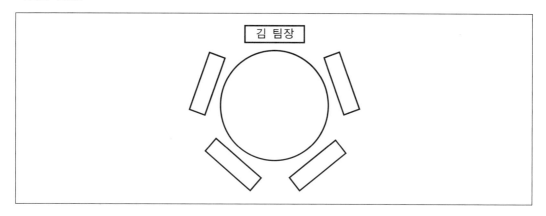

──────〈조건〉──────

- 정 차장과 오 과장은 서로 사이가 좋지 않아서 나란히 앉지 않는다.
- 김 팀장은 정 차장이 바로 오른쪽에 앉기를 바란다.
- 한 대리는 오른쪽 귀가 좋지 않아서 양 사원이 왼쪽에 앉기를 바란다.

① 정 차장 – 양 사원 – 한 대리 – 오 과장
② 한 대리 – 오 과장 – 정 차장 – 양 사원
③ 양 사원 – 정 차장 – 오 과장 – 한 대리
④ 오 과장 – 양 사원 – 한 대리 – 정 차장
⑤ 오 과장 – 한 대리 – 양 사원 – 정 차장

- -

63 두 번째 조건을 통해 김 팀장의 오른쪽에 정 차장이 앉고, 세 번째 조건을 통해 양 사원은 한 대리 왼쪽에 앉는다고 하면, 왼쪽을 기준으로 김 팀장 – 한 대리 – 양 사원 – 오 과장 – 정 차장 순서로 앉거나, 김 팀장 – 오 과장 – 한 대리 – 양 사원 – 정 차장 순서로 앉을 수 있다. 하지만 첫 번째 조건에서 정 차장과 오 과장은 나란히 앉지 않는다고 하였으므로, 김 팀장 – 오 과장 – 한 대리 – 양 사원 – 정 차장 순서로 앉게 된다.

정답 63 ⑤

64 다음과 같은 규칙으로 수를 나열할 때, 11행 3열에 오는 숫자는?

	1열	2열	3열
1행	1	4	5
2행	2	3	6
3행	9	8	7
4행	10	11	110
5행	25	24	23

① 118
② 119
③ 120
④ 121
⑤ 122

65 다음 중 동영상 파일 포맷의 확장자로 옳은 것은?

① TIFF
② GIF
③ PNG
④ JPG
⑤ MPEG

----

64 각 홀수 번째 행의 1열에 나열된 수의 규칙은 홀수의 제곱수이다($1, 3^2, 5^2 \cdots$). 그리고 1행을 제외한 홀수 번째 행에서 열의 수가 1씩 증가할 때, 나열된 수는 1씩 감소한다. 11행 1열에 오는 숫자는 $11^2 = 121$이므로 11행 3열에 오는 숫자는 $121 - 2 = 119$이다.

65 **오답분석**

① 꼬리표(Tag)가 붙은 화상(이미지) 파일 형식이다.
② 인터넷 표준 그래픽 형식으로 8비트 컬러를 사용하여 2^8가지 색을 표현, 애니메이션 표현이 가능하다.
③ GIF를 대체하여 인터넷에서 이미지를 표현하기 위해 제정한 그래픽 형식, 애니메이션은 표현이 불가능하다.
④ 정지영상을 표현하기 위한 국제 표준 압축 방식으로 24비트 컬러를 사용하여 2^{24}가지의 색을 표현한다.

정답 64 ② 65 ⑤

66 다음은 18개 지역의 날씨에 관한 자료이다. 주어진 자료를 보고 날씨의 평균값과 중앙값의 차를 올바르게 구한 것은?

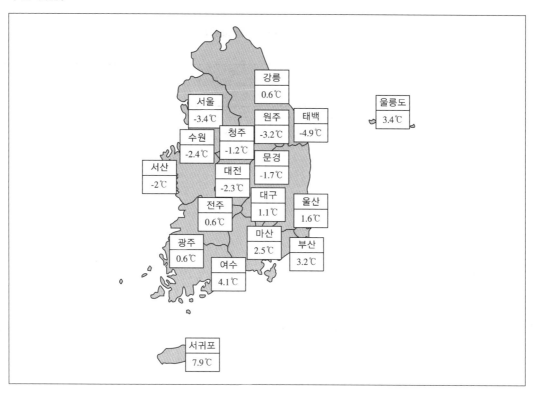

① 0.38

② 0.35

③ 0.26

④ 0.22

⑤ 0.17

66

• 18개 지역 날씨의 총합 : $(-3.4)+(-2.4)+(-2.0)+(0.6)+(7.9)+(4.1)+(0.6)+(-2.3)+(-1.2)+(2.5)+(1.1)+(-1.7)$
$+(-3.2)+(0.6)+(-4.9)+(1.6)+(3.2)+(3.4)=4.5℃$

• 18개 지역 날씨의 평균 : $\dfrac{4.5}{18}=0.25℃$

• 18개 지역의 중앙값 : $0.6℃$

따라서 평균값과 중앙값의 차는 $0.6-0.25=0.35$이다.

정답 **66** ②

67 다음은 A씨가 1~4월에 지출한 교통비이다. 1~5월의 평균 교통비가 49,000원 이상 50,000원 이하가 되게 하려고 할 때, A씨가 5월에 최대로 사용할 수 있는 교통비는?

〈1~5월 교통비〉

(단위 : 원)

1월	2월	3월	4월	5월
45,000	54,000	61,000	39,000	?

① 48,000원

② 49,000원

③ 50,000원

④ 51,000원

⑤ 52,000원

68 G제약회사는 이번에 개발한 신약의 약효실험을 한 결과 약효 S와 약물의 양 A g, 시간 t 분 사이에 S$=A^{1-0.02t}$ 의 관계가 성립함을 밝혔다. 약물을 10g 투입하고 5분 뒤의 약효를 S_1, 35분 뒤의 약효를 S_2 라 할 때, $S_1 \div S_2$의 값은?

① $10^{0.3}$

② $10^{0.4}$

③ $10^{0.5}$

④ $10^{0.6}$

⑤ $10^{0.7}$

---

67 5월 교통비를 x원이라고 하면 1~5월 평균 교통비는 $\dfrac{45,000+54,000+61,000+39,000+x}{5}=\dfrac{199,000+x}{5}$ 원이다. 이때,

1~5월 평균 교통비의 범위는 49,000원 이상 50,000원 이하이므로 $49,000 \leq \dfrac{199,000+x}{5} \leq 50,000 \rightarrow 245,000 \leq 199,000+x \leq 250,000$

$\therefore 46,000 \leq x \leq 51,000$

따라서 A씨가 5월에 최대로 사용할 수 있는 교통비는 51,000원이다.

68 $S_1 = 10^{1-0.02 \times 5} = 10^{0.9}$

$S_2 = 10^{1-0.02 \times 35} = 10^{0.3}$

$\therefore S_1 \div S_2 = 10^{0.9} \div 10^{0.3} = 10^{0.9-0.3} = 10^{0.6}$

정답 67 ④ 68 ④

69 S공사 총무부에서 근무하는 N사원은 워드프로세서 프로그램을 사용해 결재 문서를 작성해야 하는데 결재란을 페이지마다 넣고 싶다. 다음 중 N사원이 사용해야 하는 워드프로세서 기능은?

① 스타일
② 쪽 번호
③ 미주
④ 머리말
⑤ 글자 겹치기

70 다음 자료는 A ~ E의 NCS 직업기초능력평가 점수이다. 자료를 보고 표준편차가 가장 큰 순서대로 나열한 것은?

(단위 : 점)

구분	의사소통능력	수리능력	문제해결능력	조직이해	직업윤리
A	60	70	75	65	80
B	50	90	80	60	70
C	70	70	70	70	70
D	70	50	90	100	40
E	85	60	70	75	60

① D>B>E>C>A
② D>B>E>A>C
③ B>D>A>E>C
④ B>D>C>E>A
⑤ E>B>D>A>C

---

69 워드프로세서의 머리말은 한 페이지의 맨 위에 한두 줄의 내용이 고정적으로 반복되게 하는 기능이다.

70 A ~ E의 평균은 모두 70점으로 같으며 분산은 다음과 같다.

- A : $\dfrac{(60-70)^2 + (70-70)^2 + (75-70)^2 + (65-70)^2 + (80-70)^2}{5} = 50$

- B : $\dfrac{(50-70)^2 + (90-70)^2 + (80-70)^2 + (60-70)^2 + (70-70)^2}{5} = 200$

- C : $\dfrac{(70-70)^2 + (70-70)^2 + (70-70)^2 + (70-70)^2 + (70-70)^2}{5} = 0$

- D : $\dfrac{(70-70)^2 + (50-70)^2 + (90-70)^2 + (100-70)^2 + (40-70)^2}{5} = 520$

- E : $\dfrac{(85-70)^2 + (60-70)^2 + (70-70)^2 + (75-70)^2 + (60-70)^2}{5} = 90$

표준편차는 분산의 양의 제곱근이므로 표준편차를 큰 순서로 나열한 것과 분산을 큰 순서로 나열한 것은 같다. 따라서 표준편차가 큰 순서대로 나열하면 D>B>E>A>C이다.

정답 69 ④ 70 ②

안심Touch

71 여러 온도계 종류 중 자주 사용되는 온도계에는 섭씨온도계와 화씨온도계가 있다. 섭씨 0℃는 화씨 32℉이고 화씨 212℉는 섭씨 100℃일 때, 화씨 92℉를 섭씨온도계로 올바르게 환산한 것은?(단, 소수점 이하 둘째 자리에서 반올림한다)

① 약 29.8℃

② 약 31.2℃

③ 약 33.3℃

④ 약 35.7℃

⑤ 약 37.6℃

72 토요일이 의미 없이 지나간다고 생각한 직장인 S씨는 자기계발을 위해 집 근처 문화센터에서 하는 프로그램에 수강신청 하려고 한다. 문화센터 프로그램 안내표를 보고 적절하지 않은 설명을 고른 것은?(단, 시간이 겹치는 프로그램은 수강할 수 없다)

<문화센터 프로그램 안내표>

프로그램	수강료(3달 기준)	강좌시간
중국어 회화	60,000원	11:00 ~ 12:30
영어 회화	60,000원	10:00 ~ 11:30
지르박	180,000원	13:00 ~ 16:00
차차차	150,000원	12:30 ~ 14:30
자이브	195,000원	14:30 ~ 18:00

① 시간상 김 대리가 선택할 수 있는 과목은 최대 2개이다.

② 자이브의 강좌시간이 가장 길다.

③ 중국어 회화와 차차차를 수강할 때 한 달 수강료는 7만 원이다.

④ 차차차와 자이브를 둘 다 수강할 수 있다.

⑤ 회화 중 하나를 들으면 최소 2과목을 수강할 수 있다.

---

71 섭씨온도가 0℃에서 100℃로 100℃−0℃=100℃만큼 올라갈 때, 화씨온도는 32℉에서 212℉로 212℉−32℉=180℉만큼 올라간다. 화씨 92℉일 때 섭씨온도를 x℃라고 하면 섭씨온도가 x℃−0℃=x℃만큼 올라갈 때, 화씨온도가 32℉에서 92℉로 92℉−32℉=60℉만큼 올라간다.

$100 : 180 = x : 60 \rightarrow 180x = 6,000$

$\therefore x \fallingdotseq 33.3$℃

72 ①・⑤ 회화(영어・중국어) 중 한 과목을 수강하고, 지르박을 수강하면 2과목 수강이 가능하고 지르박을 수강하지 않고, 차차차와 자이브를 수강하면 최대 3과목 수강이 가능하다.

오답분석

② 자이브의 강좌시간이 3시간 30분으로 가장 길다.

③ 중국어 회화의 한 달 수강료는 60,000÷3=20,000원이고, 차차차의 한 달 수강료는 150,000÷3=50,000원이므로 한 달 수강료는 70,000원이다.

④ 차차차의 강좌시간은 12:30 ~ 14:30이고, 자이브의 강좌시간은 14:30 ~ 18:00이므로 둘 다 수강할 수 있다.

정답 71 ③ 72 ①

73 의사소통능력은 다음과 같이 구분할 수 있다. ㉠에 들어갈 것으로 적절한 것은?

말하기	듣기	㉠
쓰기	읽기	문자
산출	수용	

① 음성   ② 표현

③ 상징   ④ 의미

⑤ 해석

74 12층에 살고 있는 수진이는 출근하려고 나왔다가 중요한 서류를 깜빡한 것이 생각나 다시 집에 다녀오려고 한다. 엘리베이터 고장으로 계단을 이용해야 하는데, 1층부터 6층까지 쉬지 않고 올라갈 때 35초가 걸리고, 7층부터는 한 층씩 올라갈 때마다 5초씩 쉬려고 한다. 이때, 수진이가 1층부터 12층까지 올라가는 데 걸리는 시간은?(단, 6층에서는 쉬지 않는다)

① 102초   ② 107초

③ 109초   ④ 112초

⑤ 114초

---

73 말하기, 듣기, 쓰기, 읽기를 가로와 세로 방향에 따라 그 특성으로 분류한 것이다. 먼저, 세로 방향으로 말하기와 쓰기는 생각이나 느낌 등을 표현하는 것이기 때문에 산출이고 듣기와 읽기는 타인의 생각이나 느낌 등을 받아들이는 것이기 때문에 수용이다. 가로 방향으로 쓰기와 읽기는 의사소통의 방식으로 문자를 사용한다. 이에 따라 말하기와 듣기는 의사소통 방식으로 음성을 사용하므로 ㉠에 들어갈 말은 ①이다.

74 수진이가 1층부터 6층까지 쉬지 않고 올라갈 때 35초가 걸린다고 하였으므로, 한 층을 올라가는 데 걸리는 시간은 $\frac{35}{5}=7$초이다.

또한, 6층부터 12층까지 올라가는 데 $7 \times 6=42$초가 걸리고, 6층부터는 한 층을 올라갈 때마다 5초씩 쉰다고 했으므로, 쉬는 시간은 $5 \times 5=25$초이다($\because$ 7, 8, 9, 10, 11층에서 쉰다). 따라서 수진이가 1층부터 12층까지 올라가는 데 걸린 시간은 $35+42+25=102$초이다.

정답 73 ①   74 ①

안심Touch

75 여행을 가는 지완이는 주유소에 들러 9만 원어치의 연료를 주유했다. 주유 전과 주유 후의 연료 게이지는 다음과 같고 주유소와 목적지까지의 거리가 350km일 때, 목적지에 도착 후 남은 연료의 양은?(단, 연료 가격은 리터당 1,000원이며, 연비는 7km/L이다)

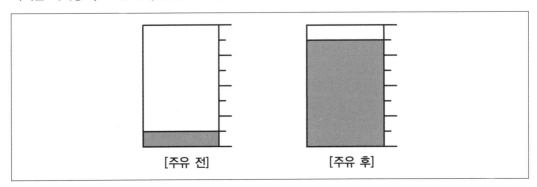

① 45L   ② 50L

③ 55L   ④ 60L

⑤ 65L

76 0~9 자연수 중에서 A, 2, 5, 6, 9가 하나씩 적힌 5장의 카드가 있다. 이 중 2장의 카드를 골라서 만든 가장 큰 수와 가장 작은 수의 합이 108이 된다고 했을 때, A의 값은?(단, $A \neq 0$)

① 1   ② 3

③ 4   ④ 7

⑤ 8

---

75 지완이는 90,000원어치의 연료를 주유했고 연료 가격은 리터당 1,000원이므로, 지완이가 주유한 연료의 양은 $90,000 \div 1,000$ $=90$L이다. 주유 전과 주유 후의 연료 게이지는 6칸이 차이가 나므로 연료 게이지 1칸에 해당하는 연료의 양은 $90 \div 6 = 15$L이고, 주유 후 전체 연료의 양은 $15 + 90 = 105$L이다. 이때, 연비가 7km/L이므로 350km를 가는 데 소모하는 연료의 양은 $350 \div 7 = 50$L 이다.
따라서 목적지에 도착 후 남은 연료의 양은 $105 - 50 = 55$L이다.

76 만약 A가 1이라고 하면 가장 작은 수는 12, 가장 큰 수는 96이다. 따라서 $A=1(\because 12+96=108)$이다.

77 다음 그림과 같이 검은색 바둑돌과 흰색 바둑돌을 교대로 개수를 늘려가며 삼각형 모양으로 배열할 때, 37번째에 배열되는 바둑돌 중 개수가 많은 바둑돌의 종류와 바둑돌 개수 차이를 순서대로 나열한 것은?

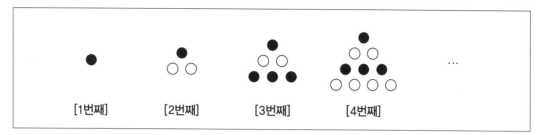

[1번째]　　[2번째]　　[3번째]　　[4번째]　　…

바둑돌　　차이
① 검은색　　18개
② 검은색　　19개
③ 검은색　　20개
④ 흰색　　18개
⑤ 흰색　　19개

---

77 n번째에 배열하는 전체 바둑돌의 개수를 a_n개(단, n은 자연수)라고 하면 제시된 규칙에 의하여

$a_1=1$, $a_2=1+2=3$, $a_3=1+2+3=6$, $\cdots$, $a_n=1+2+3+\cdots+n=\sum_{k=1}^{n}k=\dfrac{n(n+1)}{2}$ 이다.

즉, 37번째에 배열하는 전체 바둑돌의 개수는 $a_{37}=\dfrac{37\times38}{2}=703$개이다.

제시된 그림을 보면 검은색 바둑돌은 홀수 번째에서 추가로 배열된다. 홀수 번째에 있는 검은색 바둑돌의 개수를 b_{2m-1}개(단, m은 자연수)라고 하고, 표로 나타내면 다음과 같다.

m	$2m-1$	b_{2m-1}
1	1	1
2	3	1+3=4
3	5	1+3+5=9
…	…	…
m	$2m-1$	$\sum_{k=1}^{m}(2k-1)=m^2$

즉, $2m-1=37$에서 $m=19$이므로 $b_{37}=19^2=361$개이다. 37번째에 배열된 흰색 바둑돌의 개수는 $703-361=342$개이므로 검은색 바둑돌이 흰색 바둑돌보다 $361-342=19$개 많다.

정답 77 ②

78 P씨는 이번에 새로 산 노트북의 사양을 알아보기 위해 다음과 같이 [제어판]의 [시스템]을 열어 보았다. 다음 중 P씨의 노트북 사양에 대한 내용으로 옳지 않은 것은?

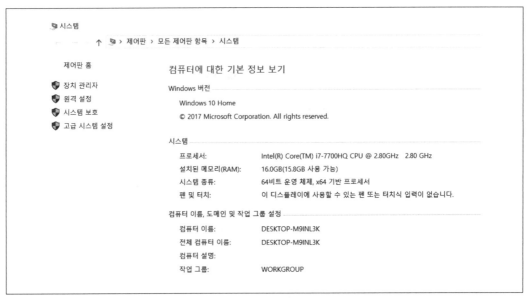

① 그래픽카드는 i7 – 7700HQ 모델이 설치되어 있다.

② OS는 Windows 10 Home이 설치되어 있다.

③ 설치된 RAM의 용량은 16GB이다.

④ Windows 운영체제는 64비트 시스템이 설치되어 있다.

⑤ 컴퓨터의 이름은 DESKTOP – M9INL3K로 설정되어 있다.

79 독서실 총무인 소연이는 독서실의 시계가 4시간마다 6분씩 늦어진다는 것을 확인하여 오전 8시 정각에 시계를 맞춰 놓았다. 다음 날 아침 오전 9시 30분까지 서울역에 가야 하는 소연이는 오전 8시에 독서실을 나서야 하는데, 이때 독서실 시계는 몇 시를 가리키고 있겠는가?

① 오전 7시 21분
② 오전 7시 24분
③ 오전 7시 27분
④ 오전 7시 30분
⑤ 오전 7시 33분

---

78 그래픽카드가 아닌 설치된 CPU 정보에 해당된다. 제시된 화면에서 그래픽카드에 관한 정보는 알 수 없다.

79 소연이가 시계를 맞춰 놓은 시각과 다음 날 독서실을 나선 시각의 차는 24시간이다. 4시간마다 6분씩 늦어진다고 하였으므로 24시간 후 36분이 늦어진다. 따라서 소연이가 독서실을 나설 때 시계가 가리키고 있는 시각은 8시−36분=7시 24분이다.

정답 78 ① 79 ②

80 A회사에 재직 중인 노민찬 대리는 9월에 결혼을 앞두고 있다. 다음 〈조건〉을 참고할 때, 노민찬 대리의 결혼날짜로 가능한 날은?

〈조건〉

• 9월은 1일부터 30일까지이며, 9월 1일은 금요일이다.
• 9월 30일부터 추석연휴가 시작되고 추석연휴 이틀 전엔 노민찬 대리가 주관하는 회의가 있다.
• 노민찬 대리는 결혼식을 한 다음 날 8박 9일간 신혼여행을 간다.
• 회사에서 신혼여행으로 주는 휴가는 5일이다.
• 노민찬 대리는 신혼여행과 겹치지 않도록 수요일 3주 연속 치과 진료가 예약되어 있다.
• 신혼여행에서 돌아오는 날 부모님 댁에서 하루 자고, 다음 날 출근할 예정이다.

① 1일
② 2일
③ 22일
④ 23일
⑤ 29일

---

80 〈조건〉에 따라 9월 달력을 나타내면 다음과 같다.

월요일	화요일	수요일	목요일	금요일	토요일	일요일
				1	2	3
4	5	6	7	8	9	10
11	12	13 치과	14	15	16	17
18	19	20 치과	21	22	23	24
25	26	27	28 회의	29	30 추석연휴	

치과 진료는 수요일 연속 3주간 받는다고 하였으므로 셋째 주·넷째 주 수요일은 무조건 치과 진료가 있다. 또한, 8박 9일간 신혼여행을 간다고 하였으므로 적어도 9일은 쉴 수 있어야 한다. 위 달력에서 9일 동안 아무 일정이 없는 날은 1일부터 12일까지이다. 신혼여행으로 인한 휴가는 5일 동안이므로 이 〈조건〉을 고려하면 노민찬 대리의 신혼여행은 9월 2일부터 10일까지이다. 이때, 결혼식 다음 날 신혼여행을 간다고 하였으므로 노민찬 대리의 결혼날짜는 9월 1일이다.

정답 80 ①

2020 ~ 2017년 시행 기출문제

안심Touch

제1회
서울교통공사
전기직

NCS 직업기초능력평가
+ 직무수행능력평가

〈문항 및 시험시간〉

평가영역	문항 수	시험시간
직업기초능력평가+직무수행능력평가	80문항	100분

제1회 직업기초능력평가

01 다음 안전관리체계의 유지·검사 등에 대한 설명으로 옳지 않은 것은?

제6조(안전관리체계의 유지·검사 등)

① 국토교통부장관은 법 제8조 제2항에 따른 정기검사를 1년마다 1회 실시해야 한다.

② 국토교통부장관은 법 제8조 제2항에 따른 정기검사 또는 수시검사를 시행하려는 경우에는 검사 시행일 7일 전까지 다음 각 호의 내용이 포함된 검사 계획을 검사 대상 철도운영자 등에게 통보하여야 한다. 다만, 철도사고, 철도준사고 및 운행장애 등의 발생 등으로 긴급히 수시검사를 실시하는 경우에는 사전 통보를 하지 아니할 수 있고, 검사 시작 이후 검사 계획을 변경할 사유가 발생한 경우에는 철도운영자 등과 협의하여 검사 계획을 조정할 수 있다.

  1. 검사반의 구성

  2. 검사 일정 및 장소

  3. 검사 수행 분야 및 검사 항목

  4. 중점 검사 사항

  5. 그 밖에 검사에 필요한 사항

③ 국토교통부장관은 다음 각 호의 사유로 철도운영자 등이 안전관리체계 정기검사의 유예를 요청한 경우에 검사 시기를 유예하거나 변경할 수 있다.

  1. 검사 대상 철도운영자 등이 사법기관 및 중앙행정기관의 조사 및 감사를 받고 있는 경우

  2. 항공·철도 사고조사에 관한 법률 제4조 제1항에 따른 항공·철도사고조사위원회가 같은 법 제19조에 따라 철도사고에 대한 조사를 하고 있는 경우

  3. 대형 철도사고의 발생, 천재지변, 그 밖의 부득이한 사유가 있는 경우

④ 국토교통부장관은 정기검사 또는 수시검사를 마친 경우에는 다음 각 호의 사항이 포함된 검사 결과보고서를 작성하여야 한다.

  1. 안전관리체계의 검사 개요 및 현황

  2. 안전관리체계의 검사 과정 및 내용

  3. 법 제8조 제3항에 따른 시정조치 사항

  4. 제6항에 따라 제출된 시정조치계획서에 따른 시정조치명령의 이행 정도

  5. 철도사고에 따른 사망자·중상자의 수 및 철도사고 등에 따른 재산피해액

⑤ 국토교통부장관은 법 제8조 제3항에 따라 철도운영자 등에게 시정조치를 명하는 경우에는 시정에 필요한 적정한 기간을 주어야 한다.

⑥ 철도운영자등이 법 제8조 제3항에 따라 시정조치명령을 받은 경우에 14일 이내에 시정조치계획서를 작성하여 국토교통부장관에게 제출하여야 하고, 시정조치를 완료한 경우에는 지체 없이 그 시정내용을 국토교통부장관에게 통보하여야 한다.

⑦ 제1항부터 제6항까지의 규정에서 정한 사항 외에 정기검사 또는 수시검사에 관한 세부적인 기준·방법 및 절차는 국토교통부장관이 정하여 고시한다.

① 수시검사를 하려면 검사시행일 7일 전에 검사 대상에게 통보하여야 한다.
② 정기검사는 연 1회 실시한다.
③ 대형 철도사고가 발생하면 검사 시기를 유예할 수 있다.
④ 철도운영자가 시정조치 명령을 받은 경우 14일 이내에 시정조치계획을 제출하여야 한다.
⑤ 검사가 시작되면 검사 계획을 변경할 수 없다.

02 다음 밑줄 친 부분과 같은 의미로 쓰인 것은?

차량에 탑재된 인공지능(AI) 시스템으로 주행하는 자율주행차가 대중화되면 항공기 여행 산업이 위축되고 로봇 택시 등의 새로운 시장이 열릴 전망이다. 시장 분석가들은 자율주행차가 확산되면 사람들의 여행 유형과 여행 거리까지 바뀔 것으로 예상했다. 공항에서의 수속 절차, 항공기 연착, 화물 분실 위험 등과 관련 없는 자율주행차를 이용하면 운전자는 운전할 필요 없이 차 안에서 잠을 자거나 TV를 보며 휴식을 취할 수 있기 때문이다. 이런 변화가 항공기 여행 산업에 새로운 도전이 될 것으로 보인다.

① 이번 정상회담을 통해 남북 관계에 새로운 국면이 열렸다.
② 관계가 발전되기 위해서는 우선 서로의 마음이 열려야 한다.
③ 국회에서는 헌법재판관 후보자에 대한 인사청문회가 열렸다.
④ 아직도 그 가게의 문이 열리지 않은 걸 보니 주인에게 무슨 일이 생겼나봐.
⑤ 공연 시작을 알리는 종이 울리자 오케스트라의 연주 속에서 커튼이 열렸다.

<외국인 농촌여행상품 운영 및 홍보지원>

1. 지원기간
   2020. 06. 13(목) ~ 2020. 12. 20(금)(예산소진 시까지)

2. 참가자격
   외국인 관광객을 유치하는 일반여행업
   - 관광진흥법 제4조 및 법 시행령 제2조 제1항 제1호 가목*으로 등록된 업체
   ※ 일반여행업 : 국내외를 여행하는 내국인 및 외국인을 대상으로 하는 여행업

3. 상품구성
   농촌관광지 1회 이상 유료 방문 및 주변 관광지로 구성
   ※ 8개 지자체(경기, 강원, 충북, 충남, 전남, 경북, 경남, 제주)의 농촌체험휴양마을 829개소, 7개 지자체(경기, 강원, 충북, 충남, 전남, 경북, 경남)의 6차 산업 기업 854개소
   ※ 전북지역 농촌관광상품의 경우 별도 공고 예정

4. 지원내용
   ① 운영비 : 체험, 숙박, 식사비, 버스임차료 등 지원
   - 기존상품 : 체험, 숙박, 식사비의 50%, 항목별 최대 3만 원/인(숙박비 5만 원/인)
     예 산머루농원, 돼지보러오면돼지, 아홉굿마을, 의야지바람마을, 은아목장, 수미마을, 산머루마을 등 포함 농촌여행상품
   - 특별상품 : 체험, 숙박, 식사비의 90%, 항목별 최대 3만 원/인(숙박비 5만 원/인)
   - 버스임차료 : 버스임차료의 50%(최대 40만 원/일)
   ② 홍보비 : 홍보물 제작비, 팸투어 행사비, 해외박람회 참가비 등 지원
   - 홍보물 제작비의 50%, 팸투어 행사비의 50%, 해외박람회 참가비 50%

5. 농촌관광지 적용 대상
   농촌관광지 적용 대상 리스트 첨부파일 참고

6. 결과 발표
   농촌여행의 모든 것, 웰촌 홈페이지, 공지사항 게시 및 개별 연락

7. 접수 및 문의처
   이메일 접수 후 원본은 우편으로 제출
   ※ 유의사항 : 서류는 반드시 한글 또는 워드 파일로 작성하여 1개 파일로 제출

03 B여행사는 공고문을 보고 궁금한 점이 생겨 문의사항을 게시판에 남겼다. 대답으로 올바르지 않은 것은?

① Q : 여행업체로 등록되어 있지는 않지만 국내외 내국인 및 외국인을 대상으로 여행업을 3년간 해왔습니다. 신청이 가능한가요?

　A : 관광진흥법 제4조 및 법 시행령 제2조 제1항 제1호 가목으로 등록된 업체여야 신청 가능합니다.

② Q : 농촌관광지를 2회 유료 방문하는 상품 구성을 하려고 합니다. 횟수는 상관 없나요?

　A : 농촌관광지를 1회 이상 유료 방문해야 하는 최소 충족조건만 지키면 됩니다.

③ Q : 기존상품과 특별상품에 버스임차료 지원율은 다른가요?

　A : 기존상품과 특별상품 모두 버스임차료의 지원율은 50%로 일 최대 40만 원입니다.

④ Q : 홍보물 제작비나 해외박람회 참가비에 대한 지원금은 있습니까?

　A : 네, 홍보비는 홍보물 제작비, 팸투어 행사비, 해외박람회 참가비 등으로 항목당 50%씩 지원합니다.

⑤ Q : 접수는 이메일로 가능한가요?

　A : 이메일 접수는 받지 않으며 서류는 한글 또는 워드 파일로 작성하여 우편으로 제출해야 합니다.

04 다음 운영비 지급신청서에 따라 A사원이 지급받을 운영비 총액은?

〈농촌관광상품 운영비 지급신청서〉

• 여행사 현황

여행사명	시대고시여행	대표자	김○○			
주소	서울시 마포구 큰우물로 75					
거래은행	A은행	계좌번호	123456 – 56 – 123456(예금주 : 김○○)			
연락처	(담당자) 박○○	(연락처) 02 – 1600 – 1234				

• 관광객 유치실적

단체 번호	국적	방문일자	농촌 관광지명	인원수	운영비(원)			
					식사	체험	숙박	총계
1	싱가폴	2020. 9. 15.	수미마을	15	120,000	150,000	750,000	1,020,000
2	중국	2020. 9. 22.	산머루마을	27	189,000	810,000	890,000	1,889,000

※ 팀 단위로 작성하되 식사비, 체험비, 숙박비는 농촌관광지에 실제 지급한 총금액을 작성

위와 같이 외국인 농촌여행상품 운영비 지급신청서를 제출합니다.

2021년 12월 15일
대표자명 (인)

	싱가폴	중국		싱가폴	중국
①	408,000원	755,600원	②	510,000원	755,600원
③	510,000원	944,500원	④	918,000원	944,500원
⑤	918,000원	1,700,100원			

05 다음은 20 ~ 24세의 사망원인별 생명표 자료이다. 자료에 대한 〈보기〉의 설명 중 옳은 것을 모두 고르면?

〈20 ~ 24세 사망원인별 생명표〉

(단위 : %, 년)

사망원인	시·도	전체		남성		여성	
		사망 확률	증가기대여명	사망 확률	증가기대여명	사망 확률	증가기대여명
악성신생물	서울	21.54	3.74	27.39	4.79	16.69	2.75
	부산	21.49	3.82	27.96	4.94	16.27	2.76
	대구	21.80	3.77	27.45	4.85	17.18	2.76
	인천	20.80	3.77	27.20	4.80	15.45	2.72
	광주	21.08	3.76	26.60	4.73	16.68	2.86
	대전	20.24	3.57	24.89	4.53	16.37	2.71
	경기	20.88	3.69	26.67	4.70	16.07	2.75
	강원	21.07	3.96	26.76	5.01	15.97	2.85
	제주	22.20	3.99	26.89	5.06	18.04	2.81
순환계통질환	서울	22.45	2.88	20.34	2.96	24.07	2.71
	부산	26.47	3.41	22.09	3.30	29.74	3.35
	대구	26.65	3.42	23.08	3.41	29.43	3.31
	인천	24.61	3.18	21.64	3.09	26.94	3.08
	광주	22.59	2.78	18.26	2.64	25.54	2.74
	대전	23.18	2.85	19.89	2.81	25.59	2.80
	경기	24.33	3.07	20.89	2.97	26.96	3.02
	강원	24.58	3.22	20.28	2.92	28.28	3.35
	제주	20.61	2.56	17.30	2.53	22.93	2.43
외부적요인	서울	5.68	1.25	6.79	1.71	4.58	0.77
	부산	4.83	1.30	6.46	1.82	3.36	0.78
	대구	4.95	1.29	6.51	1.81	3.52	0.76
	인천	5.13	1.30	6.77	1.79	3.61	0.78
	광주	5.32	1.42	7.37	1.99	3.59	0.85
	대전	5.78	1.36	6.49	1.75	4.93	0.91
	경기	6.06	1.36	7.73	1.86	4.56	0.86
	강원	7.20	1.74	9.18	2.44	5.29	0.98
	제주	7.34	1.73	8.84	2.32	6.05	1.09

※ 각 시·도별 전체 사망자 수는 남성과 여성 각각의 전체 사망자 수의 합이다.

ㄱ. 악성 신생물로 인한 사망 확률은 남성과 여성의 경우 모두 부산이 가장 높다.
ㄴ. 대구의 경우, 순환계통 질환으로 인한 사망 확률에 대한 조사대상 중 여성 수가 남성 수보다 많다.
ㄷ. 외부적 요인으로 인한 전체 사망 확률이 높은 지역 순위는 순환계통 질환으로 인한 전체 사망 확률이
   높은 지역 순위와 동일하다.
ㄹ. 인천의 외부적 요인으로 인한 증가기대여명은 남성이 여성의 1.5배 이상이다.

① ㄱ, ㄴ　　　　　　　　　　　　　　② ㄱ, ㄷ
③ ㄴ, ㄷ　　　　　　　　　　　　　　④ ㄴ, ㄹ
⑤ ㄷ, ㄹ

06 K공사는 맞춤형 산업용수 공급 사업을 통해 기업의 요구에 맞는 수질의 산업용수를 생산, 공급하고 있다.
다음 자료를 통해 알 수 있는 내용은?

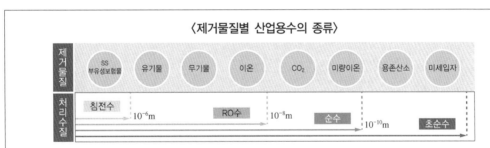

〈제거물질별 산업용수의 종류〉

※ 용존산소 : 물에 녹아있는 산소

〈산업용수의 종류 및 용도〉

구분	RO수	순수	초순수
비저항	0.1[mΩcm] 미만	0.1[mΩcm] 이상	10[mΩcm] 이상
공정	다중여과탑, 활성탄흡착, RO막	이온교환, CO_2 탈기	용존산소 탈기, 한외여과
사용용도	제철, 석유화학	발전, 자동차, 목재펄프	반도체, 디스플레이, 제약

※ 비저항 : 단위면적, 단위 길이당 전기저항의 비율

① RO수를 생산하기 위해서 다중여과탑, 한외여과 공정이 필요하다.
② 정밀한 작업이 필요한 반도체 회사에는 용존산소 탈기, 한외여과 공정을 거쳐 생산된 초순수를 공급한다.
③ 이온교환, CO_2 탈기 공정을 통해 제거물질 순서 중 무기물과 이온까지 제거해 순수를 생산한다.
④ 침전수는 10^{-8}m 크기의 물질까지 제거한다.
⑤ 석유화학 회사에는 예상치 못한 화학반응을 줄이기 위해 미량이온을 제거한 RO수를 공급한다.

07 다음 차트에 대한 설명으로 옳지 않은 것은?

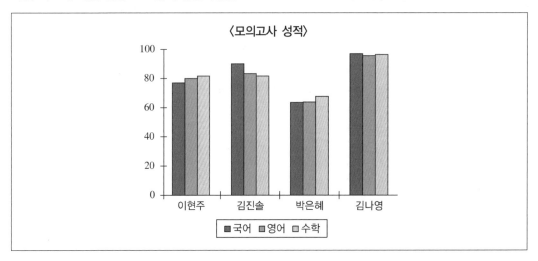

① 세로축의 주 단위가 20으로 설정되어 있다.
② 데이터 계열은 4개로 구성되어 있다.
③ 범례의 위치는 아래쪽에 있다.
④ 주 단위의 가로 눈금선이 표시되어 있다.
⑤ 2차원 세로 막대형 그래프이다.

08 S공사 직원 A ~ E 5명은 뉴질랜드, 대만, 덴마크, 미국, 핀란드 중 한 곳을 출장지로 배정받고 대화를 나누었다. A ~ E 중 한 명만이 진실을 이야기했다고 할 때, 직원 E가 가게 될 출장지는?(단, 출장지 한 곳에 한 명의 직원만 갈 수 있고 한 명이 여러 곳의 출장지를 갈 수 없다)

- 직원 A : B씨는 대만에 못 가시고, 저는 덴마크로 가게 되었네요.
- 직원 B : 저는 이번에 핀란드로 출장 가고, D씨는 대만으로 출장 가는군요.
- 직원 C : D씨는 덴마크로 출장 가고, E씨는 미국으로 출장 가게 되었네요.
- 직원 D : A씨는 대만에 배정받지 못하셨고, C씨는 뉴질랜드에 배정받으셨군요.
- 직원 E : D씨는 뉴질랜드로 가시고, A씨는 핀란드에 가시는군요.

① 뉴질랜드   ② 대만
③ 덴마크   ④ 미국
⑤ 핀란드

09 다음과 같이 판매실적을 계산하기 위해 [A7] 셀에 함수식 「=SUMIFS(D2:D6,A2:A6,"연필",B2:B6,"서울")」을 입력했을 때, 그 결괏값으로 옳은 것은?

	A	B	C	D
2	연필	경기	150	100
3	볼펜	서울	150	200
4	연필	서울	300	300
5	볼펜	경기	300	400
6	연필	서울	300	200
7				

① 100

② 500

③ 600

④ 750

⑤ 800

※ 당신은 S기관의 상담사이며, 현재 불만고객 응대 프로세스에 따라 불만고객 응대를 하고 있는 중이다. 다음 대화문을 읽고 이어지는 질문에 답하시오. [10~11]

> 상담사 : 안녕하십니까. S기관 상담사 ㅁㅁㅁ입니다.
> 고객 : 학자금 대출이자 납입건으로 문의할 게 있어서요.
> 상담사 : 네, 고객님 어떤 내용이신지 말씀해주시면 제가 도움을 드리도록 하겠습니다.
> 고객 : 제가 S기관으로부터 대출을 받고 있는데 아무래도 대출이자가 잘못 나간 것 같아서요. 안 그래도 바쁘고 시간도 없는데 이것 때문에 비 오는 날 우산도 없이 은행에 왔다갔다했네요. 도대체 일을 어떻게 처리하는 건지….
> 상담사 : 아 그러셨군요, 고객님.
>   실례지만, 성함과 전화번호 확인 부탁드리겠습니다.
> 고객 : 네, △△△이고, 전화번호는 000-0000-0000입니다.
> 상담사 : 확인해주셔서 감사합니다. (㉠   )

10 위의 대화문에서 언급된 불만고객은 다음 중 어떤 유형의 불만고객에 해당하는가?

① 거만형   ② 의심형
③ 트집형   ④ 빨리빨리형
⑤ 우유부단형

11 상담사의 마지막 발언인 ㉠에 이어질 내용으로 적절한 것을 바르게 짝지은 것은?

> Ⓐ 어떤 해결 방안을 제시해주는 것이 좋은지 고객에게 의견을 묻는다.
> Ⓑ 고객 불만 사례를 동료에게 전달하겠다고 한다.
> Ⓒ 고객이 불만을 느낀 상황에 대한 빠른 해결을 약속한다.
> Ⓓ 대출내역을 검토한 후 어떤 부분에 문제가 있었는지 확인하고 답변해 준다.

① Ⓐ － Ⓑ   ② Ⓑ － Ⓒ
③ Ⓒ － Ⓓ   ④ Ⓐ － Ⓓ
⑤ Ⓑ － Ⓓ

12 K회사 마케팅부에 근무하는 B대리는 최근 제품수명주기를 설명하는 보고서를 읽게 되었다. 아래의 보고서를 읽고 〈보기〉의 (가) ~ (라)의 사례에 대한 제품수명주기의 유형을 연결시키고자 할 때, 올바르게 연결한 것은?

〈제품수명주기〉

▶ 제품수명주기의 정의

제품수명주기(Product Life Cycle)는 제품이 출시되는 도입기, 매출이 성장하는 성장기, 성장률이 둔화되는 성숙기, 매출이 감소하는 쇠퇴기를 거쳐서 시장에서 사라지게 되는 과정이다.

▶ 제품수명주기의 4가지 유형

유형	그래프	설명
주기·재주기형	매출 / 시간	쇠퇴기에 접어들다가 촉진 활동 강화 혹은 재포지셔닝에 의해 다시 한 번 성장기를 맞이하는 경우로써 대부분의 제품에 해당한다.
연속성장형	매출 / 시간	새로운 제품 특성이나 용도 등을 발견함으로써 매출성장이 연속적으로 이어지는 경우이다.
패션형	매출 / 시간	한 때 유행하였다가 일정시간이 지나 다시 유행하는 형태로 일정 주기를 타고 성장, 쇠퇴를 거듭한다.
패드형	매출 / 시간	짧은 시간 내에 소비자들에 의해 급속하게 수용되었다가 매우 빨리 쇠퇴하는 형태를 보인다.

─────〈보기〉─────

(가) A전자회사는 에어컨과 난방기를 생산하고 있다. 에어컨은 매년 7 ~ 9월의 여름에 일정하게 매출이 증가하고 있으며 난방기는 매년 12 ~ 2월에 일정하게 매출이 증가하고 있다.

(나) B게임회사는 최근 모바일 게임의 꾸준한 업데이트를 통해 게임 유저들의 흥미를 자극시킴으로써 매출이 계속 성장하고 있다.

(다) C출판사는 자기계발서를 출판하는 회사이다. 최근 자기계발서에 대한 매출이 줄어듦에 따라 광고 전략을 시행하였고 이로 인해 일시적으로 매출이 상승하게 되었다.

(라) D회사는 월드컵을 맞이하여 응원 T셔츠를 제작하여 큰 매출 효과를 가졌다. 그러나 며칠이 지나지 않아 월드컵이 끝난 후 응원 T셔츠에 대한 매력이 떨어져 매출이 급감하게 되었다.

	주기·재주기형	연속성장형	패션형	패드형
①	(다)	(라)	(가)	(나)
②	(나)	(가)	(다)	(라)
③	(가)	(라)	(나)	(다)
④	(나)	(라)	(가)	(다)
⑤	(다)	(나)	(가)	(라)

13 다음 철도안전법의 일부내용을 읽고, 철도차량 운전면허의 취소·정지와 관련된 국토교통부장관의 역할로 적절하지 않은 것은?

〈철도안전법〉

제11조(운전면허의 결격사유)
다음 각 호의 어느 하나에 해당하는 사람은 운전면허를 받을 수 없다.
1. 19세 미만인 사람
2. 철도차량 운전상의 위험과 장해를 일으킬 수 있는 정신질환자 또는 뇌전증환자로서 대통령령으로 정하는 사람
3. 철도차량 운전상의 위험과 장해를 일으킬 수 있는 약물(마약류 관리에 관한 법률 제2조 제1호에 따른 마약류 및 화학물질관리법 제22조 제1항에 따른 환각물질을 말한다. 이하 같다) 또는 알코올 중독자로서 대통령령으로 정하는 사람
4. 두 귀의 청력 또는 두 눈의 시력을 완전히 상실한 사람
5. 운전면허가 취소된 날부터 2년이 지나지 아니하였거나 운전면허의 효력정지기간 중인 사람

제20조(운전면허의 취소·정지 등)
① 국토교통부장관은 운전면허 취득자가 다음 각 호의 어느 하나에 해당할 때에는 운전면허를 취소하거나 1년 이내의 기간을 정하여 운전면허의 효력을 정지시킬 수 있다. 다만, 제1호부터 제4호까지의 규정에 해당할 때에는 운전면허를 취소하여야 한다.
  1. 거짓이나 그 밖의 부정한 방법으로 운전면허를 받았을 때
  2. 제11조 제2호부터 제4호까지의 규정에 해당하게 되었을 때
  3. 운전면허의 효력정지기간 중 철도차량을 운전하였을 때
  4. 제19조의2를 위반하여 운전면허증을 다른 사람에게 대여하였을 때
  5. 철도차량을 운전 중 고의 또는 중과실로 철도사고를 일으켰을 때
     5의 2. 제40조의2 제1항 또는 제5항을 위반하였을 때
  6. 제41조 제1항을 위반하여 술을 마시거나 약물을 사용한 상태에서 철도차량을 운전하였을 때
  7. 제41조 제2항을 위반하여 술을 마시거나 약물을 사용한 상태에서 업무를 하였다고 인정할 만한 상당한 이유가 있음에도 불구하고 국토교통부장관 또는 시·도지사의 확인 또는 검사를 거부하였을 때
  8. 이 법 또는 이 법에 따라 철도의 안전 및 보호와 질서유지를 위하여 한 명령·처분을 위반하였을 때
② 국토교통부장관이 제1항에 따라 운전면허의 취소 및 효력정지 처분을 하였을 때에는 국토교통부령으로 정하는 바에 따라 그 내용을 해당 운전면허 취득자와 운전면허 취득자를 고용하고 있는 철도운영자 등에게 통지하여야 한다.
③ 제2항에 따른 운전면허의 취소 또는 효력정지 통지를 받은 운전면허 취득자는 그 통지를 받은 날부터 15일 이내에 운전면허증을 국토교통부장관에게 반납하여야 한다.
④ 국토교통부장관은 제3항에 따라 운전면허의 효력이 정지된 사람으로부터 운전면허증을 반납 받았을 때에는 보관하였다가 정지기간이 끝나면 즉시 돌려주어야 한다.
⑤ 제1항에 따른 취소 및 효력정지 처분의 세부기준 및 절차는 그 위반의 유형 및 정도에 따라 국토교통부령으로 정한다.
⑥ 국토교통부장관은 국토교통부령으로 정하는 바에 따라 운전면허의 발급, 갱신, 취소 등에 관한 자료를 유지·관리하여야 한다.

① 운전면허의 발급, 갱신, 취소 등에 관한 자료를 관리한다.
② 부정한 방법으로 운전면허를 받은 운전자의 운전면허 효력을 정지시킨다.
③ 운전면허 정지 처분을 받은 운전자의 운전면허증을 보관한다.
④ 운전면허 취소 처분을 받은 운전자가 속한 기관에 해당 내용을 통지한다.
⑤ 취소 및 효력정지 처분의 세부기준 및 절차를 정한다.

14 다음 시트에서 [B1] 셀에 「＝INT(A1)」을 입력했을 때, 출력될 결괏값으로 올바른 것은?

◢	A	B
1	100.58	

① 100
② 100.5
③ 100.58
④ 100.6
⑤ 101

15 다음 중 밑줄 친 단어의 쓰임이 적절하지 않은 것은?

철도안전법 제42조에 따르면 무기, 화약류, 유해화학물질 또는 ㉠ 인화성(引火性)이 높은 물질 등 ㉡ 공중(空中)이나 여객에게 위해를 끼치거나 끼칠 우려가 있는 위해물품은 열차에서 ㉢ 휴대(携帶)하거나 ㉣ 적재(積載)할 수 없다. 다만, 국토교통부장관 또는 시·도지사의 허가를 받은 경우 또는 철도공안 사무에 종사하는 국가공무원, 경찰관 직무를 수행하는 사람, 위험물품을 운송하는 군용열차를 ㉤ 호송(護送)하는 군인 등 특정한 직무를 수행하는 경우에는 제외한다. 휴대 또는 적재 허가를 받은 경우에는 해당 위해물품이 위해물품임을 나타낼 수 있는 표지를 포장 바깥면 등 잘 보이는 곳에 붙여야 한다.

① ㉠
② ㉡
③ ㉢
④ ㉣
⑤ ㉤

16 현대사회의 직업인들은 환경의 변화와 조직이나 개인의 요구에 따라 경력개발을 해야 한다. 다음 〈보기〉에서 경력개발의 필요성을 성격에 따라 바르게 분류한 것은?

┌─────────────────〈보기〉─────────────────┐

　　㉠ 지식정보의 빠른 변화
　　㉡ 경영전략의 변화
　　㉢ 발달단계에 따른 가치관과 신념의 변화
　　㉣ 중견 사원의 이직 증가
　　㉤ 직무환경의 변화
　　㉥ 전문성 축적 및 성장 요구 증가

└──────────────────────────────────────┘

	환경의 변화	조직의 요구	개인의 요구
①	㉠, ㉣	㉡, ㉥	㉢, ㉤
②	㉠, ㉣	㉡, ㉤	㉢, ㉥
③	㉠, ㉤	㉣, ㉥	㉡, ㉢
④	㉡, ㉣	㉠, ㉤	㉢, ㉥
⑤	㉡, ㉤	㉠, ㉣	㉢, ㉥

17 S공사에서는 지역가입자의 생활수준 및 연간 자동차세액 점수표를 기준으로 지역보험료를 산정한다. 지역가입자 A～E의 조건을 보고 보험료를 계산한 것으로 옳은 것은?(단, 원 단위 이하는 절사한다)

<생활수준 및 경제활동 점수표>

구분			1구간	2구간	3구간	4구간	5구간	6구간	7구간
가입자 성별 및 연령별	남성		20세 미만 / 65세 이상	60세 이상 65세 미만	20세 이상 30세 미만 / 50세 이상 60세 미만	30세 이상 50세 미만	–	–	–
		점수	1.4점	4.8점	5.7점	6.6점			
	여성		20세 미만 / 65세 이상	60세 이상 65세 미만	25세 이상 30세 미만 / 50세 이상 60세 미만	20세 이상 25세 미만 / 30세 이상 50세 미만	–	–	–
		점수	1.4점	3점	4.3점	5.2점			
재산정도 (만 원)			450 이하	450 초과 900 이하	900 초과 1,500 이하	1,500 초과 3,000 이하	3,000 초과 7,500 이하	7,500 초과 15,000 이하	15,000 초과
점수			1.8점	3.6점	5.4점	7.2점	9점	10.9점	12.7점
연간 자동차세액 (만 원)			6.4 이하	6.4 초과 10 이하	10 초과 22.4 이하	22.4 초과 40 이하	40 초과 55 이하	55 초과 66 이하	66 초과
점수			3점	6.1점	9.1점	12.2점	15.2점	18.3점	21.3점

※ (지역보험료)=[(생활수준 및 경제활동 점수)+(재산등급별 점수)+(자동차등급별 점수)]×(부과점수당 금액)
※ 모든 사람의 재산등급별 점수는 200점, 자동차등급별 점수는 100점으로 가정한다.
※ 부과점수당 금액은 183원이다.

		성별	연령	재산정도	연간 자동차세액	지역보험료
①	A씨	남성	32세	2,500만 원	12.5만 원	57,030원
②	B씨	여성	56세	5,700만 원	35만 원	58,130원
③	C씨	남성	55세	20,000만 원	43만 원	60,010원
④	D씨	여성	23세	1,400만 원	6만 원	57,380원
⑤	E씨	남성	47세	13,000만 원	37만 원	59,350원

※ 다음은 K공사 연구소의 주요 사업별 연락처이다. 자료를 보고 이어지는 질문에 답하시오. [18~19]

〈주요 사업별 연락처〉

주요 사업	담당부서	연락처
고객지원	고객지원팀	044-410-7001
감사, 부패방지 및 지도점검	감사실	044-410-7011
국제협력, 경영평가, 예산기획, 규정, 이사회	전략기획팀	044-410-7023
인재개발, 성과평가, 교육, 인사, ODA사업	인재개발팀	044-410-7031
복무노무, 회계관리, 계약 및 시설	경영지원팀	044-410-7048
품질 평가관리, 품질평가 관련민원	평가관리팀	044-410-7062
가공품 유통 전반(실태조사, 유통정보), 컨설팅	유통정보팀	044-410-7072
대국민 교육, 기관 마케팅, 홍보관리, CS, 브랜드인증	고객홍보팀	044-410-7082
이력관리, 역학조사지원	이력관리팀	044-410-7102
유전자분석, 동일성검사	유전자분석팀	044-410-7111
연구사업 관리, 기준개발 및 보완, 시장조사	연구개발팀	044-410-7133
정부3.0, 홈페이지 운영, 대외자료제공, 정보보호	정보사업팀	044-410-7000

18 K공사 연구소의 주요 사업별 연락처를 본 채용 지원자의 반응으로 적절하지 않은 것은?

① K공사 연구소는 1개 실과 11개 팀으로 이루어져 있구나.
② 예산기획과 경영평가는 같은 팀에서 종합적으로 관리하는구나.
③ 평가업무라 하더라도 평가 특성에 따라 담당하는 팀이 달라지는구나.
④ 홈페이지 운영은 고객홍보팀에서 마케팅과 함께 하는구나.
⑤ 부패방지를 위해 부서를 따로 두었구나.

19 다음 민원인의 요청을 듣고 난 후 민원을 해결하기 위해 연결해야 할 부서를 적절히 안내한 것은?

> 민원인 : 얼마 전 신제품 품질 평가 등급 신청을 했습니다. 신제품 품질에 대한 등급에 대해 이의가 있습니다. 관련 건으로 담당자분과 통화하고 싶습니다.
> 상담직원 : 불편을 드려서 죄송합니다. (   ) 연결해드리겠습니다. 잠시만 기다려 주십시오.

① 지도 점검 업무를 담당하고 있는 감사실로
② 연구사업을 관리하고 있는 연구개발팀으로
③ 기관의 홈페이지 운영을 전담하고 있는 정보사업팀으로
④ 이력관리 업무를 담당하고 있는 이력관리팀으로
⑤ 품질평가를 관리하는 평가관리팀으로

※ 다음은 A ~ G지점 간 경로와 구간별 거리를 나타낸 자료이다. A지점으로 출장을 나온 K사원은 업무를 마치고 사무실이 있는 G지점으로 운전해 돌아가려고 할 때, 자료를 보고 이어지는 질문에 답하시오. [20~21]

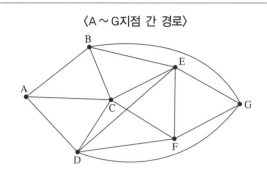

〈A ~ G지점 간 경로〉

〈구간별 거리〉

(단위 : km)

지점	A	B	C	D	E	F	G
A	–	52	108	51	–	–	–
B	52	–	53	–	66	–	128
C	108	53	–	56	53	55	–
D	51	–	56	–	62	69	129
E	–	66	53	62	–	59	58
F	–	–	55	69	59	–	54
G	–	128	–	129	58	54	–

※ 지점과 지점 사이 경로가 없는 경우 '–'로 표시한다.

20 K사원이 갈 수 있는 최단거리는?(단, 모든 지점을 거칠 필요는 없다)

① 159km
② 163km
③ 167km
④ 171km
⑤ 174km

21 K사원은 최단거리를 확인한 후 출발하려 했으나, C지점에 출장을 갔던 H대리가 픽업을 요청해 C지점에 들러 H대리를 태우고 사무실로 돌아가려고 한다. 이때, C지점을 거치지 않았을 때의 최단거리와 C지점을 거쳤을 때의 최단거리의 차는?

① 41km
② 43km
③ 45km
④ 47km
⑤ 49km

22 A ~ G 6명은 각각 차례대로 바이올린, 첼로, 콘트라베이스, 플루트, 클라리넷, 바순, 심벌즈를 연주하고 악기 연습을 위해 연습실 1, 2, 3을 빌렸다. 다음 〈조건〉을 만족할 때, 연습 장소와 시간을 확정하기 위해 추가로 필요한 조건은?

〈조건〉
- 연습실은 오전 9시에서 오후 6시까지 운영하고 모든 시간에 연습이 이루어진다.
- 각각 적어도 3시간 이상, 한 번 연습을 한다.
- 연습실 1에서는 현악기를 연습할 수 없다.
- 연습실 2에서 D가 두 번째로 5시간 동안 연습을 한다.
- 연습실 3에서 처음 연습하는 사람이 연습하는 시간은 연습실 2에서 D가 연습하는 시간과 2시간이 겹친다.
- 연습실 3에서 두 번째로 연습하는 사람은 첼로를 켜고, 타악기 연습시간과 겹치면 안 된다.

① E는 연습실 운영시간이 끝날 때까지 연습한다.
② C는 A보다 오래 연습한다.
③ E는 A와 연습 시간이 같은 시간에 끝난다.
④ A와 F의 연습 시간은 3시간이 겹친다.
⑤ A는 연습실 2를 사용한다.

23 다음에서 제시된 조직의 특성으로 적절한 것은?

서울교통공사의 사내 봉사 동아리에 소속된 70여 명의 임직원이 연탄 나르기 봉사 활동을 펼쳤다. 이날 임직원들은 지역 주민들이 보다 따뜻하게 겨울을 날 수 있도록 연탄 총 3,000장과 담요를 직접 전달했다. 사내 봉사 동아리에 소속된 문 대리는 "매년 진행하는 연말 연탄 나눔 봉사활동을 통해 지역사회에 도움의 손길을 전할 수 있어 기쁘다."며 "오늘의 작은 손길이 큰 불씨가 되어 많은 분들이 따뜻한 겨울을 보내길 바란다."고 말했다.

① 인간관계에 따라 형성된 자발적인 조직
② 이윤을 목적으로 하는 조직
③ 규모와 기능 그리고 규정이 조직화되어 있는 조직
④ 조직 구성원들의 행동을 통제할 장치가 마련되어 있는 조직
⑤ 공익을 요구하지 않는 조직

24 귀하는 휴대전화를 구입하기 위하여 A, B, C 세 상품에 대해 다음과 같이 만족도를 조사하였다. 다음 중 경제적 의사결정과 관련하여 옳은 설명은?(단, 만족도 1단위는 화폐 1만 원의 가치와 같다)

〈상품A ~ C의 만족도 조사〉

(단위 : 점)

상품	만족도 \ 가격	광고의 호감도 (5)	디자인 (12)	카메라 기능 (8)	단말기 크기 (9)	A/S (6)
A	35만 원	5	10	6	8	5
B	28만 원	4	9	6	7	5
C	25만 원	3	7	5	6	4

※ ( ) 안은 만족도의 만점임

① 합리적으로 선택한다면 상품 B를 구입할 것이다.
② 단말기 크기보다 카메라 기능을 더 중시하고 있다.
③ 만족도가 가장 큰 대안을 선택하는 것이 가장 합리적이다.
④ 예산을 25만 원으로 제한하면 휴대전화 구입을 포기할 것이다.
⑤ 구매 선택의 기준으로 휴대전화의 성능을 지나치게 중시하고 있다.

※ 사내 급식소를 운영하는 P씨는 냉장고를 새로 구입하였다. 다음 설명서를 읽고, 이어지는 질문에 답하시오. [25~27]

■ 설치 주의사항

 − 바닥이 튼튼하고 고른지 확인하십시오(진동과 소음의 원인이 되며, 문의 개폐 시 냉장고가 넘어져 다칠 수 있습니다).
 − 주위와 적당한 간격을 유지해 주십시오(주위와의 간격이 좁으면 냉각력이 떨어지고 전기료가 많이 나오게 됩니다).
 − 열기가 있는 곳은 피하십시오(주위 온도가 높으면 냉각력이 떨어지고 전기료가 많이 나오게 됩니다).
 − 습기가 적고 통풍이 잘되는 곳에 설치해 주십시오(습한 곳이나 물이 묻기 쉬운 곳은 제품이 녹이 슬거나 감전의 원인이 됩니다).
 − 누전으로 인한 사고를 방지하기 위해 반드시 접지하십시오.

> ※ 접지단자가 있는 경우 : 별도의 접지가 필요 없습니다.
> ※ 접지단자가 없는 경우 : 접지단자가 없는 AC220V의 콘센트에 사용할 경우는 구리판에 접지선을 연결한 후 땅속에 묻어 주세요.
> ※ 접지할 수 없는 장소의 경우 : 식당이나 지하실 등 물기가 많거나 접지할 수 없는 곳에는 누전차단기(정격전류 15mA, 정격부동작 전류 7.5mA)를 구입하여 콘센트에 연결하여 사용하세요.

■ 고장신고 전 확인사항

증상	확인	해결
냉동, 냉장이 전혀 되지 않을 때	정전이 되지 않았습니까?	다른 제품의 전원을 확인하세요.
	전원 플러그가 콘센트에서 빠져있지 않습니까?	전원코드를 콘센트에 바르게 연결해 주세요.
냉동, 냉장이 잘 되지 않을 때	냉장실 온도조절이 '약'으로 되어 있지 않습니까?	온도조절을 '중' 이상으로 맞춰 주세요.
	직사광선을 받거나 가스레인지 등 열기구 근처에 있지 않습니까?	설치 장소를 확인해 주세요.
	뜨거운 식품을 식히지 않고 넣지 않았습니까?	뜨거운 음식은 곧바로 넣지 마시고 식혀서 넣어 주세요.
	식품을 너무 많이 넣지 않았습니까?	식품은 적당한 간격을 두고 넣어 주세요.
	문은 완전히 닫혀 있습니까?	보관 음식이 문에 끼이지 않게 한 후 문을 꼭 닫아 주세요.
	냉장고 주위에 적당한 간격이 유지되어 있습니까?	주위에 적당한 간격을 주세요.

냉장실 식품이 얼 때	냉장실 온도조절이 '강'에 있지 않습니까?	온도조절을 '중' 이하로 낮춰 주세요.
	수분이 많고 얼기 쉬운 식품을 냉기가 나오는 입구에 넣지 않았습니까?	수분이 많고 얼기 쉬운 식품은 선반의 바깥쪽에 넣어 주세요.
소음이 심하고 이상한 소리가 날 때	냉장고 설치장소의 바닥이 약하거나, 불안정하게 설치되어 있습니까?	바닥이 튼튼하고 고른 곳에 설치하세요.
	냉장고 뒷면이 벽에 닿지 않았습니까?	주위에 적당한 간격을 주세요.
	냉장고 뒷면에 물건이 떨어져 있지 않습니까?	물건을 치워 주세요.
	냉장고 위에 물건이 올려져 있지 않습니까?	무거운 물건을 올리지 마세요.

25 P씨는 설명서를 참고하여, 냉장고를 급식소에 설치하고자 한다. 다음 중 장소 선정 시 고려해야 할 사항으로 적절한 것은?

① 접지단자가 있는지 확인하고, 접지단자가 없으면 누전차단기를 준비한다.
② 접지단자가 있는지 확인하고, 접지할 수 없는 장소일 경우 구리판을 준비한다.
③ 냉장고 설치 주변의 온도가 어느 정도인지 확인한다.
④ 빈틈없이 냉장고가 들어갈 수 있는 공간이 있는지 확인한다.
⑤ 습기가 적고, 외부의 바람이 완전히 차단되는 곳인지 확인한다.

26 P씨는 냉장고 사용 중에 심한 소음과 함께 이상한 소리를 들었다. 설명서를 참고했을 때 소음이 심하고 이상한 소리가 나는 원인이 될 수 있는 것은?

① 보관음식이 문에 끼여서 문이 완전히 닫혀 있지 않았다.
② 냉장고 뒷면이 벽에 닿아 있었다.
③ 냉장실 온도조절이 '약'으로 되어 있었다.
④ 뜨거운 식품을 식히지 않고 넣었다.
⑤ 냉장실 온도조절이 '강'으로 되어 있었다.

27 P씨는 26번 문제에서 찾은 원인에 따라 조치를 취했지만, 여전히 소음이 심하고 이상한 소리가 났다. 추가적인 해결방법으로 적절한 것은?

① 전원코드를 콘센트에 바르게 연결하였다.
② 온도조절을 '중' 이하로 낮추었다.
③ 냉장고를 가득 채운 식품을 정리하여 적당한 간격을 두고 넣었다.
④ 냉장고를 안정적이고 튼튼한 바닥에 재설치하였다.
⑤ 뜨거운 음식은 곧바로 넣지 않고 식혀서 넣었다.

28 갈등을 관리하고 해소하는 방법을 더욱 잘 이해하기 위해서는 갈등을 증폭시키는 원인이 무엇인지 알 필요가 있다. 다음 중 조직에서 갈등을 증폭시키는 행위로 볼 수 없는 것은?

① 팀원 간에 서로 상대보다 더 높은 인사고과를 얻기 위해 경쟁한다.

② 팀의 공동목표 달성보다는 본인의 승진이 더 중요하다고 생각한다.

③ 다른 팀원이 중요한 프로젝트를 맡은 경우에 그 프로젝트에 대해 자신이 알고 있는 노하우를 알려주지 않는다.

④ 갈등이 발견되면 바로 갈등 문제를 즉각적으로 다루려고 한다.

⑤ 혼자 돋보이려고 지시받은 업무를 다른 팀원에게 전달하지 않는다.

29 다음 글을 보고 직장생활에 올바르게 적용한 사람은?

> 정의는 선행이나 호의를 베푸는 것과 아주 밀접한 관련이 있다. 그러나 선행이나 호의에도 몇 가지 주의할 점이 있다. 첫째, 받는 자에게 피해가 되지 않도록 주의하고 둘째, 베푸는 자는 자신이 감당할 수 있는 능력 내에서 베풀어야 하며 셋째, 각자 받을 만한 가치에 따라서 베풀어야 한다.
>
> 키케로 『의무론』
>
> 공자께서 말씀하시기를 "윗사람으로서 아랫사람을 너그럽게 관용할 줄 모르고, 예도를 행함에 있어 공경심이 없으며, 사람이 죽어 장례를 치르는 문상자리에서도 애도할 줄 모른다면 그런 인간을 어찌 더 이상 볼 가치가 있다 하겠느냐?"라고 하였다.
>
> 『논어』 팔일 3-26

① A사원 : 며칠 후에 우리 부장님 생신이라 비상금을 털어서 고급 손목시계 하나 해 드리려고.

② B과장 : 출근해서 사원들과 즐겁게 아침인사를 나누었어. 내가 먼저 반갑게 아침인사를 건네면 기분이 좋아져 좋은 하루를 보낼 수 있거든.

③ C사원 : 내가 준 김밥을 먹고 배탈이 났다고? 냉장보관을 안하긴 했는데….

④ D부장 : G사원이 어제 회식자리에서 내 옷에 김칫국물을 흘렸으니 세탁비를 받아야겠어.

⑤ E사원 : 지난주에 장례식장에 갔는데 육개장이 그렇게 맛있더라고.

30 H사원은 재직 중인 회사 부근의 거주지로 이사하려고 한다. 회사 근처의 아파트와 빌라 총 세 곳의 월세와 거리를 조사한 H사원은 고정지출비용을 생각하여 거주지를 결정하려고 한다. 주어진 자료에 대한 설명으로 옳은 것은?

거주지	월세	거리(편도)
A빌라	280,000원	2.8km
B빌라	250,000원	2.1km
C아파트	300,000원	1.82km

※ 월 출근일 : 20일
※ 교통비 : 1km당 1,000원
※ (고정지출비용)＝(월세)＋(한 달 왕복 교통비)

① 월 예산이 40만 원일 때, 세 거주지의 고정지출비용은 모두 예산을 초과한다.
② B빌라에 거주할 경우 회사와 집만 왕복한다면, 고정지출비용은 한 달에 334,000원이다.
③ C아파트에서의 교통비가 가장 많이 지출된다.
④ C아파트에 거주한다면, A빌라에 거주했을 때보다 한 달 고정지출비용이 20,000원 적게 지출된다.
⑤ B빌라에서 두 달 거주할 경우의 고정지출비용이 A빌라와 C아파트에서의 한 달 고정지출비용을 각각 합한 비용보다 많다.

31 다음 중 자료를 판단한 내용으로 옳지 않은 것은?(단, 증감률은 전년 대비 수치이다)

〈자동차 생산·내수·수출 현황〉

(단위 : 대, %)

구분		2016년	2017년	2018년	2019년	2020년
생산	차량 대수	4,086,308	3,826,682	3,512,926	4,271,741	4,657,094
	증감률	(6.4)	(−6.4)	(−8.2)	(21.6)	(9.0)
내수	차량 대수	1,219,335	1,154,483	1,394,000	1,465,426	1,474,637
	증감률	(4.7)	(−5.3)	(20.7)	(5.1)	(0.6)
수출	차량 대수	2,847,138	2,683,965	2,148,862	2,772,107	3,151,708
	증감률	(7.5)	(−5.7)	(−19.9)	(29.0)	(13.7)

① 2016년에는 전년 대비 생산, 내수, 수출이 모두 증가했다.
② 내수가 가장 큰 폭으로 증가한 해에는 생산과 수출이 모두 감소했다.
③ 수출이 증가했던 해는 생산과 내수도 증가했다.
④ 생산이 증가한 해에도 내수나 수출이 감소한 해가 있다.
⑤ 수출이 가장 큰 폭으로 증가한 해에는 생산도 가장 큰 폭으로 증가한 해이다.

32 다음은 시기별 1인당 스팸문자의 내용별 수신 수를 나타낸 자료이다. 자료에 대한 설명 중 옳지 않은 것은?

〈1인당 스팸문자의 내용별 수신 수〉

(단위 : 통)

구분	2019년 하반기	2020년 상반기	2020년 하반기
대출	0.03	0.06	0.08
성인	0.00	0.01	0.01
일반	0.12	0.05	0.08
합계	0.15	0.12	0.17

① 성인 관련 스팸문자는 2020년부터 수신되기 시작했다.
② 가장 높은 비중을 차지하는 스팸문자의 내용은 해당 기간 동안 변화했다.
③ 내용별 스팸문자 수에서 감소한 종류는 없다.
④ 해당 기간 동안 가장 큰 폭으로 증가한 것은 대출 관련 스팸문자이다.
⑤ 전년 동분기 대비 2020년 하반기의 1인당 스팸문자의 내용별 수신 수의 증가율은 약 13%이다.

33 근면하기 위해서는 업무에 어떤 자세로 임해야 하는가?

① 수동적인 자세
② 소극적인 자세
④ 방어적인 자세
④ 능동적이고 적극적인 자세
⑤ 방어적이고 소극적인 자세

34 총무팀 팀장인 귀하는 어느 날 팀 여직원으로부터 메일 한 통을 받았다. 다음 밑줄 친 내용 중 성희롱 예방 수칙에 어긋나는 행동은?

박○○ 팀장님께

팀장님, 안녕하세요?
다름이 아니오라 어제 팀 회식자리에서 최 과장님이 제게 한 행동들 중 오해할 만한 것이 있어 메일을 보냅니다.
팀장님도 아시다시피 최 과장님은 ① 회식 내내 제가 하는 말마다 큰 소리로 지적하곤 했잖아요. 또한 ② 조그만 실수에도 너무 과하다는 생각이 들 만큼 크게 웃으셨고요. 이뿐만이 아니라 ③ 자꾸 간식을 사오라는 심부름을 시키기도 했습니다. 그리고 회식 자리가 끝난 후 방향이 같아 ④ 최 과장님과 함께 택시를 탔습니다. 그런데 대뜸 ⑤ 제게 자신의 상반신 탈의 사진을 보여주면서 어떻게 생각하는지 물어보는 게 아니겠습니까? 저는 순간 성적 수치심이 들었지만, 내색은 하지 않았습니다.

팀장님의 의견을 듣고 싶습니다.
답변 부탁드립니다.

35 다음 〈보기〉의 사례와 직업의 특성이 바르게 연결된 것은?

─────〈보기〉─────
㉠ 단기간의 아르바이트와 달리 일정 기간 수행되어야 한다.
㉡ 직업을 통해 사회 구성원의 필요를 충족시키며, 사회에 봉사하게 된다.
㉢ 직업을 통해 일정한 수입을 얻고, 경제발전에 기여하여야 한다.

	㉠	㉡	㉢		㉠	㉡	㉢
①	연속성	봉사성	수익성	②	연속성	봉사성	경제성
③	지속성	공공성	경제성	④	계속성	사회성	경제성
⑤	계속성	사회성	수익성				

36 다음은 어느 도서관의 도서 대여건수에 대하여 일정기간 동안 작성한 자료이다. 다음 중 자료에 대한 설명으로 옳지 않은 것은?(단, 비율은 소수점 이하 둘째 자리에서 반올림한다)

〈도서 대여건수〉

(단위 : 권)

구분	비소설		소설	
	남자	여자	남자	여자
40세 미만	520	380	450	600
40세 이상	320	400	240	460

① 소설의 전체 대여건수가 비소설의 전체 대여건수보다 많다.
② 40세 미만보다 40세 이상이 대여건수가 더 적다.
③ 소설을 대여한 남자의 수가 소설을 대여한 여자의 수의 70% 이상이다.
④ 전체 40세 미만 대여 수에서 비소설 대여 수가 차지하는 비율은 40%를 넘는다.
⑤ 전체 40세 이상 대여 수에서 소설 대여 수가 차지하는 비율은 50% 미만이다.

37 다음 중 경력개발 단계를 바르게 나열한 것은?

┌─────────────────────────────────────┐
│ ㉠ 자신과 환경 이해   ㉡ 경력개발 전략수립 │
│ ㉢ 경력목표 설정   ㉣ 직무정보 탐색 │
│ ㉤ 실행 및 평가 │
└─────────────────────────────────────┘

① ㉠ → ㉢ → ㉡ → ㉣ → ㉤
② ㉡ → ㉠ → ㉣ → ㉤ → ㉢
③ ㉢ → ㉣ → ㉤ → ㉡ → ㉠
④ ㉣ → ㉢ → ㉡ → ㉠ → ㉤
⑤ ㉣ → ㉠ → ㉢ → ㉡ → ㉤

38 다음 중 ⊙ ~ ⓒ에 들어갈 말이 올바르게 연결된 것은?

> 자기개발능력은 직업인으로서 자신의 흥미·적성·특성 등의 이해에 기초하여 자기정체감을 형성하는 (⊙), 자신의 행동 및 업무수행을 통제하고 관리하며 조정하는 (ⓒ), 자신의 진로에 대한 단계적 목표를 설정하고 목표성취에 필요한 역량을 개발해 나가는 (ⓒ)으로 구성된다.

	⊙	ⓒ	ⓒ
①	자아인식능력	자기관리능력	경력개발능력
②	자아인식능력	경력개발능력	자기관리능력
③	자기관리능력	자아인식능력	경력개발능력
④	자기관리능력	경력개발능력	자아인식능력
⑤	경력개발능력	자기관리능력	자아인식능력

39 다음 중 자아인식에 대한 설명으로 올바르지 않은 것은?

① 대표적인 방법은 표준화된 검사를 활용하는 것이다.
② 자신의 직업에 대한 흥미를 파악하는 것이 포함된다.
③ 일과 관련된 경험을 관리하는 것이다.
④ 자기개발의 가장 처음 단계에서 이루어지는 것이다.
⑤ 다른 사람과의 커뮤니케이션을 통해 확인할 수 있다.

40 다음 중 자기개발의 특징을 올바르게 설명한 것은?

① 자기개발은 일이나 생활과 너무 밀접하게 연관 짓지 않도록 해야 한다. 자신이 궁극적으로 원하는 삶의 모습을 설계하기 위해서이다.
② 자기개발의 주체는 자기 자신이 아니라 타인이다. 타인의 객관적인 관점에서 자신을 분석하고 성장시켜야 하기 때문이다.
③ 자기개발은 모든 사람에게 요구되는 것은 아니다. 때로는 잘못된 자기개발과 인생설계로 인해 더욱 부정적인 모습이 될 수 있기 때문이다.
④ 자기개발은 개별적인 과정이다. 사람마다 자신에게 적합한 목표를 설정하고 자기개발의 전략이나 방법을 다르게 선정해야 한다.
⑤ 자기개발은 학교단계나 어떤 특정한 사건이나 요구가 있을 때 일시적으로 이루어지는 과정으로 단기간에 효과적으로 실행해야 한다.

01 다음 중 비유전율이 6인 유전체 내에 전속 밀도가 $2\times10^{-6}C/m^2$인 점의 전기장의 세기를 구하면?

① $3.764\times10^6V/m$

② $3.764\times10^5V/m$

③ $3.764\times10^4V/m$

④ $3.764\times10^3V/m$

⑤ $3.764\times10^2V/m$

02 진공 중에 두 개의 긴 직선도체가 6cm의 거리를 두고 평행하게 놓여 있다. 각 도체에 10A, 15A의 전류가 같은 방향으로 흐르고 있을 때 단위 길이당 두 도선 사이에 작용하는 힘은?(단, 진공 중의 투자율 $\mu_0 = 4\pi\times10^{-7}$이다)

① $5.0\times10^{-5}N/m$

② $5.0\times10^{-4}N/m$

③ $3.3\times10^{-3}N/m$

④ $4.1\times10^2N/m$

⑤ $5.1\times10^{-3}N/m$

03 다음 설명으로 옳지 않은 것은?

① 정전 유도에 의해 작용되는 힘은 반발력이다.

② 정전 용량이란 콘덴서가 전하를 축적하는 능력을 말한다.

③ 같은 부호의 전하끼리는 반발력이 생긴다.

④ 콘덴서에 전압을 가하는 순간, 콘덴서는 단락 상태가 된다.

⑤ 정전 용량을 증가시키려면 극판간 거리를 줄이면 된다.

안심Touch

04 다음 회로에서 단자 전압을 일정하게 하고 스위치를 닫았을 때, 닫기 전 전류의 2배가 되도록 하려고 한다. 이때 저항 R[Ω]의 값은 얼마이어야 하는가?

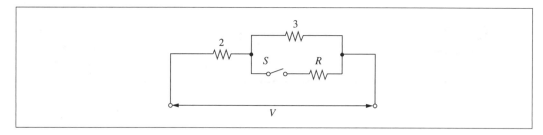

① $\dfrac{4}{5}\,\Omega$

② $\dfrac{5}{3}\,\Omega$

③ $2\,\Omega$

④ $\dfrac{3}{5}\,\Omega$

⑤ $3\,\Omega$

05 초산은($AgNO_3$)용액에 1A의 전류를 2시간 동안 흘렸을 때, 은의 석출량은?[단, 은의 전기 화학 당량(k)은 1.1×10^{-3}g/C이다]

① 5.44g

② 6.08g

③ 7.92g

④ 9.84g

⑤ 11.12g

06 저항이 5Ω인 도체에 10A의 전류를 1분간 흘렸을 때 발생하는 열량은?

① 10,000J

② 15,000J

③ 25,000J

④ 30,000J

⑤ 35,000J

07 간격이 d이고 도체판의 면적이 A인 두 평행판으로 만들어진 커패시터에 대한 설명으로 옳은 것은?

① 두 평행판의 면적 A를 크게 하면 커패시턴스가 감소한다.
② 두 평행판 사이의 거리 d를 짧게 하면 커패시턴스가 증가한다.
③ 두 개의 커패시터를 직렬보다 병렬로 연결하면 커패시턴스가 감소한다.
④ 두 평행판 사이에 유전율이 작은 물질을 사용하면 커패시턴스가 증가한다.
⑤ 두 개의 커패시터를 병렬보다 직렬로 연결하면 커패시턴스가 증가한다.

08 차단기 문자 기호 중 'OCB'는?

① 진공차단기   ② 기중차단기

③ 자기차단기   ④ 유입차단기

⑤ 누전차단기

09 3상 4선식 380/220V선로에서 전원의 중성극에 접속된 전선은?

① 접지선   ② 중성선

③ 전원선   ④ 접지측선

⑤ 단상3선

10 다음 중 역률개선의 효과로 옳지 않은 것은?

① 전력손실 감소   ② 전압강하 감소

③ 감전사고 감소   ④ 설비용량의 효율적 운용

⑤ 투자비 경감

11 발전기를 정격전압 220V로 전부하 운전하다가 무부하로 운전하였더니 단자전압이 242V가 되었을 때, 발전기의 전압변동률은?

① 10%   ② 14%

③ 16%   ④ 20%

⑤ 25%

12 출력 3kW, 1,500rpm인 전동기의 토크는?

① 1.5kg・m   ② 1.95kg・m

③ 2kg・m   ④ 2.85kg・m

⑤ 3kg・m

안심Touch

13 다음 중 직류기에서 전기자 반작용을 방지하기 위한 보상 권선의 전류 방향은?

① 계자 전류의 방향과 같다.

② 계자 전류의 방향과 반대이다.

③ 전기자 전류 방향과 같다.

④ 전기자 전류 방향과 반대이다.

⑤ 정류자 전류 방향과 같다.

14 직류 전동기의 최저 절연저항값은?

① $\dfrac{(정격전압)}{1,000 + (정격출력)}$

② $\dfrac{(정격출력)}{1,000 + (정격입력)}$

③ $\dfrac{(정격입력)}{1,000 + (정격출력)}$

④ $\dfrac{(정격전압)}{1,000 + (정격입력)}$

⑤ $\dfrac{(정격입력)}{1,000 + (정격전압)}$

15 자극수 4, 전기자 도체수 400, 자극당 유효 자속 0.01Wb, 600rpm으로 회전하는 파권 직류 발전기의 유기 기전력은?

① 80V

② 100V

③ 120V

④ 140V

⑤ 160V

16 저압전로에 사용하는 정격전류 20[A]인 전로는 몇 배인 경우 불용단되어야 하는가?

① 1.5배

② 1.25배

③ 1.1배

④ 1배

⑤ 0.8배

17 1kg · m의 회전력으로 매분 1,000회전하는 직류 전동기의 출력은?

① 약 0.1kW ② 약 1kW
③ 약 2kW ④ 약 5kW
⑤ 약 10kW

18 차단기에 사용하는 압축공기장치에 대한 설명 중 옳지 않은 것은?

① 공기압축기를 통하는 관은 용접에 의한 잔류응력이 생기지 않도록 할 것
② 주 공기탱크에는 사용압력 1.5배 이상 3배 이하의 최고눈금이 있는 압력계를 시설할 것
③ 공기압축기는 최고사용압력의 1.5배 수압을 연속하여 10분간 가하여 시험하였을 때 이에 견디고 새지 아니할 것
④ 공기탱크는 사용압력에서 공기의 보급이 없는 상태로 차단기의 투입 및 차단을 연속하여 3회 이상 할 수 있는 용량을 가질 것
⑤ 가스절연기기의 탱크나 관은 기압시험에서 최고사용압력 1.25배를 10분간 가해서 견딜 것

19 동기 발전기에서 제5고조파를 제거하기 위해서는 β(= 코일 피치/극 피치)가 얼마가 되는 단절권으로 해야 하는가?

① 0.9 ② 0.8
③ 0.7 ④ 0.6
⑤ 0.5

20 동기기의 손실에서 고정손에 해당되는 것은?

① 계자 철심의 철손 ② 브러시의 전기손
③ 계자 권선의 저항손 ④ 전기자 권선의 저항손
⑤ 전기자 권선의 철손

안심Touch

21 부하에 인가되는 비정현파 전압 및 전류가 다음과 같을 때, 부하에서 소비되는 평균전력은?

$$v(t) = 100 + 80\sin\omega t + 60\sin(3\omega t - 30°) + 40\sin(7\omega t + 60°)$$
$$i(t) = 40 + 30\cos(\omega t - 30°) + 20\cos(5\omega t + 60°) + 10\cos(7\omega t - 30°)$$

① 4,700W

② 4,800W

③ 4,900W

④ 5,000W

⑤ 5,700W

22 1상의 임피던스가 $3 + j4[\Omega]$인 평형 3상 △부하에 선간전압 200V인 3상 대칭전압을 인가할 때, 3상 무효전력은?

① 600Var

② 14,400Var

③ 19,200Var

④ 30,000Var

⑤ 34,000Var

23 어떤 인덕터에 전류 $i = 3 + 10\sqrt{2}\sin50t + 4\sqrt{2}\sin100t$[A]가 흐르고 있을 때, 인덕터에 축적되는 자기 에너지가 125J이다. 이 인덕터의 인덕턴스는?

① 1H

② 2H

③ 3H

④ 4H

⑤ 6H

24 자체 인덕턴스 20mH의 코일에 60Hz의 전압을 가할 때 코일의 유도 리액턴스는?

① 약 3.68Ω

② 약 4.53Ω

③ 약 6.75Ω

④ 약 7.54Ω

⑤ 약 8.45Ω

25 어떤 회로에 100V의 교류 전압을 가하면 $I = 4 + j3$[A]의 전류가 흐를 때, 이 회로의 임피던스는?

① $4 - j3[\Omega]$

② $4 + j3[\Omega]$

③ $16 - j12[\Omega]$

④ $16 + j12[\Omega]$

⑤ $18 - j12[\Omega]$

26 다음 중 동전선의 종단접속 방법이 아닌 것은?

① 동선 압착단자에 의한 접속

② 종단 겹침용 슬리브에 의한 접속

③ C형 전선접속기 등에 의한 접속

④ 비틀어 꽂는 형의 전선접속기에 의한 접속

⑤ S형 슬리브에 의한 직접접속

27 합성수지관 상호 접속 시에 관을 삽입하는 관 바깥지름의 몇 배 이상인가?

① 0.6배

② 0.8배

③ 1.0배

④ 1.2배

⑤ 1.4배

28 저압 연접 인입선의 시설과 관련된 설명으로 옳지 않은 것은?

① 옥내를 통과하지 아니할 것

② 전선의 굵기는 $1.5mm^2$ 이하일 것

③ 폭 5m를 넘는 도로를 횡단하지 아니할 것

④ 인입선에서 분기하는 점으로부터 100m를 넘는 지역에 미치지 아니할 것

⑤ 인장강도는 2.30kN 이상일 것

29 다음 중 450/750V 일반용 단심 비닐절연전선의 약호는?

① NRI

② NF

③ NFI

④ NR

⑤ NRV

30 절연물 중에서 가교폴리에틸렌(XLPE)과 에틸렌프로필렌고무혼합물(EPR)의 허용온도는?

① 70℃

② 90℃

③ 95℃

④ 105℃

⑤ 120℃

31 다음 중 제1종 접지공사가 가능한 것은?

① 교통신호등 제어장치의 금속제 외함
② 저압 옥내배선에 사용하는 셀룰러 덕트
③ 고·저압 혼촉방지판
④ 전극식 온천용 승온기
⑤ 주상 변압기 2차측 전로

32 고압 가공전선로의 지지물로 철탑을 사용하는 경우 경간은 몇 m 이하로 제한하는가?

① 150m
② 300m
③ 500m
④ 600m
⑤ 1,000m

33 안전밸브가 1개인 경우는 그 배관의 최고사용압력 이하의 압력으로 한다. 단, 배관의 최고사용압력 이하의 압력에서 자동적으로 가스의 유입을 정지하는 장치가 있는 경우에는 최고사용압력의 몇 배 이하의 압력이어야 하는가?

① 1배
② 1.03배
③ 1.1배
④ 1.25배
⑤ 1.50배

34 연료전지설비의 접지도체의 굵기는 얼마 이상의 연동선을 사용하여야 하는가?

① 2.5mm^2
② 6mm^2
③ 10mm^2
④ 16mm^2
⑤ 20mm^2

35 전기철도측 전식방식 또는 전식예방을 위해서 고려하여야 하는 방법으로 옳지 않은 것은?

① 변전소 간 간격 축소
② 레일본드의 양호한 시공
③ 배류장치 설치
④ 절연도상 및 레일과 침목 사이에 절연층의 설치
⑤ 장대레일채택

36 차체와 주행 레일과 같은 고정설비의 보호용 도체 간의 임피던스는 객차인 경우 최대 얼마까지인가?

① 0.05Ω
② 0.1Ω
③ 0.15Ω
④ 0.2Ω
⑤ 0.25Ω

37 기술원 주재소의 특고압용 변압기 출력이 어느 정도 이상이어야 경보하는 장치를 시설하는가?

① 1,000kVA 이상
② 2,000kVA 이상
③ 3,000kVA 이상
④ 5,000kVA 이상
⑤ 6,000kVA 이상

38 발전소, 변전소, 개폐소의 시설부지조성을 위해 산지를 전용할 경우, 전용하고자 하는 산지의 평균 경사도는 몇 도 이하이어야 하는가?

① 10°
② 15°
③ 20°
④ 25°
⑤ 30°

39 고압 또는 특고압 가공전선과 금속제의 울타리가 교차하는 경우, 교차점과 좌, 우로 몇 m 이내의 개소에 접지공사를 하여야 하는가?(단, 전선에 케이블을 사용하는 경우는 제외한다)

① 25m
② 35m
③ 45m
④ 55m
⑤ 65m

40 전력계통의 일부가 전력계통의 전원과 전기적으로 분리된 상태에서 분산형 전원에 의해서만 가압되는 상태를 무엇이라 하는가?

① 계통연계
② 접속설비
③ 단독운전
④ 단순 병렬운전
⑤ 배후 전력

제2회
서울교통공사
전기직

NCS 직업기초능력평가
+ 직무수행능력평가

〈문항 및 시험시간〉

평가영역	문항 수	시험시간
직업기초능력평가＋직무수행능력평가	80문항	100분

제2회 직업기초능력평가

01 다음은 디지털 콘텐츠 제작 분야의 영역별 매출 현황에 대한 자료이다. 자료에 대한 설명 중 옳지 않은 것은?

<디지털 콘텐츠 제작 분야의 영역별 매출 현황>

(단위 : 억 원, %)

구분	정보	출판	영상	음악	캐릭터	애니메이션	게임	기타	합계
2019년	206 (10.8)	130 (6.8)	99 (5.2)	91 (4.8)	55 (2.9)	240 (12.6)	1,069 (56.2)	13 (0.7)	1,903 (100.0)
2020년	331 (13.0)	193 (7.6)	244 (9.6)	117 (4.6)	86 (3.4)	247 (9.7)	1,308 (51.4)	18 (0.7)	2,544 (100.0)

※ (　)는 총 매출액에 대한 비율

① 2020년 총 매출액은 2019년 총 매출액보다 641억 원 더 많다.
② 2019년과 2020년 총 매출액에 대한 비율의 차이가 가장 적은 것은 음악 영역이다.
③ 애니메이션 영역과 게임 영역의 매출액 비중은 전년 대비 2020년에 감소하였다.
④ 2019년과 2020년 모두 매출액에서 게임 영역이 차지하는 비율은 50% 이상이다.
⑤ 모든 분야의 2020년 매출액은 각각 전년 대비 증가하였다.

서울교통공사는 지난해 10월 서울 지하철 7호선 12개역 에스컬레이터 100대에 IoT기술을 적용한 결과, 고장 1건 당 수리 시간이 56분에서 37분으로 34% 감소했다고 밝혔다. 장애 경보 발생 건수도 1일 평균 20.5건에서 17.4건 으로 15% 감소했다.

IoT기술이 도입된 에스컬레이터에는 모터 과부하 동작센서, 스텝 처짐센서, 역회전 감지 동작센서 등 20 ~ 40여 개의 센서가 달려 있어 고장이 발생하는 즉시 해당 부품을 확인할 수 있다. 고장 신고를 받으면 현장으로 출동해 고장 내용을 확인한 뒤 필요한 장비를 다시 준비해야 했던 이전과 달리, _____ 고장 수리 시간이 대폭 줄어든 것이다.

한편, IoT기술을 통해 수집된 정보는 예방 정비에도 활용된다. 실제로 지난해 10월 5호선 광나루역에서는 에스컬 레이터 구동부의 진동 주파수 데이터를 분석해 고장 발생 전에 모터 베이스를 재고정하여 사고를 예방할 수 있었 다. 공사는 지난 2월, 이 진동 분석 시스템을 '진동센서를 이용한 에스컬레이터용 안전시스템'이란 이름으로 특허 를 출원했다.

에스컬레이터 IoT기술 장치와 진동 분석 시스템은 디지털 기술을 기반으로 기계설비 상태를 분석해 유지·보수 하는 시스템인 '서울교통공사 기계설비 빅데이터 분석 시스템(SAMBA; Smart Automatic Mechanical Big Data Analysis System)'이 에스컬레이터 설비에 적용된 것이다. 공사는 SAMBA 등 정보통신기술(ICT)을 지하철 설 비, 전력, 신호제어, 정보통신 영역에 적용해 지하철 디지털 혁신 프로젝트인 SCM(Smart Connected Metro)을 완성해 나갈 예정이다.

공사는 에스컬레이터 안전 강화를 위해 역주행 방지 장치도 확대 설치했다. 지난해까지 전체 1,663대 에스컬레이 터 중 1,324대에 역주행 방지 장치를 설치해 설치율을 80%로 높였다. 올해는 226대를 추가로 설치해 설치율을 93%까지 끌어올릴 예정이다.

서울교통공사 자동제어개량팀장은 "잦은 고장으로 민원이 발생했던 에스컬레이터 유지관리 문제를 해결하기 위 해 이 시스템을 도입했다."며 "IoT기술을 연내 에스컬레이터 250대에 적용하고 2022년까지 총 1,334대에 도입해 가동률을 5% 증가시키고, 유지관리 비용도 20% 낮출 수 있을 것으로 보고 있다."고 밝혔다.

02 다음 중 빈칸에 들어갈 내용으로 가장 적절한 것은?

① 고장 신고 절차가 간소화됨에 따라
② 고장이 발생한 현장의 위치를 실시간으로 파악할 수 있어
③ 다양한 센서 설치와 첨단 수리 기계의 도입으로
④ 고장 신고 접수 즉시 필요한 장비를 준비해 출동할 수 있어
⑤ 직원이 직접 출동하지 않고도 고장 부품을 수리할 수 있어

03 다음 중 기사의 내용과 일치하지 않는 것은?

① 공사는 지난해 지하철 7호선 100대의 에스컬레이터에 IoT기술을 적용하였다.
② IoT기술의 도입으로 에스컬레이터의 고장 수리 시간과 장애 경보 발생 건수 모두 감소하였다.
③ 공사는 고장 발생 시 센서를 통해 해당 부품을 파악하는 시스템에 대하여 특허를 신청했다.
④ 공사의 지하철 디지털 혁신 프로젝트인 SCM은 현재 완성되지 않았다.
⑤ 공사는 전체 에스컬레이터의 약 80%인 1,324대의 에스컬레이터에 역주행 방지 장치를 설치 완료하였다.

제79조(벌칙)

① 제49조 제2항을 위반하여 폭행・협박으로 철도종사자의 직무집행을 방해한 자는 5년 이하의 징역 또는 5천만 원 이하의 벌금에 처한다.

② 다음 각 호의 어느 하나에 해당하는 자는 3년 이하의 징역 또는 3천만 원 이하의 벌금에 처한다.

  1. 제7조 제1항을 위반하여 안전관리체계의 승인을 받지 아니하고 철도운영을 하거나 철도시설을 관리한 자

  2. 제26조의3 제1항을 위반하여 철도차량 제작자승인을 받지 아니하고 철도차량을 제작한 자

  3. 제27조의2 제1항을 위반하여 철도용품 제작자승인을 받지 아니하고 철도용품을 제작한 자

  4. 철도사고등 발생 시 제40조의2 제2항 제2호 또는 제5항을 위반하여 사람을 사상(死傷)에 이르게 하거나 철도차량 또는 철도시설을 파손에 이르게 한 자

  5. 제41조 제1항을 위반하여 술을 마시거나 약물을 사용한 상태에서 업무를 한 사람

  6. 제43조를 위반하여 탁송 및 운송 금지 위험물을 탁송하거나 운송한 자

  7. 제44조 제1항을 위반하여 위험물을 운송한 자

  8. 제48조 제2호부터 제4호까지의 규정에 따른 금지행위를 한 자

③ 다음 각 호의 어느 하나에 해당하는 자는 2년 이하의 징역 또는 2천만 원 이하의 벌금에 처한다.

  1. 거짓이나 그 밖의 부정한 방법으로 제7조 제1항에 따른 안전관리체계의 승인을 받은 자

  2. 제8조 제1항을 위반하여 철도운영이나 철도시설의 관리에 중대하고 명백한 지장을 초래한 자

(중략)

  8. 거짓이나 그 밖의 부정한 방법으로 제26조의 3 제3항(제27조의 2 제4항에서 준용하는 경우를 포함한다)에 따른 제작자승인의 면제를 받은 자

  9. 제26조의6 제1항을 위반하여 완성검사를 받지 아니하고 철도차량을 판매한 자

  10. 제26조의7 제1항 제5호(제27조의2 제4항에서 준용하는 경우를 포함한다)에 따른 업무정지 기간 중에 철도차량 또는 철도용품을 제작한 자

  11. 제27조 제3항을 위반하여 형식승인을 받지 아니한 철도용품을 철도시설 또는 철도차량 등에 사용한 자

  12. 제32조 제1항에 따른 중지명령에 따르지 아니한 자

  13. 제38조 제1항을 위반하여 종합시험운행을 실시하지 아니하거나 실시한 결과를 국토교통부장관에게 보고하지 아니하고 철도노선을 정상운행한 자

  15. 제41조 제2항에 따른 확인 또는 검사에 불응한 자

  16. 정당한 사유 없이 제42조 제1항을 위반하여 위해물품을 휴대하거나 적재한 사람

  17. 제45조 제1항 및 제2항에 따른 신고를 하지 아니하거나 같은 조 제3항에 따른 명령에 따르지 아니한 자

  18. 제47조 제1항 제2호를 위반하여 운행 중 비상정지버튼을 누르거나 승강용 출입문을 여는 행위를 한 사람

04 다음 중 열차 내에서 승무원에게 폭행·협박을 통해 열차의 정상 운행을 방해한 A씨에 대한 처벌로 옳은 것은?

① 1년 이하의 징역 또는 1천만 원 이하의 벌금
② 2년 이하의 징역 또는 2천만 원 이하의 벌금
③ 3년 이하의 징역 또는 3천만 원 이하의 벌금
④ 4년 이하의 징역 또는 4천만 원 이하의 벌금
⑤ 5년 이하의 징역 또는 5천만 원 이하의 벌금

05 다음 중 행위에 따른 처벌이 다른 한 사람은 누구인가?

① 위험물을 운송한 A씨
② 탁송 및 운송 금지 위험물을 탁송하거나 운송한 B씨
③ 안전관리체계의 승인을 받지 아니하고 철도시설을 관리한 C씨
④ 의도적인 직무유기로 철도시설의 관리에 중대하고 명백한 지장을 초래한 D씨
⑤ 철도용품 제작자승인을 받지 아니하고 철도용품을 무단 제작한 E씨

06 서울교통공사에 철도차량을 납품하기로 계약한 A업체는 철도차량 제작 후 완성검사를 받지 아니하고 철도차량을 판매하였다. 이 경우 A업체는 어떤 처벌을 받게 되는가?

① 1년 이하의 징역 또는 1천만 원 이하의 벌금
② 2년 이하의 징역 또는 2천만 원 이하의 벌금
③ 3년 이하의 징역 또는 3천만 원 이하의 벌금
④ 4년 이하의 징역 또는 3천만 원 이하의 벌금
⑤ 5년 이하의 징역 또는 5천만 원 이하의 벌금

안심Touch

제46조(철도차량 형식승인 신청 절차 등)

① 법 제26조 제1항에 따라 철도차량 형식승인을 받으려는 자는 별지 제26호 서식의 철도차량 형식승인신청서에 다음 각 호의 서류를 첨부하여 국토교통부장관에게 제출하여야 한다.

  1. 법 제26조 제3항에 따른 철도차량의 기술기준(이하 "철도차량기술기준"이라 한다)에 대한 적합성 입증계획서 및 입증자료

  2. 철도차량의 설계도면, 설계 명세서 및 설명서(적합성 입증을 위하여 필요한 부분에 한정한다)

  3. 법 제26조 제4항에 따른 형식승인검사의 면제 대상에 해당하는 경우 그 입증서류

  4. 제48조 제1항 제3호에 따른 차량형식 시험 절차서

  5. 그 밖에 철도차량기술기준에 적합함을 입증하기 위하여 국토교통부장관이 필요하다고 인정하여 고시하는 서류

② 법 제26조 제2항 본문에 따라 철도차량 형식승인을 받은 사항을 변경하려는 경우에는 별지 제26호의 2서식의 철도차량 형식변경승인신청서에 다음 각 호의 서류를 첨부하여 국토교통부장관에게 제출하여야 한다.

  1. 해당 철도차량의 철도차량 형식승인증명서

  2. 제1항 각 호의 서류(변경되는 부분 및 그와 연관되는 부분에 한정한다)

  3. 변경 전후의 대비표 및 해설서

③ 국토교통부장관은 제1항 및 제2항에 따라 철도차량 형식승인 또는 변경승인 신청을 받은 경우에 15일 이내에 승인 또는 변경승인에 필요한 검사 등의 계획서를 작성하여 신청인에게 통보하여야 한다.

07 다음 중 철도차량 형식승인신청서와 같이 첨부하여야 하는 서류로 옳지 않은 것은?

① 차량형식 시험 절차서

② 적합성 입증과 관계없는 철도차량의 설계도면, 설계 명세서 및 설명서

③ 형식승인검사의 면제 대상에 해당함을 입증하는 서류

④ 철도차량기술기준에 적합함을 입증하기 위하여 국토교통부장관이 필요하다고 인정하여 고시하는 서류

⑤ 철도차량기술기준에 대한 적합성 입증계획서 및 입증자료

08 다음 중 철도차량의 설계도면이 변경되어 철도차량 형식승인을 변경하려는 경우 제출하여야 하는 서류로 옳지 않은 것은?

① 해당 철도차량의 철도차량 형식승인증명서

② 변경 전후의 대비표 및 해설서

③ 철도차량 형식변경승인신청서

④ 변경되는 철도차량의 설계도면

⑤ 철도차량 완성검사 신청서

인간의 손가락처럼 움직이는 로봇 H가 개발되었다. 공압식 손가락 로봇인 H에는 정교한 촉각과 미끄러짐을 감지하는 감각 시스템이 내장돼 있어 물건을 적절한 압력으로 섬세하게 쥐는 인간의 능력을 모방할 수 있다. H는 크기와 모양이 불규칙하거나 작고 연약한 물체를 다루는 데 어려움을 겪는 농업 및 물류 자동화 분야에서 가치를 발휘할 것으로 예상된다.

물류 자동화에 보편적으로 사용되는 관절 로봇은 복합적인 움켜쥐기 알고리즘 및 엔드 이펙터(손가락)의 정확한 배치와 물건을 쥐기 위한 고가의 센서 기기 및 시각 센서 등을 필요로 한다. 공기압을 통해 제어되는 H의 손가락은 구부리거나 힘을 가할 수 있으며, 각 손가락의 촉각 센서에 따라 개별적으로 제어된다. 따라서 H의 손가락은 _____ 인간의 손이 물건을 쥘 때와 마찬가지로 우선 손가락이 물건에 닿을 때까지 다가가 위치를 파악하고 해당 위치에 맞게 손가락 위치를 조정하여 물건을 쥐는 것이다. 이때 물건이 떨어진다면 이를 즉각적으로 인식할 수 있으며, 물건이 미끄러지는 것을 감지하면 스스로 손가락의 힘을 더 높일 수 있다. 여기서 한걸음 더 나아가 기존 로봇이 쥐거나 포장할 수 있었던 물건의 종류와 수도 확대되었다.

실리콘 재질로 만들어진 H의 내부는 비어있으며, 새롭게 적용된 센서들이 손가락 모양의 실리콘 성형 과정에서 내장되고 공기 실(Air Chamber)이 중심을 지나간다. H의 유연한 손가락 표면은 식품을 만져도 안전하며, 쉽게 세척이 가능하다. 또한 손가락이 손상되거나 마모되더라도 저렴한 비용으로 교체할 수 있도록 개발됐다.

로봇 개발 업체 관계자는 "집품 및 포장 작업으로 인력에 크게 의존하는 물류산업은 항상 직원의 고용 및 부족 문제를 겪고 있다. 물류 체인의 집품 및 포장 자동화가 대규모 자동화보다 뒤떨어진 상황에서 H의 감각 시스템은 물체 선별 작업이나 자동화 주문을 처음부터 끝까지 이행할 수 있도록 하는 물류 산업 분야의 혁명이 될 것이다."고 말했다.

09 다음 중 로봇 H에 대한 설명으로 적절하지 <u>않은</u> 것은?

① 내장된 감각 시스템을 통해 작고 연약한 물체도 섬세하게 쥘 수 있다.
② 손가락의 촉각 센서를 통해 물건의 위치를 정확히 파악한다.
③ 내부의 센서들은 물건이 미끄러지는 것을 감지하여 손가락의 힘을 높인다.
④ 손가락 표면의 교체 비용은 비교적 저렴한 편이다.
⑤ 기존 로봇보다 더 많은 물건을 포장할 수 있다.

10 다음 중 빈칸에 들어갈 내용으로 가장 적절한 것은?

① 고가의 센서 기기를 필요로 한다.
② 기존 관절 로봇보다 쉽게 구부러질 수 있다.
③ 밀리미터 단위의 정확한 위치 지정을 필요로 하지 않는다.
④ 가까운 곳에 위치한 물건을 멀리 있는 물건보다 더 쉽게 잡을 수 있다.
⑤ 무거운 물건도 간단하게 잡을 수 있다.

※ 병원에서 근무하는 귀하는 건강검진 관리 현황을 정리하고 있다. 이어지는 질문에 답하시오. [11~12]

▲	A	B	C	D	E	F
1			〈건강검진 관리 현황〉			
2	이름	검사구분	주민등록번호	검진일	검사항목 수	성별
3	강민희	종합검진	960809-2******	2020-11-12	18	
4	김범민	종합검진	010323-3******	2020-03-13	17	
5	조현진	기본검진	020519-3******	2020-09-07	10	
6	최진석	추가검진	871205-1******	2020-11-06	6	
7	한기욱	추가검진	980232-1******	2020-04-22	3	
8	정소희	종합검진	001015-4******	2020-02-19	17	
9	김은정	기본검진	891025-2******	2020-10-14	10	
10	박미옥	추가검진	011002-4******	2020-07-21	5	

11 2020년 하반기에 검진받은 사람의 수를 확인하려 할 때 사용해야 할 함수는?(단, 하반기는 2020년 7월 1일부터이다)

① COUNT
② COUNTA
③ SUMIF
④ MATCH
⑤ COUNTIF

12 주민등록번호를 통해 성별을 구분하려고 할 때, 각 셀에 필요한 함수식으로 옳은 것은?

① [F3] : =IF(AND(MID(C3,8,1)="2",MID(C3,8,1)="4"),"여자","남자")
② [F4] : =IF(AND(MID(C4,8,1)="2",MID(C4,8,1)="4"),"여자","남자")
③ [F7] : =IF(OR(MID(C7,8,1)="2",MID(C7,8,1)="4"),"여자","남자")
④ [F9] : =IF(OR(MID(C9,8,1)="1",MID(C9,8,1)="3"),"여자","남자")
⑤ [F6] : =IF(OR(MID(C6,8,1)="2",MID(C6,8,1)="3"),"남자","여자")

13 고객들의 주민등록번호 앞자리를 정리해 생년, 월, 일로 구분하고자 한다. 각 셀에 사용할 함수식으로 옳은 것은?

	A	B	C	D	E
1	이름	주민등록번호 앞자리	생년	월	일
2	김천국	950215			
3	김지옥	920222			
4	박세상	940218			
5	박우주	630521			
6	강주변	880522			
7	홍시요	891021			
8	조자주	910310			

① [C2] : =LEFT(B2,2)　　　　② [D3] : =LEFT(B3,4)

③ [E7] : =RIGHT(B7,3)　　　　④ [D8] : =MID(B7,3,2)

⑤ [E4] : =MID(B4,4,2)

〈신입사원 채용시험 상위 5명 점수〉

구분	언어	수리	정보	상식	인성
A	90	80	90	80	90
B	80	90	80	90	90
C	90	70	100	90	80
D	80	90	100	100	80
E	100	80	70	80	90

〈합격자 선발기준〉

언어	수리	정보	상식	인성
30%	30%	10%	10%	20%

※ 위의 선발기준의 가중치를 고려하여 채용시험 성적 총점을 산출하고 합격자를 정한다.

14 5명 중 점수가 가장 높은 상위 2명을 합격자로 선발할 때, 합격자를 올바르게 짝지은 것은?

① A, B ② A, D

③ B, C ④ C, D

⑤ D, E

15 합격자 선발기준에서 인성에 대한 가중치를 높이고자 인성 점수와 수리 점수의 가중치를 서로 바꾸었을 때, 합격자를 올바르게 짝지은 것은?

① A, B ② A, D

③ A, E ④ B, D

⑤ B, E

16 다음 글의 밑줄 친 '마케팅 기법'에 대한 타당한 설명을 〈보기〉에서 모두 고른 것은?

기업들이 신제품을 출시하면서 한정된 수량만 제작 판매하는 한정판 제품을 잇따라 내놓고 있다. 이번 기회가 아니면 더 이상 구입할 수 없다는 메시지를 끊임없이 던지며 소비자의 호기심을 자극하는 마케팅 기법이다. ○○자동차 회사는 가죽 시트와 일부 외형을 기존 제품과 다르게 한 모델을 8,000대 한정 판매하였는데, 단기간에 매진을 기록하였다.

〈보기〉
ㄱ. 소비자의 충동 구매를 유발하기 쉽다.
ㄴ. 이윤 증대를 위한 경영 혁신의 한 사례이다.
ㄷ. 의도적으로 공급의 가격탄력성을 크게 하는 방법이다.
ㄹ. 소장 가치가 높은 상품을 대상으로 하면 더 효과적이다.

① ㄱ, ㄴ
② ㄱ, ㄷ
③ ㄴ, ㄹ
④ ㄱ, ㄴ, ㄹ
⑤ ㄴ, ㄷ, ㄹ

17 올해 목표를 금연으로 정한 L씨는 금연치료지원 프로그램에 참여했다. 그러나 L씨는 개인 사정으로 프로그램 참여 시작 후 7주(49일) 만에 그만두게 되었다. 금연치료지원 프로그램 안내문과 L씨의 참여내역이 다음과 같을 때, L씨가 7주(49일)까지 냈던 본인부담금은?(단, 부가세는 고려하지 않는다)

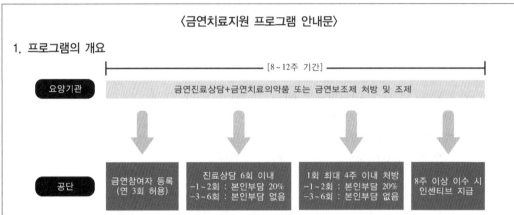

〈금연치료지원 프로그램 안내문〉

1. 프로그램의 개요

[8~12주 기간]

요양기관: 금연진료상담+금연치료의약품 또는 금연보조제 처방 및 조제

공단:
- 금연참여자 등록 (연 3회 허용)
- 진료상담 6회 이내 −1~2회 : 본인부담 20% −3~6회 : 본인부담 없음
- 1회 최대 4주 이내 처방 −1~2회 : 본인부담 20% −3~6회 : 본인부담 없음
- 8주 이상 이수 시 인센티브 지급

※ 8~12주 기간 동안 6회 이내의 진료상담과 금연치료의약품 또는 금연보조제(니코틴패치, 껌, 정제) 구입비용 지원

2. 제공기관 및 지원대상
- 제공기관 : 공단에 금연치료 지원사업 참여 신청한 모든 병·의원, 보건소, 보건지소 등
- 지원대상 : 금연치료 참여 의료기관에 방문하여 등록한 금연치료를 희망하는 모든 흡연자에 대해 지원(단, 1년에 3번까지 지원 가능하며 예정된 차기 진료일로부터 1주 이상 의료기관을 방문하여 진료 받지 않은 경우 프로그램 탈락으로 간주하여 1회차 지원을 종료함)

3. 지원내용
- 금연진료·상담료 : '최초상담료'와 '금연유지상담료'로 구분하고, 건강보험공단에서 80% 지원(금연 참여자 20% 부담)

구분	금연(단독)진료	금연(동시)진료
최초상담	22,500원	금연(단독)진료와 전체 금액은 같으나 최초상담 시
유지상담	13,500원	1,500원, 유지상담 시 900원을 공단이 더 부담

※ 금연진료를 타 상병과 동시에 진료하는 경우 '금연(동시)진료'와 금연진료만 행하는 '금연(단독)진료'로 구분
※ 의료급여수급자 및 저소득층(건강보험료 하위 20% 이하)은 진료·상담료 전액 지원

- 약국금연관리비용 : 금연치료의약품, 금연보조제 등 사용안내 및 복약지도 관련 비용 지원

금연치료의약품			금연보조제		
합계	공단부담금	본인부담금	합계	공단부담금	본인부담금
8,100원	6,500원	1,600원	2,000원	1,600원	400원

※ 의료급여수급자 및 저소득층(건강보험료 하위 20% 이하)은 진료·상담료 전액 지원

- 금연치료의약품·금연보조제 : 1회 처방당 4주 이내의 범위(총 12주)에서 금연치료의약품 및 금연보조제(니코틴패치, 껌, 정제) 구입비용 지원
  - 금연치료의약품

구분		부프로피온정	바레니클린정	챔픽스정
약가 상한액		정당 530원	정당 1,800원	정당 2,100원
본인부담금	건강보험	정당 100원	정당 360원	정당 400원
	의료급여 / 소득층	없음		

  - 금연보조제

구분		금연보조제 (니코틴패치, 껌, 정제)	비고
지원액	건강보험	1일당 1,500원	지원액을 초과하는 비용은 본인이 부담
	의료급여 / 소득층	1일당 2,940원	

〈L씨의 7주 차까지의 참여내역〉

- 의료급여·저소득층 여부 : 해당사항 없음
- 처방받은 금연치료의약품 : 챔픽스정(1일 2정 복용)
- 타 상병과 동시진료 여부 : 고혈압으로 인해 매 진료 시 같이 진료받았음
- 금연진료·상담 방문 횟수 : 4회
- 약국방문 횟수 : 2회[1회 차 : 4주치(28일치) 처방, 2회 차 : 3주치(21일치) 처방]

---

① 없음 　　　　　　　　　　　　　　② 43,500원
③ 47,200원 　　　　　　　　　　　　④ 50,700원
⑤ 53,600원

18 다음은 K공사의 사무관리규칙의 일부이다. 규정에 따라 판단할 때, 〈보기〉 중 직원의 행동으로 잘못된 것을 모두 고르면?

제7조(문서의 성립 및 효력발생)

① 문서는 결재권자가 해당 문서에 서명(전자이미지서명, 전자문자서명을 포함한다. 이하 같다)의 방식으로 결재함으로써 성립한다.

② 문서는 수신자에게 도달(전자문서의 경우는 수신자가 관리하거나 지정한 전자적 시스템 등에 입력되는 것을 말한다)됨으로써 그 효력을 발생한다. 다만, 공고문서는 그 문서에서 효력발생 시기를 구체적으로 밝히고 있지 않으면 그 고시 또는 공고 등이 있은 날부터 5일이 경과한 때에 효력이 발생한다.

③ 민원문서를 정보통신망을 이용하여 접수·처리한 경우에는 민원사무처리규칙에서 정한 절차에 따라 접수·처리된 것으로 본다.

제13조(발신명의)

① 대외의 기관 등에 발신하는 문서는 이사장 명의로 발신한다. 다만 소속기관의 장이 위임전결규칙에 의하여 권한위임 받은 업무를 시행할 때에는 그 명의로 발신한다.

② 교재의 검정에 관한 문서는 제1항의 규정에 불구하고 이사장 명의로 발신한다.

③ 소속기관 및 보조기관 상호간에 수발되는 문서는 각 소속기관장 또는 보조기관장의 명의로 발신한다.

④ 내부결재문서는 발신명의를 표시하지 아니한다.

제25조(보도자료의 실명제공)

공단에서 언론기관에 보도자료를 제공하는 경우에는 당해자료의 담당부서 담당자 연락처 등을 함께 기재해야 한다.

제30조(직인날인 및 서명)

① 이사장 또는 소속기관장의 명의로 발신하는 문서의 시행문, 임용장, 상장 및 각종 증명서에 속하는 문서에는 직인을 찍거나 이사장 또는 소속기관장이 서명을 하고 보조기관 상호간에 발신하는 문서의 시행문에는 보조기관이 서명을 한다. 다만, 전신 또는 전화로 발신하는 문서나 신문 등에 게재하는 문서에는 직인을 찍거나 서명을 하지 아니하며 경미한 내용의 문서에는 직인을 찍는 것과 서명하는 것을 생략할 수 있다.

② 직인을 찍어야 할 문서로서 다수의 수신자에게 동시에 발신 또는 교부하는 문서에는 직인날인에 갈음하여 직인의 인영을 인쇄하여 사용할 수 있다.

③ 제2항의 규정에 의하여 직인의 인영을 인쇄 사용하고자 할 때에는 결재권자의 승인을 얻기 전에 문서관리부서의 장과 협의해야 한다.

ㄱ. 최 대리는 결재권자인 김 부장의 결재를 받아 8월 10일 지역사업과에 A사업의 즉시시행을 지시하는 문서를 우편으로 발송하였으며, 8월 12일 지역사업과에 해당 문서가 도달하였다. 최 대리는 8월 10일을 A사업 시작일로 보고 사업시행기간을 기산하였다.

ㄴ. 미래전략팀 이 주임 담당의 자료를 보유하고 있던 자료관리팀 김 주임은 T신문사에 해당 자료를 제공하며 미래전략팀 이 주임의 연락처를 기재하였다.

ㄷ. G공사와의 협력 업무에 있어 이사장으로부터 권한을 위임받은 최 부장은 해당 업무와 관련된 문서를 G공사에 자신의 명의로 발신하였다.

ㄹ. 이사장이 부재중이자, 비서실 김 대리는 이사장 명의로 S공사에 발신하는 문서에 대하여 보조기관의 서명을 대신 첨부하여 발신하였다.

① ㄱ, ㄴ
② ㄱ, ㄹ
③ ㄴ, ㄷ
④ ㄴ, ㄹ
⑤ ㄷ, ㄹ

〈사용 시 주의사항〉

• 운전 중에 실내기나 실외기의 흡입구를 열지 마십시오.
• 침수가 되었을 때에는 반드시 서비스 센터에 의뢰하십시오.
• 청소 시에는 전원 플러그를 뽑아 주십시오.
• 세척 시 부식을 발생시키는 세척제를 사용하지 마십시오. 특히 내부 세척은 전문가의 도움을 받으십시오.
• 필터는 반드시 끼워서 사용하고 2주에 1회 가량 필터를 청소해 주십시오.
• 운전 중에 가스레인지 등 연소기구 이용 시 수시로 환기를 시키십시오.
• 어린이가 제품 위로 올라가지 않도록 해 주십시오.

〈문제발생 시 확인사항〉

발생 문제	확인사항	조치
제품이 작동하지 않습니다.	전원 플러그가 뽑혀 있지 않습니까?	전원플러그를 꽂아 주십시오.
	전압이 너무 낮지 않습니까?	공급 전력이 정격 전압 220V인지 한국전력공사에 문의하십시오.
	리모컨에 이상이 없습니까?	건전지를 교환하거나 (＋), (－)극에 맞게 다시 투입하십시오.
찬바람이 지속적으로 나오지 않습니다.	전원을 끈 후 곧바로 운전시키지 않았습니까?	실외기의 압축기 보호장치 작동으로 약 3분 후 다시 정상작동됩니다.
	희망온도가 실내온도보다 높게 설정되어있지 않습니까?	희망온도를 실내온도보다 낮게 설정하십시오.
	제습모드나 절전모드는 아닙니까?	운전모드를 냉방으로 변경하십시오.
배출구에 이슬이 맺힙니다.	실내 습도가 너무 높지 않습니까?	공기 중의 습기가 이슬로 맺히는 자연스러운 현상으로, 증상이 심한 경우 마른 수건으로 닦아 주십시오.
예약운전이 되지 않습니다.	예약시각이 올바르게 설정되었습니까?	설명서를 참고하여 올바른 방법으로 예약해 주십시오.
	현재시각이 올바르게 설정되어 있습니까?	현재시각을 다시 설정해 주십시오.

	제품의 냉방가능 면적이 실내 면적보다 작지 않습니까?	냉방가능 면적이 실내 면적과 일치하는 성능의 제품을 사용하십시오.
실내가 원하는 만큼 시원해지지 않습니다.	실내기와 실외기의 거리가 멀지 않습니까?	실내기와 실외기 사이가 5m 이상이 되면 냉방능력이 다소 떨어질 수 있습니다.
	실내에 인원이 너무 많지 않습니까?	실내에 인원이 많으면 냉방효과가 다소 떨어질 수 있습니다.
	햇빛이 실내로 직접 들어오지 않습니까?	커튼이나 블라인드 등으로 햇빛을 막아주십시오.
	문이나 창문이 열려있지 않습니까?	찬 공기가 실외로 빠져나가지 않도록 문을 닫아 주십시오.
	실내기·실외기 흡입구나 배출구가 막혀있지 않습니까?	실내기·실외기 흡입구나 배출구의 장애물을 제거해 주십시오.
	필터에 먼지 등 이물질이 끼지 않았습니까?	필터를 깨끗이 청소해 주십시오.
리모컨이 작동하지 않습니다.	건전지의 수명이 다 되지 않았습니까?	새 건전지로 교체하십시오.
	주변에 너무 강한 빛이 있지 않습니까?	네온사인이나 삼파장 형광등 등, 강한 빛이 발생하는 주변에서는 간혹 리모컨이 작동하지 않을 수 있으므로 실내기 수신부 앞에서 에어컨을 작동시키십시오.
	리모컨의 수신부가 가려져 있지 않습니까?	가리고 있는 물건을 치우십시오.
냄새가 나고 눈이 따갑습니다.	냄새를 유발하는 다른 요인(조리, 새집의 인테리어 및 가구, 약품 등)이 있지 않습니까?	환풍기를 작동하거나 환기를 해 주십시오.
	곰팡이 냄새가 나지 않습니까?	제품에서 응축수가 생겨 잘 빠지지 않을 경우 냄새가 날 수 있습니다. 배수호스를 점검해 주십시오.
제품이 저절로 꺼집니다.	꺼짐 예약 또는 취침예약이 되어있지 않습니까?	꺼짐 예약이나 취침예약을 취소하십시오.
실내기에서 안개 같은 것이 발생합니다.	습도가 높은 장소에서 사용하고 있지 않습니까?	습도가 높으면 습기가 많은 바람이 나오면서 안개 같은 것이 배출될 수 있습니다.
	기름을 많이 사용하는 장소에서 사용하고 있지 않습니까?	음식점 등 기름을 많이 사용하는 장소에서 사용할 경우 기기 내부를 정기적으로 청소해 주십시오.

안심Touch

19 제시된 자료는 어떤 제품에 대한 사용설명서인가?

① 가스레인지   ② 냉장고

③ TV   ④ 에어컨

⑤ 공기청정기

20 다음 중 제품에서 곰팡이 냄새가 날 때는 어떻게 해야 하는가?

① 환기를 해야 한다.   ② 제품 내부를 청소해야 한다.

③ 직사광선이 심한지 확인한다.   ④ 배수호스를 점검해야 한다.

⑤ 고장이므로 A/S를 맡겨야 한다.

21 귀하는 A전자 고객지원팀에서 온라인 문의에 대한 답변 업무를 하고 있다. 다음 중 답변내용이 잘못된 것은?

① Q : 제품이 더러워져서 청소를 하려고 해요. 마트에 갔더니 가전제품 전용 세제가 있어서 사왔는데, 이걸로 기기 내부 청소를 하면 괜찮을까요?

    A : 기기 내부 청소의 경우에는 반드시 전문가의 도움을 받으셔야 합니다.

② Q : 예약시간을 매번 정확히 입력하는데도 예약운전이 되지 않아요.

    A : 기기의 현재 시각이 올바르게 설정되어 있는지 확인해 주시기 바랍니다.

③ Q : 리모컨이 작동하지 않네요. 확인해보니까 건전지 약은 아직 남아 있습니다. 고장인가요?

    A : 삼파장 형광등이나 네온사인 같은 강한 빛이 나는 물건을 주변에서 치워 보시고, 이후에도 미해결 시 A/S센터로 연락 주십시오.

④ Q : 구입한 지 시간이 좀 지나서 필터 청소를 하려고 합니다. 필터 청소는 얼마마다 해야 하나요?

    A : 필터 청소는 2주에 1회가량을 권장하고 있습니다.

⑤ Q : 기기에 자꾸 물이 맺혀서 밑으로 떨어지는데요, 고장이 아닌가요?

    A : 실내 습도가 높을 때 발생하는 자연스러운 현상이므로, 심한 경우 물기를 수건으로 한 번씩 닦아주십시오.

22 C사에 근무하는 귀하는 최근 매주 금요일 업무시간이 끝나고 한 번씩 진행해야 하는 바닥 청소 당번 문제를 두고 동료인 A사원과 갈등 중에 있다. 둘 중 한 명은 매주 바닥 청소를 해야 하는데, 금요일에 일찍 퇴근하기를 원하는 귀하와 A사원 모두 청소 당번에서 빠지고 싶어 하기 때문이다. 이러한 상황에서 귀하가 A사원과, 갈등의 해결방법 중 하나인 '윈 – 윈(Win – Win) 관리법'으로 갈등을 해결하고자 할 때, A사원에게 제시할 수 있는 귀하의 제안으로 가장 적절한 것은?

① 우리 둘 다 청소 당번을 피할 수는 없으니, 그냥 공평하게 같이 하죠.

② 제가 그냥 A사원 몫까지 매주 청소를 맡아서 할게요.

③ 저와 A사원이 번갈아가면서 청소를 맡도록 하죠.

④ 우선 금요일 업무시간 전에 청소를 할 수 있는지 확인해 보도록 하죠.

⑤ 저는 절대 양보할 수 없으니, A사원이 그냥 맡아서 해 주세요.

※ 다음은 텀블러 제조 업체인 A회사의 생산 비용 절감에 관한 글이다. 글을 읽고 이어지는 질문에 답하시오. [23~25]

A회사는 텀블러 뚜껑 생산에 소비전력이 5,000W인 기계를 하루 8시간 가동하여 한 달 기준 1,200kWh의 전기를 사용한다. 텀블러 뚜껑 제작에만 전기 사용료가 84만 원, 연료비는 100만 원이 드는 것이다.

A회사는 비용 절감을 위해 다양한 제품의 생산 비용을 분석하였다. 그러자 텀블러 뚜껑을 생산하는 고정 비용의 비율이 A회사 전체 제품 생산 비용의 45%인 것으로 밝혀졌다. 이에 따라 임원진은 텀블러 뚜껑 생산 비용의 절감을 요구하였다.

텀블러 뚜껑 생산팀장인 귀하는 C회사의 설비를 설치하면 전기 사용량은 같지만 연료비가 한 달 기준 75만 원으로 줄어드는 효과가 있다는 것을 알게 되었다. C회사의 설비를 설치하는 데 드는 비용은 1,000만 원이다. 또 다른 업체인 F회사의 설비는 연료비는 같게 들지만 소비전력을 1,250W나 감소시켜 한 달 기준 전기 사용량이 900kWh로 감소한다. 한 달 기준 전기 사용료를 25% 절감할 수 있는 것이다. F회사의 설비를 설치하는 데 드는 비용은 5,000만 원이다.

23 A회사는 내부 회의를 통해 C회사의 설비를 설치하기로 결정하였다. 최소 몇 개월 이상 사용해야 손해를 보지 않는가?

① 3년 3개월
② 3년 4개월
③ 3년 5개월
④ 3년 6개월
⑤ 3년 7개월

24 C회사와 F회사의 설비를 함께 설치하여 1년을 사용한다면 몇 퍼센트의 효율(비용 절감)이 있는가?(단, 설치비는 제외한다)

① 15%
② 18%
③ 21%
④ 25%
⑤ 28%

25 A회사는 C회사와 F회사의 설비를 함께 설치하기로 결정하여 약 5년간 사용하였다. 그 후 텀블러 뚜껑 기계를 교체하게 되면서 C회사와 F회사의 설비를 다른 회사에 1,000만 원에 판매하였다면, 이익이나 손해는 얼마인가?

① 1,760만 원 손해
② 2,240만 원 이익
③ 2,240만 원 손해
④ 3,240만 원 이익
⑤ 3,240만 원 손해

※ 다음은 철도안전법의 일부 내용이다. 다음을 읽고, 이어지는 질문에 답하시오. [26~27]

〈철도안전법〉

제41조(철도종사자의 음주 제한 등)

① 다음 각 호의 어느 하나에 해당하는 철도종사자(실무수습 중인 사람을 포함한다)는 술(주세법 제3조 제1호에 따른 주류를 말한다. 이하 같다)을 마시거나 약물을 사용한 상태에서 업무를 하여서는 아니 된다.

1. 운전업무종사자
2. 관제업무종사자
3. 여객승무원
4. 작업책임자
5. 철도운행안전관리자
6. 정거장에서 철도신호기 · 선로전환기 및 조작판 등을 취급하거나 열차의 조성(組成 : 철도차량을 연결하거나 분리하는 작업을 말한다)업무를 수행하는 사람
7. 철도차량 및 철도시설의 점검 · 정비 업무에 종사하는 사람

② 국토교통부장관 또는 시 · 도지사(도시철도법 제3조 제2호에 따른 도시철도 및 같은 법 제24조에 따라 지방자치단체로부터 도시철도의 건설과 운영의 위탁을 받은 법인이 건설 · 운영하는 도시철도만 해당한다)는 철도안전과 위험방지를 위하여 필요하다고 인정하거나 제1항에 따른 철도종사자가 술을 마시거나 약물을 사용한 상태에서 업무를 하였다고 인정할 만한 상당한 이유가 있을 때에는 철도종사자에 대하여 술을 마셨거나 약물을 사용하였는지 확인 또는 검사할 수 있다. 이 경우 그 철도종사자는 국토교통부장관 또는 시 · 도지사의 확인 또는 검사를 거부하여서는 아니 된다.

③ 제2항에 따른 확인 또는 검사 결과 철도종사자가 술을 마시거나 약물을 사용하였다고 판단하는 기준은 다음 각 호의 구분과 같다.

1. 술 : 혈중알코올농도가 0.02퍼센트(제1항 제4호부터 제6호까지의 철도종사자는 0.03퍼센트) 이상인 경우
2. 약물 : 양성으로 판정된 경우

④ 제2항에 따른 확인 또는 검사의 방법 · 절차 등에 관하여 필요한 사항은 대통령령으로 정한다.

26 다음은 글과 관련된 철도안전법 시행령의 일부 내용이다. 다음을 참고할 때, 철도종사자의 음주 또는 약물 사용 검사에 대해 잘못 이해한 것은?

〈철도안전법 시행령〉

제43조의2(철도종사자의 음주 등에 대한 확인 또는 검사)

① 삭제

② 법 제41조 제2항에 따른 술을 마셨는지에 대한 확인 또는 검사는 호흡측정기 검사의 방법으로 실시하고, 검사 결과에 불복하는 사람에 대해서는 그 철도종사자의 동의를 받아 혈액 채취 등의 방법으로 다시 측정할 수 있다.

③ 법 제41조 제2항에 따른 약물을 사용하였는지에 대한 확인 또는 검사는 소변 검사 또는 모발 채취 등의 방법으로 실시한다.

① 법인이 운영하는 도시철도의 경우 시·도지사가 철도종사자에 대하여 음주 또는 약물 사용 검사를 할 수 있다.

② 철도종사자는 국토교통부장관이 음주 또는 약물 사용 검사를 요청할 경우 이를 거부할 수 없다.

③ 호흡측정기를 통해 음주 검사를 받은 철도종사자가 검사 결과에 불복할 경우 혈액 채취 방법을 통해 재측정할 수 있다.

④ 철도종사자에 대한 약물 사용 검사는 소변 검사 또는 모발 채취의 방법으로 실시한다.

⑤ 음주 검사는 철도종사자가 술을 마신 상태에서 업무를 하였다고 인정할 만한 상당한 이유가 있을 때에만 가능하다.

27 다음은 철도안전법 제41조 제2항에 따라 음주 또는 약물 사용 검사를 받은 A ~ D의 검사 결과이다. 다음 중 철도안전법을 위반한 사람을 모두 고른 것은?

- A : 철도시설 점검 업무 담당. 혈중알코올농도 0.021%
- B : 실무수습 직원. 약물 양성 판정
- C : 철도차량 운전자. 혈중알코올농도 0.029%
- D : 여객승무원. 혈중알코올농도 0.015%

① A
② B
③ A, B
④ A, B, C
⑤ A, B, C, D

28 다음은 초등학생·중학생·고등학생 스마트폰 중독 현황에 대한 자료이다. 자료에 대한 〈보기〉의 설명으로 옳지 않은 것을 모두 고르면?

〈초등학생·중학생·고등학생 스마트폰 중독 비율〉

(단위 : %)

구분		전체	초등학생 (9 ~ 11세)	중학생·고등학생 (12 ~ 17세)
전체		32.38	31.51	32.71
아동성별	남성	32.88	33.35	32.71
	여성	31.83	29.58	32.72
가구소득별	기초수급	30.91	30.35	31.05
	차상위	30.53	24.21	30.82
	일반	32.46	31.56	32.81
거주지역별	대도시	31.95	30.80	32.40
	중소도시	32.49	32.00	32.64
	농어촌	34.50	32.84	35.07
가족유형별	양부모	32.58	31.75	32.90
	한부모·조손	31.16	28.83	31.79

※ 각 항목의 전체 인원은 그 항목에 해당하는 초등학생 수와 중학생·고등학생 수의 합을 말한다.

─────〈보기〉─────

ㄱ. 초등학생과 중학생·고등학생 모두 남성의 스마트폰 중독비율이 여성의 스마트폰 중독비율보다 높다.

ㄴ. 한부모·조손 가족의 스마트폰 중독 비율은 초등학생의 경우가 중학생·고등학생 중독 비율의 70% 이상이다.

ㄷ. 조사대상 중 대도시에 거주하는 초등학생 수는 중학생·고등학생 수보다 많다.

ㄹ. 초등학생과 중학생·고등학생 모두 기초수급가구의 경우가 일반가구의 경우보다 스마트폰 중독 비율이 높다.

① ㄴ
② ㄱ, ㄷ
③ ㄱ, ㄹ
④ ㄱ, ㄷ, ㄹ
⑤ ㄴ, ㄷ, ㄹ

29 다음은 철도안전법 시행령의 일부 자료이다. 다음 중 철도안전업무에 종사하는 전문인력 중 철도안전전문기술자가 아닌 사람은?

제59조(철도안전 전문인력의 구분)

① 법 제69조 제2항에서 "대통령령으로 정하는 철도안전업무에 종사하는 전문인력"이란 다음 각 호의 어느 하나에 해당하는 인력을 말한다.

1. 철도운행안전관리자
2. 철도안전전문기술자
   가. 전기철도 분야 철도안전전문기술자
   나. 철도신호 분야 철도안전전문기술자
   다. 철도궤도 분야 철도안전전문기술자
   라. 철도차량 분야 철도안전전문기술자

② 제1항에 따른 철도안전 전문인력(이하 "철도안전 전문인력"이라 한다)의 업무 범위는 다음 각 호와 같다.

1. 철도운행안전관리자의 업무
   가. 철도차량의 운행선로나 그 인근에서 철도시설의 건설 또는 관리와 관련한 작업을 수행하는 경우에 작업일정의 조정 또는 작업에 필요한 안전장비·안전시설 등의 점검
   나. 가목에 따른 작업이 수행되는 선로를 운행하는 열차가 있는 경우 해당 열차의 운행일정 조정
   다. 열차접근경보시설이나 열차접근감시인의 배치에 관한 계획 수립·시행과 확인
   라. 철도차량 운전자나 관제업무종사자와 연락체계 구축 등
2. 철도안전전문기술자의 업무
   가. 제1항 제2호 가목부터 다목까지의 철도안전전문기술자 : 해당 철도시설의 건설이나 관리와 관련된 설계·시공·감리·안전점검 업무나 레일용접 등의 업무
   나. 제1항 제2호 라목의 철도안전전문기술자 : 철도차량의 설계·제작·개조·시험검사·정밀안전진단·안전점검 등에 관한 품질관리 및 감리 등의 업무

---

① 철도의 신호장치, 건널목 보안장치를 관리, 취급하는 A씨
② 슬래브 궤도와 무도상 궤도를 부설하는 B씨
③ 매일 서울교통공사 3호선 전기철도의 안전점검을 하는 C씨
④ 철도의 쓰레기를 수거 및 청소하는 D씨
⑤ 철도차량의 개조업무를 하고 있는 E씨

30 S공사 인사팀에는 팀장 1명, 과장 2명과 A대리가 있다. 팀장과 과장 2명은 4월 안에 휴가를 다녀와야 하고, 팀장이나 과장이 한 명이라도 없는 경우, A대리는 자리를 비울 수 없다. 다음 〈조건〉을 고려했을 때, A대리의 연수 마지막 날짜는?

────────────〈조건〉────────────
- 4월 1일은 월요일이며, S공사는 주5일제이다.
- 마지막 주 금요일에는 중요한 세미나가 있어 그 주에는 모든 팀원이 자리를 비울 수 없다.
- 팀장은 첫째 주 화요일부터 3일 동안 휴가를 신청했다.
- B과장은 둘째 주 수요일부터 5일 동안 휴가를 신청했다.
- C과장은 셋째 주에 2일간의 휴가를 마치고 금요일부터 출근할 것이다.
- A대리는 주말 없이 진행되는 연수에 5일 연속 참여해야 한다.

① 8일　　　　　　　　　　　　　② 9일
③ 23일　　　　　　　　　　　　 ④ 24일
⑤ 30일

31 다음은 갈등의 유형 중 하나인 '불필요한 갈등'에 대한 설명이다. 다음 중 불필요한 갈등에 대한 이해로 적절하지 않은 것은?

개개인이 저마다의 문제를 다르게 인식하거나 정보가 부족한 경우, 또한 편견 때문에 발생한 의견 불일치로 적대적 감정이 생길 때 '불필요한 갈등'이 일어난다.

① 근심, 걱정, 스트레스, 분노 등의 부정적인 감정으로 나타날 수 있다.
② 두 사람의 정반대되는 욕구나 목표, 가치, 이해를 통해 발생할 수 있다.
③ 잘못 이해하거나 부족한 정보 등 전달이 불분명한 커뮤니케이션으로 나타날 수 있다.
④ 변화에 대한 저항, 항상 해오던 방식에 대한 거부감 등에서 나오는 의견 불일치가 원인이 될 수 있다.
⑤ 관리자의 신중하지 못한 태도로 인해 불필요한 갈등은 더 심각해질 수 있다.

32 S사에 근무하는 사원 A씨는 최근 자신의 상사인 B대리 때문에 스트레스를 받고 있다. A씨가 공들여 작성한 기획서를 제출하면 B대리가 중간에서 매번 퇴짜를 놓기 때문이다. 이와 동시에 A씨는 자신에 대한 B대리의 감정이 좋지 않은 것 같아 마음이 더 불편하다. A씨가 직장 동료인 C씨에게 이러한 어려움을 토로했을 때, C씨가 A씨에게 해줄 수 있는 조언으로 적절하지 않은 것은?

① 무엇보다 관계 갈등의 원인을 찾는 것이 중요해.
② B대리님의 입장을 충분히 고려해 볼 필요가 있어.
③ B대리님과 마음을 열고 대화해 보는 것은 어때?
④ B대리님과 누가 옳고 그른지 확실히 논쟁해 볼 필요가 있어.
⑤ 걱정되더라도 갈등 해결을 위해 피하지 말고 맞서야 해.

33 인천공항에서 A, B, C, D비행기가 이륙 준비를 하고 있다. 다음 〈조건〉을 만족할 때, 출발시각이 가장 빠른 비행기는 무엇인가?

〈비행 정보〉				
구분	A비행기	B비행기	C비행기	D비행기
도착지	도하	나리타	로스앤젤레스	밴쿠버
GMT	+3	+9	−8	−8
비행시간	9시간	2시간 10분	13시간	11시간 15분

─〈조건〉─
- 각 비행기의 도착지는 도하, 나리타, 로스앤젤레스, 밴쿠버 중 하나이며 모두 직항이다.
- C비행기는 A비행기와 도착 시 현지 시간이 같다.
- B비행기는 C비행기보다 1시간 빨리 출발한다.
- D비행기는 C비행기보다 한국 시간으로 2시간 빨리 도착한다.
- 한국의 시차는 GMT+9이다.

① A
② B
③ C
④ D
⑤ A, D

34 다음은 철도안전법 시행령의 일부 자료이다. 다음 중 자료에서 유추할 수 있는 것은?

제31조(영상기록장치 설치 안내)

철도운영자는 법 제39조의3 제2항에 따라 운전실 출입문 등 운전업무종사자 등 개인정보보호법 제2조 제3호에 따른 정보주체가 쉽게 인식할 수 있는 곳에 다음 각 호의 사항이 표시된 안내판을 설치하여야 한다.

1. 영상기록장치의 설치 목적
2. 영상기록장치의 설치 위치, 촬영 범위 및 촬영 시간
3. 영상기록장치 관리책임 부서, 관리책임자의 성명 및 연락처
4. 그 밖에 철도운영자가 필요하다고 인정하는 사항

제32조(영상기록장치의 운영·관리 지침)

철도운영자는 법 제39조의3 제5항에 따라 영상기록장치에 기록된 영상이 분실·도난·유출·변조 또는 훼손되지 아니하도록 다음 각 호의 사항이 포함된 영상기록장치 운영·관리 지침을 마련하여야 한다.

1. 영상기록장치의 설치 근거 및 설치 목적
2. 영상기록장치의 설치 대수, 설치 위치 및 촬영 범위
3. 관리책임자, 담당 부서 및 영상기록에 대한 접근 권한이 있는 사람
4. 영상기록의 촬영 시간, 보관기간, 보관장소 및 처리방법
5. 철도운영자의 영상기록 확인 방법 및 장소
6. 정보주체의 영상기록 열람 등 요구에 대한 조치
7. 영상기록에 대한 접근 통제 및 접근 권한의 제한 조치
8. 영상기록을 안전하게 저장·전송할 수 있는 암호화 기술의 적용 또는 이에 상응하는 조치
9. 영상기록 침해사고 발생에 대응하기 위한 접속기록의 보관 및 위조·변조 방지를 위한 조치
10. 영상기록에 대한 보안프로그램의 설치 및 갱신
11. 영상기록의 안전한 보관을 위한 보관시설의 마련 또는 잠금장치의 설치 등 물리적 조치
12. 그 밖에 영상기록장치의 설치·운영 및 관리에 필요한 사항

① 영상기록장치의 촬영 범위 및 촬영 시간은 안내판에 표시하되, 설치 위치를 표시할 필요는 없다.
② 영상기록장치 관리책임 부서는 관리책임자의 성명만을 표시하면 된다.
③ 영상기록의 촬영 시간, 보관기간, 보관장소 및 처리방법에 관한 운영·관리 지침이 마련되지 않는다면, 기록된 영상이 분실되거나 훼손되었을 때, 문제가 발생할 수 있다.
④ 철도운영자의 영상기록 확인 방법은 중요한 사항이 아니다.
⑤ 영상기록의 안전한 보관을 위해서 물리적 조치까지 할 필요는 없다.

35 다음의 교통수단별 특징을 고려할 때, 다음 보기 중 오전 9시에 회사에서 출발해 전주역까지 가장 먼저 도착하는 방법은 무엇인가?(단, 도보는 고려하지 않는다)

〈회사·서울역 간 교통 현황〉

구분	소요시간	출발 시간
A버스	24분	매시 20분, 40분
B버스	40분	매시 정각, 20분, 40분
지하철	20분	매시 30분

〈서울역·전주역 간 교통 현황〉

구분	소요시간	출발 시간
새마을호	3시간	매시 정각부터 5분 간격
KTX	1시간 32분	9시 정각부터 45분 간격

① A버스 – 새마을호
② B버스 – KTX
③ 지하철 – KTX
④ B버스 – 새마을호
⑤ 지하철 – 새마을호

36 다음은 2009 ～ 2018년 전국 풍수해 규모에 관한 자료이다. 이에 대한 설명으로 옳은 것은?

〈전국 풍수해 규모〉

(단위 : 억 원)

구분	2009년	2010년	2011년	2012년	2013년	2014년	2015년	2016년	2017년	2018년
태풍	118	1,609	8	–	1,725	2,183	10,037	17	53	134
호우	19,063	435	581	2,549	1,808	5,276	384	1,581	1,422	12
대설	52	74	36	128	663	480	204	113	324	130
강풍	140	69	11	70	2	–	267	9	1	39
풍랑	57	331	–	241	70	3	–	–	–	3
전체	19,430	2,518	636	2,988	4,268	7,942	10,892	1,720	1,800	318

① 2010 ～ 2018년간 발생한 전체 풍수해 규모의 증감추이는 태풍으로 인한 풍수해 규모의 증감추이와 비례한다.
② 풍랑으로 인한 풍수해 규모는 매년 가장 낮았다.
③ 2018년 호우로 인한 풍수해 규모의 전년 대비 감소율은 97% 미만이다.
④ 전체 풍수해 규모에서 대설로 인한 풍수해 규모가 차지하는 비중은 2016년이 2014년보다 크다.
⑤ 대설로 인한 풍수해 규모가 가장 높았던 해에는 전체 풍수해 규모도 가장 높았다.

제2회 모의고사

안심Touch

37 A사원과 B사원은 U공단에서 국가자격시험 문제 출제 및 관리에 관한 업무를 한다. 다음 대화를 읽고 밑줄 친 법과 관련한 A사원의 대답으로 적절한 것은?

> A사원 : 아, 이번에도 김○○ 출제위원님께서 커피를 가져오시려나?
> B사원 : 무슨 커피요?
> A사원 : 김 위원님께서 항상 시험문제 출제 기간이 되면 커피를 직접 내려오시거든요. 그게 얼마나 맛있는지 저도 모르게 기다려진다니까요.
> B사원 : 그렇구나. 그런데 그거 <u>김영란법</u>에 걸리지 않나요?

① 한 잔에 5,000원 정도 밖에 안하는 커피니까 괜찮을 거예요.
② 커피 한 잔쯤이야 그냥 마실 수도 있죠.
③ 앞으로 제가 마실 건 제가 직접 챙겨야겠네요.
④ 저만 마시는 게 아니라 다 같이 마시는 거니까 상관없어요.
⑤ 앞으로는 카페에서 사오시라고 해야겠네요.

38 다음 정의에 따른 경력개발 방법으로 적절하지 않은 것을 〈보기〉에서 고르면?

> **〈정의〉**
>
> 경력개발은 개인이 경력목표와 전략을 수립하고 실행하며 피드백하는 과정으로 직업인은 한 조직의 구성원으로서 조직과 함께 상호작용하며, 자신의 경력을 개발해 나간다.

> ── 〈보기〉 ──
>
> ㉠ 영업직에 필요한 것은 사교성일 수도 있지만, 무엇보다 사람에 대한 믿음과 성실함이 기본이어야 한다고 생각한다. 영업팀에서 10년째 근무 중인 나는 인맥을 쌓기 위해 오랜 기간 인연을 지속한 사람들을 놓치지 않으려고 노력하였다. 또한 시대에 뒤떨어지지 않기 위해 최신 IT 기기 및 기술을 습득하고 있다.
> ㉡ 전략기획팀에서 근무하고 있는 나는 앞으로 회사의 나아갈 방향을 설정하는 업무를 주로 하고 있다. 따라서 시대의 흐름을 놓쳐서는 안 된다. 나의 이러한 감각을 배양하기 위해 전문 서적을 탐독하고, 경영환경 변화에 대한 공부를 끊임없이 하고 있다.
> ㉢ 나는 지난달부터 체력단련을 위해 헬스를 하고 있다. 자동차 동호회 활동을 통해 취미활동도 게을리하지 않는다.
> ㉣ 직장 생활도 중요하지만, 개인적인 삶을 풍요롭게 할 필요가 있다. 회사는 내가 필요한 것과 내 삶을 윤택하게 하는 데 도움을 주는 요소이다. 그러므로 회사 내의 활동이나 모임 등에 집중하기보다는 나를 위한 투자(운동, 개인학습 등)에 소홀하지 않아야 한다.

① ㉠, ㉡
② ㉠, ㉢
③ ㉡, ㉢
④ ㉡, ㉣
⑤ ㉢, ㉣

39 다음은 사내 비즈니스 예절 교육에 참여한 신입사원들의 대화 내용이다. 다음 중 명함 교환 예절에 대해 잘못 설명하고 있는 사람은?

> A사원 : 앞으로 바지 주머니가 아닌 상의 주머니에 명함을 넣어야겠어.
> B사원 : 명함을 줄 때에는 일어선 상태에서 건네는 것이 좋겠어.
> C사원 : 타 업체를 방문할 때는 그 업체의 직원에게 먼저 명함을 건네야 해.
> D사원 : 상대에게 명함을 받는다면 반드시 나도 명함을 줘야 하는군.
> E사원 : 앉은 상태에서는 명함을 테이블 위에 놓고 손으로 밀어 건네는 것이 예의이군.

① A사원　　　　　　　　　　　② B사원
③ C사원　　　　　　　　　　　④ D사원
⑤ E사원

40 다음은 A ~ C지역의 가구 구성비를 나타낸 자료이다. 이에 대한 분석으로 옳은 것은?

〈가구 구성비〉

(단위 : %)

구분	부부 가구	2세대 가구		3세대 이상 가구	기타 가구	소계
		부모+미혼자녀	부모+기혼자녀			
A지역	5	65	16	2	12	100
B지역	16	55	10	6	13	100
C지역	12	40	25	20	3	100

※ 기타 가구 : 1인 가구, 형제 가구, 비친족 가구
※ 핵가족 : 부부 또는 (한)부모와 그들의 미혼 자녀로 이루어진 가족
※ 확대가족 : (한)부모와 그들의 기혼 자녀로 이루어진 2세대 이상의 가족

① 핵가족 가구의 비중이 가장 높은 지역은 A이다.
② 1인 가구의 비중이 가장 높은 지역은 B이다.
③ 확대가족 가구 수가 가장 많은 지역은 C이다.
④ A, B, C지역 모두 핵가족 가구 수가 확대가족 가구 수보다 많다.
⑤ 부부 가구의 구성비는 C지역이 가장 높다.

01 다음 중 전기력선의 성질에 대한 설명으로 옳지 않은 것은?

① 전기력선 방향은 전기장 방향과 같으며, 전기력선의 밀도는 전기장의 크기와 같다.

② 전기력선은 도체 내부에 존재한다.

③ 전기력선은 등전위면에 수직으로 출입한다.

④ 전기력선은 양전하에서 음전하로 이동한다.

⑤ 전기력선의 밀도는 전계의 세기와 같다.

02 평행판 콘덴서에 전하량 Q가 충전되어 있을 때, 이 콘덴서의 내부 유전체의 유전율이 두 배로 변한다면 콘덴서 내부의 전속밀도는?

① 변화 없다.

② 2배가 된다.

③ 4배가 된다.

④ 6배가 된다.

⑤ 절반으로 감소한다.

03 일정한 속도로 운동하던 어떤 대전 입자가 균일한 자기장 안에서 자기장의 방향과 수직으로 입사하였다. 이때 자기장 안에서 이 입자가 하는 운동으로 옳은 것은?

① 직선 운동을 한다.

② 나선 운동을 한다.

③ 포물선 운동을 한다.

④ 힘을 받지 않는다.

⑤ 일정한 운동 에너지를 갖는다.

04 다음 회로에서 두 축전기에 축적된 전기량의 합 $(Q_1 + Q_2)$은?

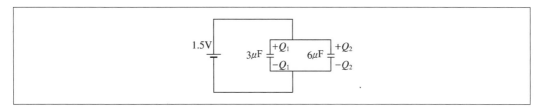

① 6C

② 13.5C

③ 16.8C

④ 6×10^{-6} C

⑤ 13.5×10^{-6} C

05 공기 중에 10μC와 20μC를 1m 간격으로 놓았을 때 일어나는 정전력의 세기는?

① 4×10^{-10}N

② 2×10^5N

③ 9×10^9N

④ 1.8N

⑤ 1.3N

06 $C_1 = 5\mu$F, $C_2 = 10\mu$F의 콘덴서를 직렬로 접속하고 직류 30V를 가했을 때 C_1 양단의 전압은?

① 5V

② 10V

③ 20V

④ 30V

⑤ 40V

07 피뢰기의 약호는?

① LA

② PF

③ SA

④ COS

⑤ CT

08 다음 중 동기 조상기의 계자를 부족여자로 운전한 결과는?

① 콘덴서로 작용

② 뒤진 역률 보상

③ 리액터로 작용

④ 저항손의 보상

⑤ 다이오드로 작용

09 선간전압 20kV, 상전류 6A의 3상 Y결선되어 발전하는 교류 발전기를 △결선으로 변경하였을 때, 상전압 V_P[kV]와 선전류 I_L[A]은?(단, 3상 전원은 평형이며, 3상 부하는 동일하다)

$$V_P[kV] \qquad I_L[A]$$

① $\dfrac{20}{\sqrt{3}}$ $\qquad 6\sqrt{3}$

② 20 $\qquad 6\sqrt{3}$

③ $\dfrac{20}{\sqrt{3}}$ $\qquad 6$

④ 20 $\qquad 6$

⑤ $\dfrac{20}{\sqrt{3}}$ $\qquad 3$

10 20극, 360rpm의 3상 동기 발전기가 있다. 전 슬롯수 180, 2층권 각 코일의 권수 4, 전기자 권선은 성형으로, 단자 전압 6,600V인 경우 1극의 자속은?(단, 권선 계수는 0.9라 한다)

① 약 0.0375Wb

② 약 0.3751Wb

③ 약 0.0662Wb

④ 약 0.6621Wb

⑤ 약 0.0853Wb

11 정격 용량 5,000kVA, 정격 전압 3,000V, 극수 12, 주파수 60Hz, 1상의 동기 임피던스가 2Ω인 3상 동기 발전기가 있다. 이 발전기의 단락비는?

① 약 0.5

② 약 0.9

③ 약 1.1

④ 약 1.2

⑤ 약 1.4

12 동기 발전기에서 극수 4, 1극의 자속수 0.062Wb, 1분간의 회전 속도를 1,800, 코일의 권수를 100이라고 할 때, 코일의 유기 기전력의 실효값은?(단, 권선 계수는 1.0이라 한다)

① 약 526V

② 약 1,488V

③ 약 1,652V

④ 약 2,336V

⑤ 약 2,526V

13 60Hz 12극 회전자 외경 2m의 동기 발전기에 있어서 자극면의 주변 속도는?

① 약 33m/s

② 약 43m/s

③ 약 53m/s

④ 약 63m/s

⑤ 약 73m/s

14 용량 10kVA의 단권 변압기를 그림과 같이 접속할 때, 역률 80%의 부하에 몇 kW의 전력을 공급할 수 있는가?

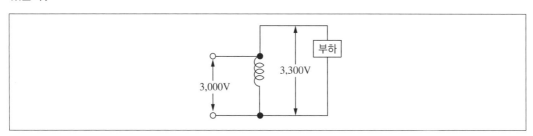

① 55kW

② 66kW

③ 77kW

④ 88kW

⑤ 90kW

15 저항 강하 1.8, 리액턴스 강하가 2.0인 변압기의 전압 변동률의 최댓값과 역률은 각각 몇 %인가?

① 7.2%, 27%

② 2.7%, 18%

③ 2.7%, 67%

④ 1.8%, 38%

⑤ 1.8%, 45%

제2회 모의고사

16 3,300V, 60Hz인 Y결선의 3상 유도 전동기가 있다. 철손을 1,020W라 하면 1상의 여자 콘덕턴스는?

① $56.1 \times 10^{-5} \, \Omega$　　　　　　② $18.7 \times 10^{-5} \, \Omega$

③ $9.37 \times 10^{-5} \, \Omega$　　　　　　④ $6.12 \times 10^{-5} \, \Omega$

⑤ $4.38 \times 10^{-5} \, \Omega$

17 다음 중 3상 유도 전압 조정기의 동작 원리는?

① 회전 자계에 의한 유도 작용을 이용하여 2차 전압의 위상 전압의 조정에 따라 변화한다.

② 교번 자계의 전자 유도 작용을 이용한다.

③ 충전된 두 물체 사이에 작용하는 힘을 이용한다.

④ 두 전류 사이에 작용하는 힘을 이용한다.

⑤ 누설 자계의 전자 유도 작용을 이용한다.

18 그림과 같은 철심에 200회의 권선을 하여 60Hz와 60V인 정현파 전압을 인가하였을 때, 철심의 자속 $\varPhi m[Wb]$은?

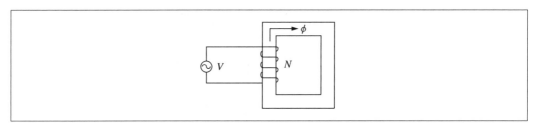

① 약 $1.126 \times 10^{-3} Wb$　　　　② 약 $2.25 \times 10^{-3} Wb$

③ 약 $1.126 Wb$　　　　　　　　　④ 약 $2.25 Wb$

⑤ 약 $2.85 Wb$

19 전압 220V에서의 기동 토크가 전부하 토크의 210%인 3상 유도 전동기가 있다. 기동 토크가 100%되는 부하에 대하여는 기동 보상기로 전압을 얼마나 공급하여야 하는가?

① 약 105V　　　　　　　　　　② 약 152V

③ 약 319V　　　　　　　　　　④ 약 462V

⑤ 약 512V

20 12극과 8극인 2개의 유도 전동기를 종속법에 의한 직렬 접속법으로 속도제어할 때 전원 주파수가 50Hz 인 경우, 무부하 속도 n은 몇 rps인가?

① 4rps   ② 5rps

③ 15rps   ④ 6rps

⑤ 12rps

21 다음 그림과 같은 회로망의 전류 산출로 옳은 것은?

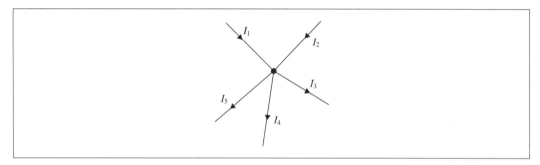

① $I_1 + I_2 - I_3 - I_4 - I_5 = 0$ ② $I_1 - I_2 - I_3 - I_4 - I_5 = 0$

③ $I_1 + I_2 + I_3 + I_4 - I_5 = 0$ ④ $I_1 + I_2 - I_3 + I_4 + I_5 = 0$

⑤ $I_1 - I_2 - I_3 + I_4 + I_5 = 0$

22 그림에서 Vab가 50V일 때 전류 I의 양은?

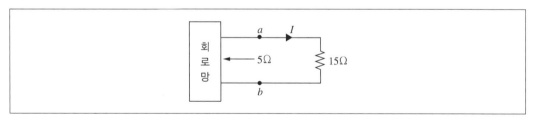

① 1.5A   ② 2.0A

③ 2.5A   ④ 3.0A

⑤ 4.5A

23 전원 주파수가 60Hz일 때 3상 전파 정류 회로의 리플 주파수는?

① 60Hz   ② 120Hz

③ 180Hz   ④ 240Hz

⑤ 360Hz

24 다음 중 특이함수(스위칭 함수)에 대한 설명으로 옳은 것을 〈보기〉에서 모두 고른 것은?

──────〈보기〉──────

ㄱ. 특이함수는 그 함수가 불연속이거나 그 도함수가 불연속인 함수이다.

ㄴ. 단위계단함수 $u(t)$는 t가 음수일 때 -1, t가 양수일 때 1의 값을 갖는다.

ㄷ. 단위임펄스함수 $\delta(t)$는 $t=0$ 외에는 모두 0이다.

ㄹ. 단위램프함수 $r(t)$는 t의 값에 상관없이 단위 기울기를 갖는다.

① ㄱ, ㄴ   ② ㄱ, ㄷ

③ ㄴ, ㄷ   ④ ㄷ, ㄹ

⑤ ㄴ, ㄹ

25 주로 정전압 다이오드로 사용되는 것은?

① 터널 다이오드   ② 제너 다이오드

③ 쇼트키 베리어 다이오드   ④ 바렉터 다이오드

⑤ 감압 다이오드

26 다음 회로에서 부하 R을 접속 시 얻을 수 있는 최대 출력은?

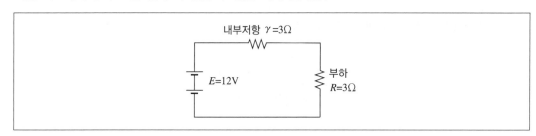

① 6W   ② 12W

③ 20W   ④ 25W

⑤ 30W

27 다음 중 알칼리 축전지의 대표적인 축전지로 널리 사용되고 있는 2차 전지는?

① 망간 전지   ② 산화은 전지

③ 페이퍼 전지   ④ 니켈카드뮴 전지

⑤ 알칼리 전지

28 전선을 종단 겹침용 슬리브에 의해 종단 접속할 경우 소정의 압축공구를 사용하여 보통 몇 개소를 압착하는가?

① 1개소
② 2개소
③ 3개소
④ 4개소
⑤ 5개소

29 고장 시의 불평형 차전류가 평형전류의 어떤 비율 이상으로 되었을 때 동작하는 계전기는?

① 과전압 계전기
② 과전류 계전기
③ 전압 차동 계전기
④ 비율 차동 계전기
⑤ 선택 차동 계전기

30 옥내 배선공사할 때 연동선을 사용할 경우 전선의 최소 굵기는?

① $1.5mm^2$
② $2.5mm^2$
③ $4mm^2$
④ $5mm^2$
⑤ $6mm^2$

31 동력 배선에서 경보를 표시하는 램프의 일반적인 색깔은?

① 백색
② 황색
③ 적색
④ 녹색
⑤ 청색

32 흥행장의 무대용 콘센트, 박스, 플라이 덕트 및 보더 라이트의 금속제 외함은 어떤 접지공사를 하여야 하는가?

① 제1종 접지공사
② 제2종 접지공사
③ 제3종 접지공사
④ 제4종 접지공사
⑤ 특별 제3종 접지공사

33 다음 전선로에 대한 설명으로 옳은 것은?

① 발전소・변전소・개폐소, 이에 준하는 곳, 전기사용장소 상호 간의 전선 및 이를 지지하거나 수용하는 시설물
② 발전소・변전소・개폐소, 이에 준하는 곳, 전기사용장소 상호 간의 전선 및 전차선을 지지하거나 수용하는 시설물
③ 통상의 사용상태에서 전기가 통하고 있는 전선
④ 통상의 사용상태에서 전기를 절연한 전선
⑤ 통상의 사용상태에서 전기가 통하는 전차선 및 전선

34 다음 중 ㉠, ㉡에 들어갈 내용으로 옳은 것은?

'전기철도용 급전선'이란 전기철도용 (㉠)로부터 다른 전기철도용 (㉠) 또는 (㉡)에 이르는 전선을 말한다.

① ㉠ 급전소, ㉡ 개폐소
② ㉠ 궤전선, ㉡ 변전소
③ ㉠ 변전소, ㉡ 전차선
④ ㉠ 전차선, ㉡ 급전소
⑤ ㉠ 변전소, ㉡ 급전소

35 전압을 구분하는 경우 교류에서 저압은 몇 V 이하인가?

① 440V
② 600V
③ 1,000V
④ 1,500V
⑤ 2,000V

36 고압 지중케이블로서 직접 매설식에 의하여 견고한 트라프 기타 방호물에 넣지 않고 시설할 수 있는 케이블은?[단, 케이블을 개장(鎧裝)하지 않고 시설한 경우이다]

① 미네럴 인슈레이션 케이블   ② 콤바인덕트 케이블

③ 클로로프렌 외장 케이블   ④ 고무 외장 케이블

⑤ 차폐 케이블

37 다음 중 농사용 저압 가공전선로의 시설에 대한 설명으로 옳지 않은 것은?

① 전선로의 경간은 0.03m 이하일 것

② 목주의 굵기는 말구 지름이 0.09cm 이상일 것

③ 저압 가공전선의 지표상 높이는 5m 이상일 것

④ 저압 가공전선은 지름 2mm 이상의 경동선일 것

⑤ 저압 가공전선은 인장강도 1.38kN 이상일 것

38 옥내에 시설하는 저압 전선으로 나전선을 사용할 수 없는 공사는?

① 전개된 곳의 애자사용공사

② 금속덕트공사

③ 버스덕트공사

④ 라이팅덕트공사

⑤ 전개된 곳의 애자사용공사 전기로용 전선로

39 옥내에 시설하는 전동기에 과부하 보호장치의 시설을 생략할 수 없는 경우는?

① 전동기 용량이 0.75kW인 경우

② 타인이 출입할 수 없고 전동기가 소손할 정도의 과전류가 생길 우려가 없는 경우

③ 전동기가 단상의 것으로 전원측 전로에 시설하는 배선용 차단기의 정격전류가 20A 이하인 경우

④ 전동기를 운전 중 상시 취급자가 감시할 수 있는 위치에 시설한 경우

⑤ 단상전동기로 전원측 전로에 시설하는 과전류차단기의 정격전류가 16A 이하인 경우

40 단상 2선식 220V로 공급하는 간선의 굵기를 결정할 때 근거가 되는 전류의 최솟값은 몇 A인가?(단, 수용률 100%, 전등 부하의 합계 5A, 한 대의 정격전류 10A인 전열기 2대, 정격전류 40A인 전동기 1대이다)

① 55A   ② 65A

③ 75A   ④ 130A

⑤ 150A

제3회
서울교통공사
전기직

NCS 직업기초능력평가
+ 직무수행능력평가

www.sdedu.co.kr

〈문항 및 시험시간〉

평가영역	문항 수	시험시간
직업기초능력평가+직무수행능력평가	80문항	100분

01 다음은 철도안전법의 일부 내용이다. 다음을 읽고, 이해한 내용으로 옳지 않은 것은?

〈철도안전법〉

제7조(안전관리체계의 승인)

① 철도운영자 등(전용철도의 운영자는 제외한다. 이하 이 조 및 제8조에서 같다)은 철도운영을 하거나 철도시설을 관리하려는 경우에는 인력, 시설, 차량, 장비, 운영절차, 교육훈련 및 비상대응계획 등 철도 및 철도시설의 안전관리에 관한 유기적 체계(이하 안전관리체계라 한다)를 갖추어 국토교통부장관의 승인을 받아야 한다.

② 전용철도의 운영자는 자체적으로 안전관리체계를 갖추고 지속적으로 유지하여야 한다.

③ 철도운영자 등은 제1항에 따라 승인받은 안전관리체계를 변경(제5항에 따른 안전관리기준의 변경에 따른 안전관리체계의 변경을 포함한다. 이하 이 조에서 같다)하려는 경우에는 국토교통부장관의 변경 승인을 받아야 한다. 다만, 국토교통부령으로 정하는 경미한 사항을 변경하려는 경우에는 국토교통부장관에게 신고하여야 한다.

④ 국토교통부장관은 제1항 또는 제3항 본문에 따른 안전관리체계의 승인 또는 변경승인의 신청을 받은 경우에는 해당 안전관리체계가 제5항에 따른 안전관리기준에 적합한지를 검사한 후 승인 여부를 결정하여야 한다.

⑤ 국토교통부장관은 철도안전경영, 위험관리, 사고 조사 및 보고, 내부점검, 비상대응계획, 비상대응훈련, 교육훈련, 안전정보관리, 운행안전관리, 차량·시설의 유지관리(차량의 기대수명에 관한 사항을 포함한다) 등 철도운영 및 철도시설의 안전관리에 필요한 기술기준을 정하여 고시하여야 한다.

⑥ 제1항부터 제5항까지의 규정에 따른 승인절차, 승인방법, 검사기준, 검사방법, 신고절차 및 고시방법 등에 관하여 필요한 사항은 국토교통부령으로 정한다.

제8조(안전관리체계의 유지 등)

① 철도운영자 등은 철도운영을 하거나 철도시설을 관리하는 경우에는 제7조에 따라 승인받은 안전관리체계를 지속적으로 유지하여야 한다.

② 국토교통부장관은 안전관리체계 위반 여부 확인 및 철도사고 예방 등을 위하여 철도운영자 등이 제1항에 따른 안전관리체계를 지속적으로 유지하는지 다음 각 호의 검사를 통해 국토교통부령으로 정하는 바에 따라 점검·확인할 수 있다.

  1. 정기검사 : 철도운영자 등이 국토교통부장관으로부터 승인 또는 변경승인 받은 안전관리체계를 지속적으로 유지하는지를 점검·확인하기 위하여 정기적으로 실시하는 검사

  2. 수시검사 : 철도운영자 등이 철도사고 및 운행장애 등을 발생시키거나 발생시킬 우려가 있는 경우에 안전관리체계 위반사항 확인 및 안전관리체계 위해요인 사전예방을 위해 수행하는 검사

③ 국토교통부장관은 제2항에 따른 검사 결과 안전관리체계가 지속적으로 유지되지 아니하거나 그 밖에 철도안전을 위하여 긴급히 필요하다고 인정하는 경우에는 국토교통부령으로 정하는 바에 따라 시정조치를 명할 수 있다.

① 안전관리체계에 있어 국토교통부장관은 비상대응계획, 비상대응훈련 등을 고시하여야 한다.

② 국토교통부장관은 대통령령으로 정하는 바에 따라 정기적으로 안전관리체계를 검사할 수 있다.

③ 국토교통부장관은 철도의 안전을 위해 안전관리체계의 시정조치를 명할 수 있다.

④ 전용철도의 운영자는 자체적으로 안전관리체계를 갖출 수 있다.

⑤ 안전관리체계의 승인절차, 검사기준 등에 관해 필요한 사항은 국토교통부령으로 정한다.

※ 다음은 철도안전법의 일부 내용이다. 다음을 읽고, 이어지는 질문에 답하시오. [2~3]

〈철도안전법〉

제38조의12(철도차량 정밀안전진단)

① 소유자 등은 철도차량이 제작된 시점부터 국토교통부령으로 정하는 일정 기간 또는 일정주행거리가 지나 노후된 철도차량을 운행하려는 경우 일정 기간마다 물리적 사용 가능 여부 및 안전성능 등에 대한 진단(이하 "정밀안전진단"이라 한다)을 받아야 한다.

② 국토교통부장관은 철도사고 및 중대한 운행장애 등이 발생된 철도차량에 대하여는 소유자 등에게 정밀안전진단을 받을 것을 명할 수 있다. 이 경우 소유자 등은 특별한 사유가 없으면 이에 따라야 한다.

③ 국토교통부장관은 제1항 및 제2항에 따른 정밀안전진단 대상이 특정 시기에 집중되는 경우나 그 밖의 부득이한 사유로 소유자 등이 정밀안전진단을 받을 수 없다고 인정될 때에는 그 기간을 연장하거나 유예(猶豫)할 수 있다.

④ 소유자 등은 정밀안전진단 대상이 제1항 및 제2항에 따른 정밀안전진단을 받지 아니하거나 정밀안전진단 결과 계속 사용이 적합하지 아니하다고 인정되는 경우에는 해당 철도차량을 운행해서는 아니 된다.

⑤ 소유자 등은 제38조의13 제1항에 따라 국토교통부장관이 지정한 전문기관(이하 "정밀안전진단기관"이라 한다)으로부터 정밀안전진단을 받아야 한다.

⑥ 제1항부터 제3항까지의 정밀안전진단 등의 기준·방법·절차 등에 필요한 사항은 국토교통부령으로 정한다.

제38조의13(정밀안전진단기관의 지정 등)

① 국토교통부장관은 원활한 정밀안전진단 업무 수행을 위하여 정밀안전진단기관을 지정하여야 한다.

② 정밀안전진단기관의 지정기준, 지정절차 등에 필요한 사항은 국토교통부령으로 정한다.

③ 국토교통부장관은 정밀안전진단기관이 다음 각 호의 어느 하나에 해당하는 경우에 그 지정을 취소하거나 6개월 이내의 기간을 정하여 그 업무의 전부 또는 일부의 정지를 명할 수 있다. 다만, 제1호부터 제3호까지의 어느 하나에 해당하는 경우에는 그 지정을 취소하여야 한다.

1. 거짓이나 그 밖의 부정한 방법으로 지정을 받은 경우
2. 이 조에 따른 업무정지명령을 위반하여 업무정지 기간 중에 정밀안전진단 업무를 한 경우
3. 정밀안전진단 업무와 관련하여 부정한 금품을 수수하거나 그 밖의 부정한 행위를 한 경우
4. 정밀안전진단 결과를 조작한 경우
5. 정밀안전진단 결과를 거짓으로 기록하거나 고의로 결과를 기록하지 아니한 경우
6. 성능검사 등을 받지 아니한 검사용 기계·기구를 사용하여 정밀안전진단을 한 경우

02 국토교통부에서 근무하는 귀하는 철도차량 정밀안전진단기관 지정 안내에 관하여 서울교통공사에 협조를 요청하고자 다음과 같이 협조문을 작성하였다. 다음 중 철도안전법의 관련 조항과 일치하지 않는 내용은?

철도차량 정밀안전진단기관 지정 안내에 관한 협조 요청

귀사의 무궁한 발전을 기원합니다.

① 철도안전법에 따라 철도차량 소유자 등은 철도차량을 운행한 지 일정 기간이 경과하는 경우 물리적 사용 가능 여부 및 안전성능 등에 대하여 정밀안전진단을 받아야 합니다.

② 특히 국토교통부장관이 철도사고가 발생했던 철도차량에 대해 진단을 받을 것을 요청한 경우 특별한 사유가 없는 한 반드시 정밀안전진단을 받아야 합니다.

③ 이러한 정밀안전진단은 되도록 국토교통부장관이 지정한 전문기관으로부터 받는 것이 좋습니다.

④ 따라서 국토교통부장관은 원활한 정밀안전진단 업무 수행을 위하여 정밀안전진단기관을 지정하여야 합니다.

⑤ 이에 따라 우리부에서는 국토교통부령으로 정해진 지정기준과 지정절차를 준수하여 기관의 신청을 받아 정밀안전진단기관을 지정할 계획입니다.

이와 관련하여 철도차량 정밀안전진단기관으로 지정을 받고자 하는 기업(기관)에게 지정 신청에 관한 사항을 안내하고자 귀사의 홈페이지에 게시에 관한 협조를 요청합니다.

··· (중략) ···

---

03 국토교통부는 2021년 6월 1일부터 정밀안전진단기관 지정 신청을 받을 예정이다. 철도안전법 시행규칙을 참고할 때, 다음 중 정밀안전진단기관으로 지정될 수 없는 기관은?

〈철도안전법 시행규칙〉

제75조의17(정밀안전진단기관의 지정기준 및 지정절차 등)

② 철도안전법 제38조의13 제1항에 따른 정밀안전진단기관의 지정기준은 다음 각 호와 같다.

1. 정밀안전진단업무를 수행할 수 있는 상설 전담조직을 갖출 것
2. 정밀안전진단업무를 수행할 수 있는 기술인력을 확보할 것
3. 정밀안전진단업무를 수행하기 위한 설비와 장비를 갖출 것
4. 정밀안전진단기관의 운영 등에 관한 업무규정을 갖출 것
5. 지정신청일 1년 이내에 철도안전법 제38조의13 제3항에 따라 정밀안전진단기관 지정취소 또는 업무정지를 받은 사실이 없을 것
6. 정밀안전진단 외의 업무를 수행하고 있는 경우 그 업무를 수행함으로 인하여 정밀안전진단업무가 불공정하게 수행될 우려가 없을 것
7. 철도차량을 제조 또는 판매하는 자가 아닐 것
8. 그 밖에 국토교통부장관이 정하여 고시하는 정밀안전진단기관의 지정 세부기준에 맞을 것

---

① 정밀안전진단업무를 수행하는 기술인력을 확보하고 상설 전담조직을 갖춘 기업 A

② 성능 검사를 받지 않은 장비를 사용하여 2019년 5월에 업무정지명령을 받았으나, 올해 초 적합한 설비와 장비로 교체한 기관 B

③ 2019년 3월에 6개월간 업무정지명령을 받았으나, 이를 위반하여 2020년 1월에 정밀안전진단기관 지정취소를 받았던 기관 C

④ 정밀안전진단업무 수행에 필요한 설비와 장비뿐만 아니라 관련 업무규정을 모두 갖춘 철도차량 제조 기업 D

⑤ 정밀안전진단업무 수행에 어떠한 영향도 주지 않는 업무를 수행하고 있는 기업 E

04 다음 중 갈등에 대한 설명으로 옳은 것은?

① 갈등이 발생하면 의사소통의 폭을 줄이면서, 서로 접촉하는 것을 꺼리게 된다.

② 갈등이 없으면 항상 의욕이 상승하고, 조직성과가 높아진다.

③ 승리하기보다는 문제를 해결하는 것을 중시한다.

④ 목표달성을 위해 노력하는 팀은 갈등이 없다.

⑤ 갈등은 부정적인 요소만 만든다.

※ 다음 자료를 참고하여 이어지는 질문에 답하시오. [5~6]

	A	B	C	D	E	F	G
1							
2		구분	매입처수	매수	공급가액(원)	세액(원)	합계
3		전자세금계산서	12	8	11,096,174	1,109,617	12,205,791
4		수기종이계산서	1	0	69,180		76,098
5		합계	13	8	11,165,354	1,116,535	

05 귀하는 VAT(부가가치세) 신고를 준비하기 위해 엑셀 파일을 정리하고 있다. 세액은 공급가액의 10%이다. 수기종이계산서의 '세액(원)'인 [F4] 셀에 필요한 수식은?

① =E3*0.1

② =E3*0.001

③ =E4+0.1

④ =E3*10%

⑤ =E4*0.1

06 총 합계인 [G5] 셀에 입력해야 할 함수식과 그 결괏값으로 올바르게 짝지어진 것은?

① =AVERAGE(G3:G4) / 12,281,890

② =SUM(G3:G4) / 12,281,889

③ =AVERAGE(E5:F5) / 12,281,890

④ =SUM(E3:F5) / 12,281,889

⑤ =SUM(E5:F5) / 12,281,888

※ J베이비 페어는 사전신청을 한 고객들만 입장이 가능하다. 이를 위해 다음과 같은 신청번호를 부여하는데, 이에 이어지는 질문에 답하시오. [7~8]

- 사전신청기간 : 8월 1일 09:00 ~ 9월 30일 18:00(24시간 가능, 시작·마감일은 제외)
- J베이비 페어 관람기간 : 10월 1일 월요일 ~ 10월 21일 일요일
- J베이비 페어 관람시간 : 1차 10:00 ~ 13:00, 2차 14:00 ~ 17:00, 3차 17:00 ~ 20:00
  (평일은 3차 시간대에 운영하지 않음)
- 신청자의 신청번호는 14자리로 이루어져 있다.

사전신청일	관람인원	유모차	날짜	요일	시간
AA	BBBBBB	CC	DD	E	F

사전신청일	관람인원	유모차대여유무 및 대여 시 개수 (최대 3개)
8월 전기(1 ~ 15일) : AG 8월 후기(16 ~ 31일) : AU 9월 전기(1 ~ 15일) : SE 9월 후기(16 ~ 30일) : SP	A__ C__ B__ : __에 다음에 해당하는 인원 수 기입 A__ : 만 19세 이상 C__ : 만 4 ~ 18세 B__ : 만 3세 이하 예 성인 2명, 유아 1명 입장 시 → A2C0B1 ※ 반드시 성인 1명 이상 동행해야 신청가능	V0 : 미대여 V1 : 1대 대여 V2 : 2대 대여 V3 : 3대 대여

관람일		
날짜	요일	시간
10월 1일 : 01 10월 2일 : 02 10월 3일 : 03 … 10월 20일 : 20 10월 21일 : 21	평일 : W 주말 : H	1차 : B 2차 : M 3차 : L

07 신청번호가 다음과 같을 때 신청번호에 대한 설명으로 옳지 않은 것은?

AUA2C0B1V019WM

① 시간제약 없이 신청 가능했을 것이다.
② 총 관람인원은 세 명이었을 것이다.
③ 유아가 동행하므로 유모차는 대여했을 것이다.
④ 신청자는 평일 중 마지막 날 관람하였을 것이다.
⑤ 가장 늦은 차시에 관람했을 것이다.

08 다음 신청내용을 보고 입력해야 할 신청번호로 옳은 것은?

〈신청내용〉
09월 01일 15:30 통화내용
김ㅁㅁ : 10월 둘째 주 토요일 오전시간대에 신청을 원해요. 저와 제 아이 둘이서만 갈 겁니다. 아이가 6살인데 가능하겠죠? 유모차는 필요 없어요.

① SEA1C0B1V013HB   ② SEA1C1B0V013HB
③ SEA1C0B0V014HB   ④ SEA1C0B1V014HB
⑤ SEA1C1B0V014HB

09 다음은 우리나라의 보건 수준을 가늠하게 하는 신생아 사망률에 관한 자료이다. 이에 대한 설명으로 옳은 것은?

〈생후 1주일 이내 성별 · 생존기간별 신생아 사망률〉

(단위 : 명, %)

생존기간	남아		여아	
1시간 이내	31	2.7	35	3.8
1 ~ 12시간	308	26.5	249	27.4
13 ~ 24시간	97	8.3	78	8.6
25 ~ 48시간	135	11.6	102	11.2
49 ~ 72시간	166	14.3	114	12.5
73 ~ 168시간	272	23.4	219	24.1
미상	153	13.2	113	12.4
전체	1,162	100.0	910	100.0

〈생후 1주일 이내 산모연령별 신생아 사망률〉

(단위 : 명, %)

산모연령	출생아 수	신생아 사망률
19세 미만	6,356	8.8
20 ~ 24세	124,956	6.3
25 ~ 29세	379,209	6.8
30 ~ 34세	149,760	9.4
35 ~ 39세	32,560	13.5
40세 이상	3,977	21.9
전체	696,818	7.7

① 생후 첫날 여아 사망률은 남아 사망률보다 낮다.
② 생후 1주일 내 신생아 사망자 수가 가장 많은 산모연령대는 40세 이상이다.
③ 생후 첫날의 신생아 사망률은 약 50%이다.
④ 생후 1주일 내 신생아 사망률 중 셋째 날 신생아 사망률은 약 13.5%이다.
⑤ 산모연령 25 ~ 29세가 출생아 수가 가장 많고 신생아 사망률이 가장 낮다.

10 다음 중 그래프를 해석한 것으로 올바른 것은?

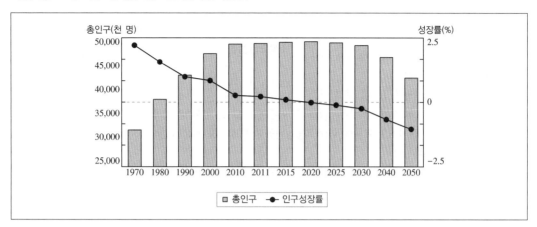

① 인구성장률은 2025년에 잠시 성장하다가 다시 감소할 것이다.

② 2011년부터 총인구는 감소할 것이다.

③ 2000 ~ 2010년 기간보다 2025 ~ 2030년 기간의 인구증가가 덜할 것이다.

④ 2040년에 총인구는 1990년 인구보다 적을 것이다.

⑤ 총인구는 2000년부터 계속해서 감소하는 모습을 보이고 있다.

※ 다음은 철도안전법과 철도안전법 시행규칙의 일부 내용이다. 다음을 읽고, 이어지는 질문에 답하시오. [11~12]

〈철도안전법〉

제19조(운전면허의 갱신)

① 운전면허의 유효기간은 10년으로 한다.

② 운전면허 취득자로서 제1항에 따른 유효기간 이후에도 그 운전면허의 효력을 유지하려는 사람은 운전면허의 유효기간 만료일 전 6개월 이내에 한국교통안전공단에 철도차량 운전면허 갱신신청서를 제출하여 운전면허의 갱신을 받아야 한다.

③ 국토교통부장관은 제2항 및 제5항에 따라 운전면허의 갱신을 신청한 사람이 다음 각 호의 어느 하나에 해당하는 경우에는 운전면허증을 갱신하여 발급하여야 한다.

  1. 운전면허의 갱신을 신청하는 날 전 10년 이내에 국토교통부령으로 정하는 철도차량의 운전업무에 종사한 경력이 있거나 국토교통부령으로 정하는 바에 따라 이와 같은 수준 이상의 경력이 있다고 인정되는 경우

  2. 국토교통부령으로 정하는 교육훈련을 받은 경우

④ 운전면허 취득자가 제2항에 따른 운전면허의 갱신을 받지 아니하면 그 운전면허의 유효기간이 만료되는 날의 다음 날부터 그 운전면허의 효력이 정지된다.

⑤ 제4항에 따라 운전면허의 효력이 정지된 사람이 6개월의 범위에서 6개월 내에 운전면허의 갱신을 신청하여 운전면허의 갱신을 받지 아니하면 그 기간이 만료되는 날의 다음 날부터 그 운전면허는 효력을 잃는다.

⑥ 국토교통부장관은 운전면허 취득자에게 그 운전면허의 유효기간이 만료되기 전에 국토교통부령으로 정하는 바에 따라 운전면허의 갱신에 관한 내용을 통지하여야 한다.

⑦ 국토교통부장관은 제5항에 따라 운전면허의 효력이 실효된 사람이 운전면허를 다시 받으려는 경우 대통령령으로 정하는 바에 따라 그 절차의 일부를 면제할 수 있다.

〈철도안전법 시행규칙〉

제32조(운전면허 갱신에 필요한 경력 등)

① 법 제19조 제3항 제1호에서 국토교통부령으로 정하는 철도차량의 운전업무에 종사한 경력이란 운전면허의 유효기간 내에 6개월 이상 해당 철도차량을 운전한 경력을 말한다.

② 법 제19조 제3항 제1호에서 이와 같은 수준 이상의 경력이란 다음 각 호의 어느 하나에 해당하는 업무에 2년 이상 종사한 경력을 말한다.

  1. 관제업무

  2. 운전교육훈련기관에서의 운전교육훈련업무

  3. 철도운영자 등에게 소속되어 철도차량 운전자를 지도·교육·관리하거나 감독하는 업무

③ 법 제19조 제3항 제2호에서 국토교통부령으로 정하는 교육훈련을 받은 경우란 운전교육훈련기관이나 철도운영자 등이 실시한 철도차량 운전에 필요한 교육훈련을 운전면허 갱신신청일 전까지 20시간 이상 받은 경우를 말한다.

④ 제1항 및 제2항에 따른 경력의 인정, 제3항에 따른 교육훈련의 내용 등 운전면허 갱신에 필요한 세부사항은 국토교통부장관이 정하여 고시한다.

11 다음 중 철도차량 운전면허의 갱신에 대한 설명으로 적절한 것은?

① 철도차량 운전면허의 효력은 최대 10년까지만 유지될 수 있다.

② 유효기간 만료일 전 6개월 이내에 운전면허 갱신을 받지 않으면 만료일 다음 날부터 그 운전면허의 효력이 사라진다.

③ 국토교통부장관은 운전면허 취득자의 운전면허 유효기간이 만료되었을 경우 운전면허 갱신에 관한 내용을 통지해야 한다.

④ 운전면허 갱신을 받으려면 갱신 신청일 전까지 철도차량 운전에 필요한 10시간의 교육훈련을 받아야 한다.

⑤ 운전면허의 효력이 상실되어 다시 운전면허를 취득하려는 사람의 경우 취득 절차의 일부가 면제될 수 있다.

12 다음은 서울교통공사 인재개발원에서 실시하는 제2종 전기차량 운전면허 갱신교육에 관한 공고문이다. 다음 중 해당 교육을 신청할 수 있는 사람은?(단, A ~ E 모두 제2종 전기차량 운전면허를 소지하고 있으며, 이들의 운전면허 유효기간 만료일은 2021년 7월 1일이다)

〈제2종 전기차량 운전면허 갱신교육 교육생 모집 공고〉

철도안전법에 의거 철도차량 운전면허에 관한 전문교육훈련기관으로 지정받은 서울교통공사 인재개발원에서 다음과 같이 제2종 전기차량 운전면허 갱신교육을 실시하오니 희망자는 신청바랍니다.

■ 교육과정
   1. 교육대상 : 제2종 전기차량 운전면허 소지자 중 갱신교육이 필요한 자
   2. 선발인원 : 00명
   3. 교육기간 : 2021. 06. 02. ~ 2021. 06. 04.

■ 교육신청자격 : 철도안전법 시행규칙 제32조 제1항 및 제2항에 해당되지 않는 자

■ 교육신청 및 등록방법
   1. 교육 등록기간 : 2021. 05. 27. ~ 06. 29. 18:00까지
   2. 교육 등록방법 : 담당자와 유선확인 후 교육비 입금
   3. 교육비 : 220,000원

■ 제출서류 : 제2종 전기차량 운전면허증 사본

---

① A는 지난해부터 철도차량을 운전하여 현재 8개월째 철도차량 운전업무에 종사하고 있다.

② B는 지난해부터 운전관제사로 근무하여 이제 막 1년 차에 접어들었다.

③ C는 서울교통공사 인재개발원에서 4년간 운전교육훈련업무를 담당해 왔다.

④ D는 서울교통공사 직원으로 3년 동안 철도차량 운전자 교육업무를 담당하고 있다.

⑤ E는 지난 5년 동안 철도교통관제사로 근무해왔으나, 두 달 전 퇴직하였다.

안심Touch

13 프랑스 해외지부에 있는 K부장은 국내 본사로 인사발령을 받아 2일 9시 30분에 파리에서 인천으로 가는 비행기를 예약했다. 파리에서 인천까지 비행시간은 총 13시간이 걸리며, 한국은 프랑스보다 7시간이 더 빠르다. K부장이 인천에 도착했을 때, 현지 시각은 몇 시인가?

① 3일 2시 30분 ② 3일 3시 30분
③ 3일 4시 30분 ④ 3일 5시 30분
⑤ 3일 6시 30분

14 귀하는 고객의 지출성향을 파악하기 위하여 다음과 같은 내역을 조사하여 파일을 작성하였다. 다음 중 외식비로 지출된 금액의 총액을 구하고자 할 때, [G5] 셀에 들어갈 함수식으로 올바른 것은?

	A	B	C	D	E	F	G
1							
2		날짜	항목	지출금액			
3		01월 02일	외식비	35,000			
4		01월 05일	교육비	150,000			
5		01월 10일	월세	500,000		외식비 합계	
6		01월 14일	외식비	40,000			
7		01월 19일	기부	1,000,000			
8		01월 21일	교통비	8,000			
9		01월 25일	외식비	20,000			
10		01월 30일	외식비	15,000			
11		01월 31일	교통비	2,000			
12		02월 05일	외식비	22,000			
13		02월 07일	교통비	6,000			
14		02월 09일	교육비	120,000			
15		02월 10일	월세	500,000			
16		02월 13일	외식비	38,000			
17		02월 15일	외식비	32,000			
18		02월 16일	교통비	4,000			
19		02월 20일	외식비	42,000			
20		02월 21일	교통비	6,000			
21		02월 23일	외식비	18,000			
22		02월 24일	교통비	8,000			
23							
24							

① =SUMIF(C4:C23, "외식비", D4:D23)

② =SUMIF(C3:C22, "외식비", D3:D22)

③ =SUMIF(C3:C22, "C3", D3:D22)

④ =SUMIF("외식비", C3:C22, D3:D22)

⑤ =SUMIF(C3:C22, D3:D22, "외식비")

15 다음 대화를 참고했을 때, K사원이 P과장에게 안내할 엑셀의 함수로 가장 적절한 것은?

P과장 : K씨, 제품 일련번호가 짝수인 것과 홀수인 것을 구분하고 싶은데, 일일이 찾아 분류하자니 데이터가 너무 많아 번거로울 것 같아. 엑셀로 분류할 수 있는 방법이 없을까?

K사원 : 네, 과장님. (   ) 함수를 사용하면 편하게 분류할 수 있습니다. 이 함수는 지정한 숫자를 특정 숫자로 나눈 나머지를 알려줍니다. 만약 제품 일련번호를 2로 나누면 나머지가 0 또는 1이 나오는데, 여기서 나머지가 0이 나오는 것은 짝수이고 나머지가 1이 나오는 것은 홀수이기 때문에 분류가 쉽고 빠르게 됩니다. 분류하실 때는 필터기능을 함께 사용하면 더욱 간단해집니다.

P과장 : 그렇게 하면 간단히 처리할 수 있겠어. 정말 큰 도움이 되었네.

① SUMIF
② MOD
③ INT
④ NOW
⑤ VLOOKUP

16 서울교통공사는 출근 시스템 단말기에 직원들이 카드로 출근 체크를 하면 엑셀 워크시트에 실제 출근시간(B4:B10) 데이터가 자동으로 전송되어 입력된다. 총무부에서 근무하는 귀하는 데이터에 따라 직원들의 근태상황을 체크하려고 할 때, [C8] 셀에 입력할 함수식은?(단, 9시 정각까지는 출근으로 인정한다)

〈출근시간 워크시트〉

	A	B	C	D
1			날짜	2019. 06. 11
2		〈직원별 출근 현황〉		
3	이름	체크시간	근태상황	비고
4	이청용	7:55		
5	이하이	8:15		
6	구자철	8:38		
7	박지민	8:59		
8	손흥민	9:00		
9	박지성	9:01		
10	홍정호	9:07		

① =IF(B8>=TIME(9,1,0),"지각","출근")
② =IF(B8>=TIME(9,1,0),"출근","지각")
③ =IF(HOUR(B8)>=9,"지각","출근")
④ =IF(HOUR(B8)>9,"출근","지각")
⑤ =IF(B8>=TIME(9,0,0),"지각","출근")

※ 다음은 한 기관의 조직도이다. 주어진 조직도와 부서별 수행 업무를 참고하여 이어지는 질문에 답하시오. [17~19]

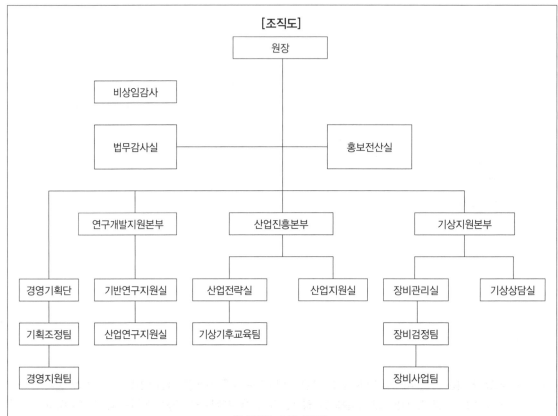

[조직도]

원장

비상임감사

법무감사실 ─ 홍보전산실

연구개발지원본부 | 산업진흥본부 | 기상지원본부

경영기획단 | 기반연구지원실 | 산업전략실 | 산업지원실 | 장비관리실 | 기상상담실

기획조정팀 | 산업연구지원실 | 기상기후교육팀 | 장비검정팀

경영지원팀 | 장비사업팀

[부서별 수행 업무]

부서명	수행 업무
기반연구지원실	R&D 규정 및 지침 등 제도관리, 평가위원 및 심의위원 운영 관리 등
산업연구지원실	기상산업 R&D 사업관리 총괄, 도농사업 운영 관리 제도개선 등
산업전략실	날씨경영 지원사업, 기상산업 통계 관리 및 분석, 날씨경영우수기업 선정제도 운영 등
기상기후교육팀	교육사업 기획 및 사업비 관리, 기상산업 전문인력 양성사업, 교육 현장 관리 등
산업지원실	부서 중장기 기획 및 사업운영, 산업육상 사업 기획 및 운영, 개도국 기상기후 공적사업 운영, 국제협력 사업 운영 및 관리 등
장비검정팀	지상기상관측장비 유지보수 관리, 기상장비 실내검정, 비교 관측 및 개발＆관리, 지역별 현장검정 및 유지 보수 관리 등
장비사업팀	기상관측장비 구매＆유지보수 관리, 기상관측선 및 해양기상기지 유지보수지원, 항공 업무보조 등
기상상담실	기상예보해설 및 상담업무 지원, 기상상담실 상담품질관리, 대국민 기상상담 등

17 다음은 이 기관에서 제공하고 있는 교육훈련과정 안내 중 일부 내용이다. 해당 교육 내용과 가장 관련 높은 부서는?

- 주요내용 : 기상산업 R&D 정책 및 사업화 추진 전략
- 교육대상 : 국가 R&D 지원 사업 종사자 및 참여 예정자 등
- 모집인원 : ○○명
- 교육일수 / 시간 : 2일, 총 16시간

일자	시간	교육 내용
1일 차	09:00 ~ 09:50 10:00 ~ 13:50 14:00 ~ 17:50	• 기상산업 R&D 정책 및 추진현황 • R&D 기술수요조사 활용 전략 • R&D 사업 제안서 작성
2일 차	09:00 ~ 11:50 13:00 ~ 17:50	• R&D 지식재산권 확보, 활용 전략 • R&D 성과 사업화 추진 전략

① 기상기후교육팀 ② 기반연구지원실
③ 기상상담실 ④ 산업연구지원실
⑤ 경영기획단

18 다음 자료 중 기상상담실과 가장 밀접한 관련이 있는 자료는?

① 기상산업 지원 및 활용기술 개발사업 사업설명회 발표자료
② 기상기후산업 민관 합동 해외시장 개척단 ADB 방문 결과보고
③ 기상예보해설 PPT 및 보도 자료 결과보고
④ 기상업무 연구개발사업 평가지침 및 보완관리지침 개정
⑤ 개도국 기상기후에 대한 공적사업 운영에 대한 발표자료

19 다음은 한 입찰공고 중 일부 내용이다. 다음 공고문과 가장 관련이 높은 부서는?

---

1. 입찰에 부치는 사항

　구매관리번호 : 12162-0194-00
　수　요　기　관 : 한국기상산업진흥원
　계　약　방　법 : 제한경쟁(총액)
　품　　　　　명 : 기타수리서비스
　수량 및 단위 : 1식
　인　도　조　건 : 과업내역에 따름
　분　할　납　품 : 가능
　입　찰　방　법 : 제한(총액) / 협상에 의한 계약
　납　품　기　한 : 2020. 11. 31.
　추　정　가　격 : 36,363,636원(부가세 별도)
　입　찰　건　명 : 2020년 항만기상관측장비 유지보수·관리 용역
　입　찰　방　식 : 전자입찰
　※ 가격개찰은 수요기관의 제안서 평가 후 진행합니다.

---

① 장비검정팀　　　　　　　　② 산업전략실
③ 산업지원실　　　　　　　　④ 장비사업팀
⑤ 법무감사실

---

20 〈보기〉에서 직업인에게 요구되는 기본자세를 모두 고른 것은?

┌─────────────── 〈보기〉 ───────────────┐

　㉠ 소명의식　　　㉡ 천직의식　　　㉢ 특권의식　　　㉣ 봉사정신
　㉤ 협동정신　　　㉥ 지배정신　　　㉦ 책임의식　　　㉧ 회피의식
　㉨ 전문의식　　　㉩ 공평무사한 자세

└──────────────────────────────────┘

① ㉠, ㉡, ㉢, ㉣, ㉤, ㉥, ㉩　　　　② ㉠, ㉢, ㉤, ㉥, ㉦, ㉧, ㉨
③ ㉠, ㉡, ㉣, ㉤, ㉦, ㉨, ㉩　　　　④ ㉠, ㉢, ㉤, ㉥, ㉧, ㉨, ㉩
⑤ ㉠, ㉢, ㉥, ㉦, ㉧, ㉨, ㉩

21 서울교통공사 직원 A ~ E가 다음 〈조건〉에 따라 상여금을 받았다고 할 때, 다음 설명 중 옳지 않은 것은?

〈조건〉
- 지급된 상여금은 25만 원, 50만 원, 75만 원, 100만 원, 125만 원이다.
- A ~ E는 서로 다른 상여금을 받았다.
- A의 상여금은 다섯 사람 상여금의 평균이다.
- B의 상여금은 C, D보다 적다.
- C의 상여금은 어떤 이 상여금의 두 배이다.
- D의 상여금은 E보다 적다.

① A의 상여금은 A를 제외한 나머지 네 명의 평균과 같다.
② A의 상여금은 반드시 B보다 많다.
③ C의 상여금은 두 번째로 많거나 두 번째로 적다.
④ C의 상여금이 A보다 많다면, B의 상여금은 C의 50%일 것이다.
⑤ C의 상여금이 D보다 적다면, D의 상여금은 E의 80%일 것이다.

22 다음 그림은 세계적 기업인 맥킨지(McKinsey)에 의해서 개발된 7 – S 모형이다. 빈칸에 들어갈 요소로 올바른 것은?

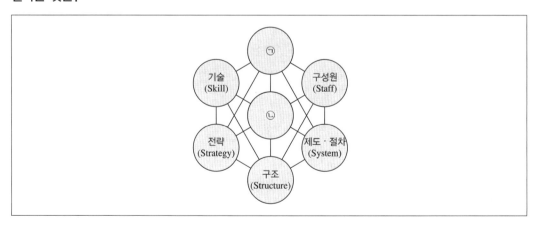

	㉠	㉡		㉠	㉡
①	리더십 스타일	공유가치	②	최고경영자	기술혁신
③	최고경영자	공유가치	④	기술혁신	리더십 스타일
⑤	공유가치	기술혁신			

안심Touch

※ 다음은 강사를 모집하는 회사에서 작성한 면접 계획안이다. 면접 계획안을 참고하여 이어지는 질문에 답하시오. [23~24]

〈2021년 강사 면접 계획안〉

1. 기본 계획
  1) 2021년 강사 신규 지원자를 대상으로 서류심사(2021년 3월 말 예정)
  2) 면접계획

구분	서울 / 경기권
면접 인원	36명(모집인원의 4배수)
면접 날짜	2021년 ○월 ○일 목요일
면접 시간	(1부) 10:00 ~ 12:00 / (2부) 13:00 ~ 15:00
심사위원	외부면접위원 2명 / 관리이사 등 본사 2명 / 교육팀 책임자급 2명
담당자	A과장 010-2222-3333
면접 장소	본사 광화문 사옥 면접장 : 10층 접견실 1, 접견실 3 대기실 : 10층 접견실 6

2. 심사 계획
  1) 면접자 기본사항 확인
    • 수혜자의 눈높이에 맞춰 수업하는 자세
    • 강의 내용을 이해하기 쉽게 잘 전달하는 자세(아동센터 및 정보소외계층 대상 강의 포함)
    • 강의 내용에 대한 충실도
    • 바른 태도와 깨끗한 용모 등
  2) 샘플 강의 및 전문 분야 검증
    • 해당 분야 강의 경력 여부
    • 해당 분야 자격증 소지 여부
  3) 마인드
    • 자신의 업무에 대해 갖고 있는 만족도와 자부심
    • 사회공헌에 대한 참여 의지 등
  4) 행정업무처리 능력
    • 돌발 상황 발생 시 대응 방법
    • 활동보고서와 사진 및 동영상 등의 자료 작성 능력

3. 면접문항 제작을 위한 외부업체 섭외

… (하략) …

23 A과장이 지원자들의 서류심사를 마치고 해야 할 일로 가장 적절하지 않은 것은?

① 서류심사 배점 및 가점 기준 확정
② 점수 취합 및 서류합격자 선발
③ 서류전형 합격자 안내(문자 또는 전화)
④ 본사 예약시스템을 통한 접견실 예약
⑤ 심사위원 일정 재확인 및 연락

24 면접 계획안을 보고, 면접계획을 진행하기 위해 준비할 사항으로 적절하지 않은 것은?

① 면접문항 제작 일정표 작성 및 문항 개발
② 일정이 맞는 외부 심사위원 섭외
③ 면접 당일 접견실 사용 제한 건에 대한 사내 공지
④ 면접문항 제작 업체의 전문성 심사를 위한 자료 준비
⑤ 면접 점수 계획에 대해 심사위원에게 전달

25 다음 중 올바른 갈등해결방법의 내용을 〈보기〉에서 모두 고른 것은?

> ─────〈보기〉─────
> ㉠ 사람들이 당황하는 모습을 보는 것은 되도록 피한다.
> ㉡ 사람들과 눈을 자주 마주친다.
> ㉢ 어려운 문제는 피하지 말고 맞선다.
> ㉣ 논쟁을 통해 해결한다.
> ㉤ 어느 한쪽으로 치우치지 않는다.

① ㉠, ㉡, ㉣　　　　　② ㉠, ㉢, ㉤
③ ㉡, ㉢, ㉣　　　　　④ ㉡, ㉢, ㉤
⑤ ㉢, ㉣, ㉤

안심Touch

26 다음은 스마트시티에 대한 기사 내용이다. 다음 기사를 읽고 스마트시티 전략의 사례로 적절하지 않은 것은?

> 건설・정보통신기술 등을 융・복합하여 건설한 도시기반시설을 바탕으로 다양한 도시서비스를 제공하는 지속가능한 도시를 스마트시티라 한다.
>
> 최근 스마트시티에 대한 관심은 사물인터넷이나 만물인터넷 등 기술의 경이적 발달이 제4차 산업혁명을 촉발하고 있는 것과 같은 선상에서, 정보통신기술의 발달이 도시의 혁신을 이끌고 도시 문제를 현명하게 해결할 수 있을 것이라는 기대로 볼 수 있다. 이처럼 정보통신기술을 적극적으로 활용하고자 하는 스마트시티 전략은 중국, 인도를 비롯하여 동남아시아, 남미, 중동 국가 등 전 세계 많은 국가와 도시들이 도시발전을 위한 전략적 수단으로 표방하고 추진 중이다.
>
> 국내에서도 스마트시티 사업으로 대전 도안, 화성 동탄 등 26개 도시가 준공되었고, 의정부 민락, 양주 옥정 등 39개 도시가 진행 중에 있다. 스마트시티 관리의 일환으로 공공행정, 기상 및 환경감시 서비스, 도시 시설물 관리, 교통정보 및 대중교통 관리 등이 제공되고, 스마트홈의 일환으로 단지 관리, 통신 인프라, 홈 네트워크 시스템이 제공되며, 시민체감형 서비스의 일환으로 스마트 라이프 기반을 구현한다.

① 거리별 쓰레기통에 센서 장치를 활용하여 쓰레기 배출량 감소 효과
② 방범 CCTV 및 범죄 관련 스마트 앱 사용으로 범죄 발생률 감소 효과
③ 상하수도 및 지질정보 통합 시스템을 이용하여 시설 노후로 인한 누수예방 효과
④ 교통이 혼잡한 도로의 확장 및 주차장 확대로 교통난 해결 효과
⑤ 거리마다 전자민원시스템을 설치하여 도시 문제의 문제해결력 상승 효과

27 귀하는 자동차도로 고유번호 부여 규정을 근거로 하여 도로에 노선번호를 부여할 계획이다. 다음 그림에서 점선은 '영토'를, 실선은 '고속국도'를 표시한 것이며, (가) ~ (라)는 '간선노선'을, (마), (바)는 '보조간선노선'을 나타낸 것이다. 다음 중 노선번호를 올바르게 부여한 것은?

〈자동차도로 고유번호 부여 규정〉

자동차도로는 관리상 고속국도, 일반국도, 특별광역시도, 지방도, 시도, 군도, 구도의 일곱 가지로 구분된다. 이들 각 도로에는 고유번호가 부여되어 있고, 이는 지형도 상의 특정 표지판 모양 안에 표시되어 있다. 그러나 군도와 구도는 구간이 짧고 노선 수가 많아 노선번호가 중복될 우려가 있어 표지 상에 번호를 표기하지 않는다.

고속국도 가운데 간선노선의 경우 두 자리 숫자를 사용하며, 남북을 연결하는 경우는 서에서 동으로 가면서 숫자가 증가하는데 끝자리에 5를 부여하고, 동서를 연결하는 경우는 남에서 북으로 가면서 숫자가 증가하는데 끝자리에 0을 부여한다.

보조간선노선은 간선노선 사이를 연결하는 고속국도로서 이 역시 두 자리 숫자로 표기한다. 그런데 보조간선노선이 남북을 연결하는 모양에 가까우면 첫자리는 남쪽 시작점의 간선노선 첫자리를 부여하고 끝자리는 5를 제외한 홀수를 부여한다. 한편 동서를 연결하는 모양에 가까우면 첫자리는 동서를 연결하는 간선노선 가운데 해당 보조간선노선의 바로 아래쪽에 있는 간선노선의 첫자리를 부여하며, 끝자리는 0을 제외한 짝수를 부여한다.

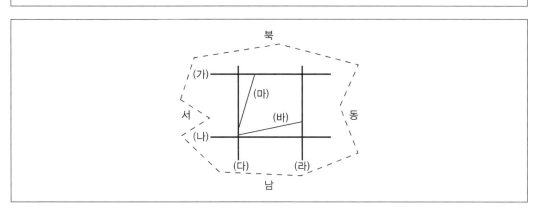

	(가)	(나)	(다)	(라)	(마)	(바)
①	25	15	10	20	19	12
②	20	10	15	25	18	14
③	25	15	20	10	17	12
④	20	10	15	25	17	12
⑤	20	15	15	25	17	14

28 다음은 인터넷 공유활동 참여 현황을 정리한 자료이다. 다음의 자료를 올바르게 이해하지 못한 사람은 누구인가?

〈인터넷 공유활동 참여율(복수응답)〉

(단위 : %)

구분		커뮤니티 이용	퍼나르기	블로그 운영	댓글달기	UCC 게시
성별	남성	79.1	64.1	49.9	52.2	46.1
	여성	76.4	59.6	55.1	38.4	40.1
연령	10대	75.1	63.9	54.7	44.3	51.3
	20대	88.8	74.4	76.3	47.3	54.4
	30대	77.3	58.5	46.3	44.0	37.5
	40대	66.0	48.6	27.0	48.2	29.6

※ 성별, 연령별 조사인원은 동일함

① A사원 : 자료에 의하면 20대가 다른 연령대에 비해 인터넷상에서 공유활동을 활발히 참여하고 있네요.
② B주임 : 대체로 남성이 여성에 비해 상대적으로 활발한 활동을 하고 있는 것 같아요. 그런데 블로그 운영 활동은 여성이 더 많네요.
③ C대리 : 남녀 간의 참여율 격차가 가장 큰 영역은 댓글달기이네요. 반면에 커뮤니티 이용은 남녀 간의 참여율 격차가 가장 적네요.
④ D사원 : 10대와 30대의 공유활동 참여율을 크기순으로 나열하면 재미있게도 두 연령대의 활동 순위가 동일하네요.
⑤ E사원 : 40대는 대부분의 공유활동에서 모든 연령대의 참여율보다 낮지만, 댓글달기에서는 가장 높은 참여율을 보이고 있네요.

※ 다음은 서울교통공사의 프로젝트 목록이다. 자료를 보고 이어지는 질문에 답하시오. [29~31]

〈프로젝트별 진행 세부사항〉

프로젝트명	필요인원 (명)	소요기간 (개월)	기간	1인당 인건비 (만 원)	진행비 (만 원)
A	46	1	2월	130	20,000
B	42	4	2~5월	550	3,000
C	24	2	3~4월	290	15,000
D	50	3	5~7월	430	2,800
E	15	3	7~9월	400	16,200

※ 1인당 인건비는 프로젝트가 끝날 때까지의 1인당 총 인건비를 말한다.

29 모든 프로젝트를 완료하기 위해 필요한 최소 인원은 몇 명인가?(단, 프로젝트 참여자는 하나의 프로젝트를 끝내면 다른 프로젝트에 참여한다)

① 50명
② 65명
③ 92명
④ 107명
⑤ 117명

30 다음 중 서울교통공사의 A ~ E프로젝트를 인건비가 가장 적게 드는 것부터 순서대로 나열한 것은?

① A - E - C - D - B
② A - E - C - B - D
③ A - C - E - D - B
④ E - A - C - B - D
⑤ E - C - A - D - B

31 서울교통공사는 인건비와 진행비를 합산하여 프로젝트 비용을 산정하려고 한다. A ~ E프로젝트 중 총 비용이 가장 적게 드는 것은 무엇인가?

① A프로젝트
② B프로젝트
③ C프로젝트
④ D프로젝트
⑤ E프로젝트

32 개인윤리와 직업윤리의 조화로운 상황으로 옳지 않은 것은?

① 업무상 개인의 판단과 행동이 사회적 영향력이 큰 기업시스템을 통하여 다수의 이해관계자와 관련되게 된다.
② 수많은 사람이 관련되어 고도화된 공동의 협력을 요구하므로 맡은 역할에 대한 책임완수가 필요하고, 정확하고 투명한 일 처리가 필요하다.
③ 규모가 큰 공동의 재산, 정보 등을 개인의 권한하에 위임·관리하므로 높은 윤리 의식이 요구된다.
④ 팔은 안으로 굽는다는 속담은 직장 내에서도 활용된다.
⑤ 각각의 직무에서 오는 특수한 상황에서는 개인적 덕목차원의 일반적인 상식과 기준으로는 규제할 수 없는 경우가 많다.

33 다음 중 업무수행 성과를 높이기 위한 행동전략을 잘못 사용하고 있는 사람은?

> • 사원 A : 저는 해야 할 일이 생기면 미루지 않고, 그 즉시 바로 처리하려고 노력합니다.
> • 사원 B : 저는 여러 가지 일이 생기면 비슷한 업무끼리 묶어서 한 번에 처리하곤 합니다.
> • 대리 C : 저는 다른 사람이 일하는 방식과 다른 방식으로 생각하여 더 좋은 해결책을 발견하기도 합니다.
> • 대리 D : 저도 C대리의 의견과 비슷합니다. 저는 저희 팀의 업무 지침이 마음에 들지 않아 저만의 방식
>   을 찾고자 합니다.
> • 인턴 E : 저는 저희 팀에서 가장 일을 잘한다고 평가받는 김 부장님을 제 역할모델로 삼았습니다.

① 사원 A   ② 사원 B
③ 대리 C   ④ 대리 D
⑤ 인턴 E

34 다음 중 직장생활에서 자기개발이 필요한 이유로 적절하지 않은 것은?

① 직장에서 자신의 업무를 효과적으로 처리하기 위하여
② 성공적인 직장생활을 위해 도움이 되는 인간관계를 선별하기 위하여
③ 변화하는 직장 환경에 신속하게 적응하기 위하여
④ 직장에서 달성하고자 하는 목표를 원활하게 성취하기 위하여
⑤ 현재 보유하고 있는 지식이나 기술이 과거의 것이 되지 않도록

35 다음에 해당하는 자기개발의 구성요소는?

> • 나의 업무에서 생산성을 높이기 위해서는 어떻게 해야 할까?
> • 다른 사람과의 대인관계를 향상시키기 위한 방법은?
> • 나의 장점을 살리기 위해 어떤 비전과 목표를 수립해야 할까?

① 자아인식   ② 자기관리
③ 자기비판   ④ 경력개발
⑤ 자기반성

36 어느 날 A사원은 상사인 B부장에게서 업무와는 관련이 없는 심부름을 부탁받았다. B부장이 부탁한 물건을 사기 위해 A사원은 가게를 몇 군데나 돌아다녀야 했다. 회사에서 한참이나 떨어진 가게에서 비로소 물건을 발견했지만, B부장이 말했던 가격보다 훨씬 비싸서 B부장이 준 돈 이외에도 자신의 돈을 보태서 물건을 사야 할 상황이다. 당신이 A사원이라면 어떻게 할 것인가?

① B부장에게 불만을 토로하며 다시는 잔심부름을 시키지 않을 것임을 약속하도록 한다.

② B부장의 책상 위에 영수증과 물건을 덩그러니 놓아둔다.

③ 있었던 일을 사실대로 말하고, 자신이 보탠 만큼의 돈을 다시 받도록 한다.

④ 물건을 사지 말고 그대로 돌아와 B부장에게 물건이 없었다고 거짓말한다.

⑤ 물건을 사지 않고 돌아와 말씀하신 가격과 달라 사지 않았으니 퇴근 후 가보시라고 말한다.

37 다음은 OECD 32개국의 고용률과 인구증가율을 4분면으로 나타낸 그래프일 때, 〈보기〉를 올바르게 짝지은 것은?

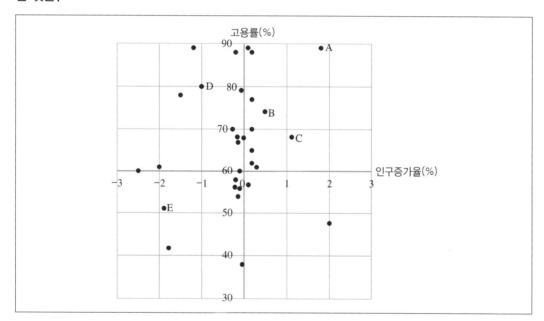

구분	호주	벨기에	헝가리	멕시코	일본	캐나다	독일	덴마크	한국	프랑스
고용률(%)	89	62	80	68	51	74	88	79	42	68
인구증가율(%)	1.8	0.2	−1.0	−0.03	−1.9	0.5	0.18	−0.05	−1.8	1.1

① A – 캐나다

② B – 독일

③ C – 멕시코

④ D – 헝가리

⑤ E – 한국

38 다음은 서울교통공사의 10개 정책 가 ~ 차에 대한 평가결과이다. 정책별로 A ~ D의 점수를 합산하여 총점이 낮은 정책부터 순서대로 4개의 정책을 폐기할 계획이라고 할 때, 폐기할 정책을 모두 고르면?

〈정책에 대한 평가결과〉

정책 ＼ 심사위원	A	B	C	D
가	●	●	◑	○
나	●	●	◑	●
다	◑	○	●	◑
라	( )	●	◑	( )
마	●	( )	●	◑
바	◑	◑	◑	●
사	◑	◑	◑	●
아	◑	◑	●	( )
자	◑	◑	( )	●
차	( )	●	◑	○
평균(점)	0.55	0.70	0.70	0.50

※ 정책은 ○(0점), ◑(0.5점), ●(1.0점)으로만 평가됨

① 가, 다, 바, 사
② 나, 마, 아, 자
③ 다, 라, 바, 사
④ 다, 라, 아, 차
⑤ 라, 아, 자, 차

39 W사원은 팀에서 아이디어 뱅크로 불릴 정도로 팀 업무와 직결된 아이디어를 많이 제안하는 편이다. 그러나 상사인 B팀장은 C부장에게 팀 업무를 보고하는 과정에 있어 W사원을 포함한 다른 사원들이 낸 아이디어를 자신이 낸 아이디어처럼 보고하는 경향이 있다. 이런 일이 반복되자 B팀장을 제외한 팀 내의 사원들은 불만이 쌓인 상황이다. 이런 상황에서 당신이 W사원이라면 어떻게 하겠는가?

① 다른 사원들과 따로 자리를 만들어 B팀장의 욕을 한다.
② B팀장이 보는 앞에서 C부장에게 B팀장에 대해 이야기한다.
③ 다른 사원들과 이야기한 뒤에 B팀장에게 조심스레 이야기를 꺼내본다.
④ 회식 자리를 빌려 C부장에게 B팀장에 대해 속상한 점을 고백한다.
⑤ B팀장이 스스로 불만 사항을 알아차릴 때까지 기다린다.

40 다음 사례에서 유추할 수 있는 갈등처리 의도에 대해 옳게 설명하고 있는 사람을 〈보기〉에서 모두 고른 것은?

일반적으로 호텔에 예약을 하지 않고 오는 손님들의 경우 예약을 한 손님보다 훨씬 더 많은 비용을 지불해야 하는데, Mandy씨의 호텔의 경우 그 예약을 받은 리셉션 직원에게 인센티브를 주는 제도가 있다고 한다. 따라서 리셉션에서 근무하는 직원들 간에 그 경쟁이 치열했는데, 특히 한국인 직원들과 중국인 직원들 간에 갈등이 생긴 상태에서 중국인 직원이 한국인 직원의 고객을 빼앗는 일이 여러 번 발생한 것이다. 한국인 직원들은 더 이상 참기 어렵다며 관련된 명확한 규정을 만들어 달라고 요구했지만, 상사로부터 돌아온 대답은 '알아서 하라.'는 것뿐이었다.

그러던 중 4년 이상 호텔을 이용해 온 한국인 고객이 아침 뷔페 메뉴에 대해 컴플레인 하는 일이 발생하였다. 그 호텔은 이미 몇 년 째 아침 뷔페 메뉴가 단 한 번도 바뀐 적이 없었던 것이다. 더욱이 그 질이 매우 떨어진다는 것도 문제였다. 빵 종류에는 아예 유통기한이라는 게 없었고, 전날 제공되었던 과일이 다음날 샐러드로 다시 제공되는 일도 빈번했다. 리셉션 부서 직원들은 직접 고객을 담당하고 상대하는 업무를 다루기에 이 문제에 대해 고객만큼 그 심각함을 인지하고 있었다.

이미 최근 1년간 리셉션 부서의 직원들은 그들의 상사인 GM에게 수차례 보고해왔지만, 시정의 기미조차 보이지 않았다. 우선 그가 문제 해결의 의지를 가지고 있지 않았고, 부서 직원들과 최상의 가치도 달랐기에 대면해결법이 전혀 효과가 없었던 것이다. GM은 매번 고려해 보겠다고는 했지만, 알고 보니 그것은 그 순간을 회피하기 위한 말일 뿐이었지 사실은 전혀 문제를 해결할 생각이 없었다고 한다. 왜냐하면 GM은 그의 최고 가치를 경제적 이익 창출에 두고 있었기 때문이다. 즉, 지금까지의 상태를 유지하고도 고객 수는 계속 증가하는 추세이고, 식사부와의 대립은 물론 관련 규정을 새로이 하는 데는 아주 많은 비용이 들기 때문에 할 수 없다는 것이었다.

그러던 중 한 중국인 직원이 Mandy씨에게 '당신이 오너에게 직접 말해보는 것은 어떻겠냐.'고 제안했다. 그녀와 같은 한국인 직원이라면, 오너와도 소통할 수 있었기 때문이다. 결국 모든 부서 사람들이 지지하는 가운데 Mandy씨를 비롯한 한국인 동료들은 리셉션 직원들의 뜻을 직접 오너에게 전했고, 결과는 성공적이었다. 적정한 수준에서 식사부에 변화가 일어났고, 과도하지 않은 요구와 오너의 적극적인 지원으로 예상했던 부서 간의 갈등이나 또 다른 문제가 발생하지 않고도 잘 해결될 수 있었던 것이다.

이 사건 이후로 그간 한국인과 중국인 직원끼리 갈등을 빚어왔던 리셉션 부서에도 변화가 생겼다. 더 이상 서로의 고객을 빼앗는 일도 없어졌고, 식사 또한 함께하게 된 것이다. 중국인 직원들은 한국인 직원들이 가진 특수성을 인정하게 되었고, 자신들에게 해로울 줄만 알았던 상황이 모두에게 어떻게 긍정적인 영향을 미칠 수 있는지를 아침 뷔페 사건을 통해 확인함으로써 그들 사이의 갈등은 자연스럽게 해결양상에 접어들었다.

〈보기〉

은영 : 갈등 당사자가 서로 상대방의 관심사를 만족시키기를 원하고 있어.
혜민 : 상대방이 받을 충격에 상관없이 자기 자신의 이익만을 만족시키려고 하고 있어.
권철 : 갈등의 당사자들이 서로 적당한 수준의 타협을 추구하고 있는 것 같아.
주하 : 상대방의 관심사를 자신의 관심사보다 우선시하고 있어.
승후 : 갈등으로부터 철회하거나 갈등을 억누르려고 하는 경우인 것 같아.

① 은영, 혜민
② 주하, 승후
③ 혜민, 주하
④ 은영, 권철
⑤ 주하, 권철

01 다음 중 전기력선의 성질에 대한 설명으로 옳은 것은?

① 전하가 없는 곳에서 전기력선은 발생과 소멸이 가능하다.
② 전기력선은 그 자신만으로 폐곡선을 이룬다.
③ 전기력선은 도체 내부에 존재한다.
④ 전기력선은 등전위면과 수직이다.
⑤ 전기력선은 서로 교차한다.

02 다음 중 전기력선의 성질에 대한 설명으로 옳은 것을 모두 고르면?

ㄱ. 전기력선은 양(+)전하에서 시작하여 음(−)전하에서 끝난다.
ㄴ. 전기장 내에 도체를 넣으면 도체 내부의 전기장이 외부의 전기장을 상쇄하나 도체 내부에 전기력선은 존재한다.
ㄷ. 전기장 내 임의의 점에서 전기력선의 접선방향은 그 점에서의 전기장의 방향을 나타낸다.
ㄹ. 전기장 내 임의의 점에서 전기력선의 밀도는 그 점에서의 전기장의 세기와 비례하지 않는다.

---

① ㄱ, ㄴ   ② ㄱ, ㄷ
③ ㄱ, ㄹ   ④ ㄴ, ㄹ
⑤ ㄷ, ㄹ

03 충전된 대전체를 대지(大地)에 연결하면 대전체는 어떻게 되는가?

① 방전한다.   ② 반발한다.
③ 충전이 계속된다.   ④ 반발과 흡인을 반복한다.
⑤ 대전한다.

---

04 진공 중에 $10\mu C$과 $20\mu C$의 점전하를 1m의 거리로 놓았을 때 작용하는 힘은?

① 18×10^{-1}N

② 2×10^{-2}N

③ 9.8×10^{-9}N

④ 98×10^{-9}N

⑤ 20×10^{-2}N

05 전기장 내의 한 점으로부터 다른 점까지 2C의 전하를 옮기는 데 1J의 일이 필요하였다. 이 두 점 사이의 전위차는?

① 0.25V

② 0.5V

③ 1V

④ 2V

⑤ 3V

06 공기 중에서 자속밀도 $2Wb/m^2$의 평등 자계 내에 5A의 전류가 흐르고 있는 길이 60cm의 직선 도체를 자계의 방향에 대하여 $60°$의 각을 이루도록 놓았을 때, 이 도체에 작용하는 힘은?

① 약 1.7N

② 약 3.2N

③ 약 5.2N

④ 약 6.4N

⑤ 약 8.6N

07 면적 $5cm^2$의 금속판이 공기 중에서 1mm의 간격을 두고 평행하게 있을 때, 이 도체 사이의 정전 용량을 구하면?

① 약 4.428×10^{-12}F

② 약 44.28×10^{-12}F

③ 약 2.214×10^{-12}F

④ 약 22.14×10^{-12}F

⑤ 약 221.4×10^{-12}F

08 다음 설명으로 옳지 않은 것은?

① 코일은 직렬로 연결할수록 인덕턴스가 커진다.

② 콘덴서는 직렬로 연결할수록 용량이 커진다.

③ 저항은 병렬로 연결할수록 저항치가 작아진다.

④ 리액턴스는 주파수의 함수이다.

⑤ 리액턴스의 단위로는 저항과 마찬가지로 Ω(옴)을 쓴다.

09 전력량 1Wh와 의미가 같은 것은?

① 1C

② 1J

③ 3,600C

④ 3,600J

⑤ 360C

10 저항 $R_1[\Omega]$과 $R_2[\Omega]$을 직렬로 접속하고 $V[\text{V}]$의 전압을 가한 경우에 저항 R_1 양단의 전압은?

① $\dfrac{R_2}{R_1 + R_2} V$

② $\dfrac{R_1 R_2}{R_1 + R_2} V$

③ $\dfrac{R_1 - R_2}{R_1 R_2} V$

④ $\dfrac{R_1}{R_1 + R_2} V$

⑤ $\dfrac{R_1 + R_2}{R_1 R_2} V$

11 4초간에 10C의 전하가 이동했을 때의 전류는?

① 2,500mA

② 3,500mA

③ 4,000mA

④ 4,500mA

⑤ 5,000mA

12 자동화재 탐지설비의 구성 요소가 아닌 것은?

① 비상콘센트

② 표시램프

③ 수신기

④ 감지기

⑤ 음향장치

13 다음 중 대칭좌표법에 관한 설명으로 옳지 않은 것은?

① 대칭 3상 전압에서 영상분은 0이 된다.

② 대칭 3상 전압은 정상분만 존재한다.

③ 불평형 3상 회로의 접지식 회로에서는 영상분이 존재한다.

④ 불평형 3상 회로의 비접지식 회로에서는 영상분이 존재한다.

⑤ 비대칭인 기전력이나 전류 등을 대칭인 성분으로 분해하여 각 성분마다 계산한다.

14 반자성체 물질의 비투자율은?

① $\mu S > 1$

② $\mu S \gg 1$

③ $\mu S = 1$

④ $\mu S < 1$

⑤ $\mu S \ll 1$

15 $\triangle - Y$ 결선을 한 특성이 같은 변압기에 의하여 2,300V, 3상에서 3상 6,600V, 400kW 역률 0.7(뒤짐)의 부하에 전력을 공급할 때 이 변압기의 용량은?

① 약 150kVA

② 약 160kVA

③ 약 180kVA

④ 약 190kVA

⑤ 약 200kVA

16 10kVA, 2,000/100V 변압기에서 1차에 환산한 등가 임피던스는 $6.2 + j7[\Omega]$이다. 이 변압기의 리액턴스 강하는?

① 3.5%

② 1.75%

③ 0.35%

④ 0.175%

⑤ 0.035%

17 1차 전압 6,300V, 2차 전압 210V, 주파수 60Hz의 변압기가 있다. 이 변압기의 권수비는?

① 30

② 40

③ 50

④ 60

⑤ 70

18 단상 유도 전동기의 기동방법 중 기동토크가 가장 큰 것은?

① 반발 기동형

② 분상 기동형

③ 반발 유도형

④ 콘덴서 기동형

⑤ 셰이딩 코일형

안심Touch

19 다음 중 60Hz, 4극, 슬립 5%인 유도 전동기의 회전수는?

① 1,710rpm   ② 1,746rpm

③ 1,800rpm   ④ 1,890rpm

⑤ 1,900rpm

20 60Hz 8극인 3상 유도 전동기의 전부하에서 회전수가 855rpm일 때, 슬립은?

① 4%   ② 5%

③ 6%   ④ 7%

⑤ 8%

21 $R=2\,\Omega$, $L=10$mH, $C=4\mu$F으로 구성되는 직렬공진회로의 L과 C에서의 전압 확대율은?

① 3   ② 6

③ 12   ④ 16

⑤ 25

22 RLC 직렬 회로에서 $L=0.1$mH, $C=0.1\mu$F, $R=100\,\Omega$일 때 이 회로의 상태는?

① 진동적이다.   ② 비진동적이다.

③ 정현파로 진동한다.   ④ 임계적이다.

⑤ 감쇠적이다.

23 다음 그림의 회로에서 시상수 T는?

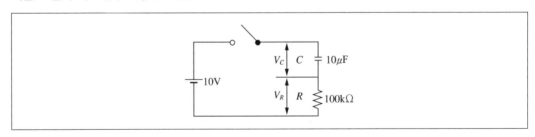

① 1sec   ② 0.1sec

③ 10sec   ④ 0.01sec

⑤ 0.02sec

24 최대눈금 1A, 내부저항 $10\,\Omega$ 의 전류계로 최대 101A까지 측정하려면 몇 Ω 의 분류기가 필요한가?

① $0.01\,\Omega$
② $0.02\,\Omega$
③ $0.05\,\Omega$
④ $0.1\,\Omega$
⑤ $0.15\,\Omega$

25 다음 회로에서 Cac 사이의 합성 정전 용량은?

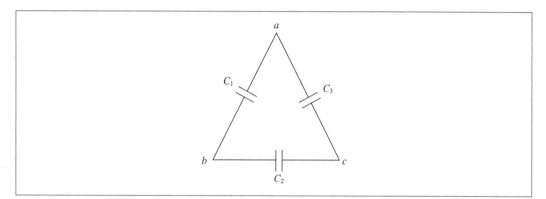

① $C_3 + \dfrac{1}{\dfrac{1}{C_1} + \dfrac{1}{C_2}}$

② $C_2 + \dfrac{1}{\dfrac{1}{C_1} + \dfrac{1}{C_3}}$

③ $C_1 + \dfrac{1}{\dfrac{1}{C_2} + \dfrac{1}{C_3}}$

④ $C_1 + C_2 + C_3$

⑤ $C_1 + C_2 + C_3 + C_4$

26 임피던스 $Z = 6 + j8[\Omega]$ 에서 서셉턴스는?

① $0.06\mho$
② $0.08\mho$
③ $0.6\mho$
④ $0.8\mho$
⑤ $1.0\mho$

27 구리전선과 전기 기계기구 단지를 접속하는 경우에 진동 등으로 인하여 헐거워질 염려가 있는 곳에 사용하는 것은?

① 정 슬리브를 끼운다.　　　② 평 와셔 2개를 끼운다.
③ 코드 패스너를 끼운다.　　④ 스프링 와셔를 끼운다.
⑤ 로크볼트를 끼운다.

28 천장에 작은 구멍을 뚫어 그 속에 등기구를 매입시키는 방식으로 건축의 공간을 유효하게 하는 조명방식은?

① 코브 방식　　　　　　　② 코퍼 방식
③ 밸런스 방식　　　　　　④ 다운라이트 방식
⑤ 코니스 방식

29 애자 사용 공사에서 전선을 조영재의 윗면 또는 옆면을 따라 붙이는 경우, 전선의 지지점 간의 거리는 몇 m 이하여야 하는가?

① 0.5m　　　　　　　　② 1m
③ 1.5m　　　　　　　　④ 2m
⑤ 3m

30 합성수지 전선관공사에서 관 상호간 접속에 필요한 부속품은?

① 커플링　　　　　　　　② 커넥터
③ 리머　　　　　　　　　④ 노멀벤드
⑤ 샤프벤드

31 다음 중 가정용 전등에 사용되는 점멸 스위치를 설치하여야 할 위치에 대한 설명으로 옳은 것은?

① 접지측 전선에 설치한다.
② 중성선에 설치한다.
③ 부하의 2차측에 설치한다.
④ 사용자의 편의에 따라 설치한다.
⑤ 전압측 전선에 설치한다.

32 다음 중 접지를 하는 목적으로 옳지 않은 것은?

① 기기의 지락사고 방지
② 전로의 대지 전압의 저하
③ 보호 계전기의 동작 확보
④ 감전의 방지
⑤ 이상 전압의 억제

33 다음 중 운전상태를 계측하는 계측장치에 속하지 않은 것은?

① 회전속도계
② 나셀(Nacelle) 내의 진동을 감시하기 위한 진동계
③ 풍속계
④ 진동측정계
⑤ 압력계

34 다음 중 전기저장장치의 이차전지에 자동으로 전로로부터 차단하는 장치를 시설하지 않아도 되는 경우는?

① 과전압이 발생한 경우
② 제어장치에 이상이 발생한 경우
③ 이차전지 모듈의 내부 온도가 급격히 상승할 경우
④ 저전압 또는 저전류가 발생한 경우
⑤ 과전류가 발생한 경우

35 다음 중 분산형 전원설비의 전기저장장치 시설 시 전기배선의 굵기는 얼마 이상이어야 하는가?

① $1.5mm^2$

② $2.5mm^2$

③ $4.0mm^2$

④ $10mm^2$

⑤ $12.5mm^2$

36 태양전지발전소에 시설하는 태양전지 모듈, 전선 및 개폐기 기타 기구의 시설기준에 대한 내용으로 옳지 않은 것은?

① 충전부분은 노출되지 아니하도록 시설해야 한다.

② 옥내에 시설하는 경우에는 케이블배선의 규정에 준하여 시설해야 한다.

③ 모듈의 출력배선은 극성별로 확인할 수 있도록 표시해야 한다.

④ 태양전지 모듈을 병렬로 접속하는 전로에는 과전류차단기를 시설하지 않아도 된다.

⑤ 단자의 접속은 기계적, 전기적 안전성을 확보해야 한다.

37 다음 중 1차 전지로 가장 많이 사용되는 것은?

① 니켈카드뮴전지

② 연료전지

③ 망간전지

④ 납축전지

⑤ 볼타전지

38 옥내 저압 간선시설에서 전동기 등의 정격전류합계가 50A 이하인 경우에 몇 배 이상의 허용전류가 있는 전선을 사용하여야 하는가?

① 0.8

② 1.1

③ 1.25

④ 1.5

⑤ 2.0

39 저압 옥내간선은 특별한 경우를 제외하고 어느 것에 의하여 그 굵기가 결정되는가?

① 전기방식
② 허용전류
③ 수전방식
④ 계약전력
⑤ 기동전류

40 부식성가스 등이 있는 장소에 전기설비를 시설하는 방법으로 옳지 않은 것은?

① 애자 사용 배선에 의한 경우에는 사람이 쉽게 접촉될 우려가 없는 노출장소에 한다.
② 애자 사용 배선 시 부식성 가스의 종류에 따라 절연전선인 DV전선을 사용한다.
③ 애자 사용 배선 시 부득이 나전선을 사용하는 경우에는 전선과 조영재와의 거리를 4.5cm 이상으로 한다.
④ 애자 사용 배선 시 전선의 절연물이 상해를 받는 장소는 나전선을 사용할 수 있으며, 이 경우는 바닥 위 2.5m 이상 높이에 시설한다.
⑤ 애자 사용 배선의 전선은 애자로 지지하고, 조영재 등에 접촉될 우려가 있는 개소는 전선을 애관 또는 합성수지관에 넣어 시설한다.

www.sdedu.co.kr

제4회
서울교통공사
전기직

NCS 직업기초능력평가
+ 직무수행능력평가

www.sdedu.co.kr

〈문항 및 시험시간〉

평가영역	문항 수	시험시간
직업기초능력평가+직무수행능력평가	80문항	100분

제4회 직업기초능력평가

01 다음은 4차 산업혁명에 대응하는 미래형 도시계획에 대한 개요이다. (가)와 같이 개요를 작성했다가 (나)의 자료를 추가로 첨부하고자 할 때, 다음 중 (가)와 (나)를 종합하여 작성한 개요의 내용으로 적절하지 않은 것은?

(가)

주제문 : 4차 산업혁명에 대응하는 미래형 도시계획

Ⅰ. 서론 : 살고 싶은 도시 만들기

Ⅱ. 본론

　　1. 도시정책 패러다임의 변화

　　　　(1) 시민들이 선호하는 새로운 도시

　　　　(2) 새로운 도시계획 세우기

Ⅲ. 결론 : 4차 산업형 도시의 기대효과

(나)

최근 기후변화에 따른 불확실성의 증가로 인해 폭우, 지진, 산사태 등의 재해 피해가 증가하는 추세이며, 특히 도시 지역을 중심으로 재해 피해가 급격히 증가하는 추세이다. 우리나라 도시는 급격한 도시화에 따른 저지대 개발, 불투수율 증가로 재해 취약성이 높고, 자연 및 인공사면으로 재해 위험성이 증가하고 있다. 결국, 인구, 기반시설 등이 집적된 도시에서의 예방대책이 충분히 수립되지 못하여 재해로 인한 피해가 커지는 추세로 도시가 개발되고 있다.

⇩

주제문 : 재해예방을 고려한 4차 산업형 도시계획 ···················· ①

Ⅰ. 서론 : 살고 싶은 도시 만들기

Ⅱ. 본론

　　1. 도시정책 패러다임의 변화

　　　　(1) 최첨단 스마트 미래형 도시 ······························· ②

　　　　(2) 기후변화에 따른 재해예방형 도시 ···················· ③

　　　　(3) 저성장 시대에 재해예방을 고려한 도시계획 세우기 ····· ④

Ⅲ. 결론 : 안전한 미래형 도시의 기대 효과 ························· ⑤

---

02 다음은 철도안전법 시행규칙의 일부 자료이다. 다음 중 철도차량 형식승인검사 중 철도차량이 부품단계, 구성품단계, 완성차단계, 시운전단계에서 철도차량기술기준에 적합한지 여부에 대한 시험으로 옳은 것은?

> **제48조(철도차량 형식승인검사의 방법 및 증명서 발급 등)**
> ① 법 제26조 제3항에 따른 철도차량 형식승인검사는 다음 각 호의 구분에 따라 실시한다.
>   1. 설계적합성 검사 : 철도차량의 설계가 철도차량기술기준에 적합한지 여부에 대한 검사
>   2. 합치성 검사 : 철도차량이 부품단계, 구성품단계, 완성차단계에서 제1호에 따른 설계와 합치하게 제작되었는지 여부에 대한 검사
>   3. 차량형식 시험 : 철도차량이 부품단계, 구성품단계, 완성차단계, 시운전단계에서 철도차량기술기준에 적합한지 여부에 대한 시험
> ② 국토교통부장관은 제1항에 따른 검사 결과 철도차량기술기준에 적합하다고 인정하는 경우에는 별지 제28호 서식의 철도차량 형식승인증명서 또는 별지 제28호의2 서식의 철도차량 형식변경승인증명서에 형식승인자료집을 첨부하여 신청인에게 발급하여야 한다.
> ③ 제2항에 따라 철도차량 형식승인증명서 또는 철도차량 형식변경승인증명서를 발급받은 자가 해당 증명서를 잃어버렸거나 헐어 못쓰게 되어 재발급을 받으려는 경우에는 별지 제29호 서식의 철도차량 형식승인증명서 재발급 신청서에 헐어 못쓰게 된 증명서(헐어 못쓰게 된 경우만 해당한다)를 첨부하여 국토교통부장관에게 제출하여야 한다.
> ④ 제1항에 따른 철도차량 형식승인검사에 관한 세부적인 기준·절차 및 방법은 국토교통부장관이 정하여 고시한다.

① 차량기술 시험
③ 차량형식 시험
⑤ 차량부품 시험

② 합치성 검사
④ 설계적합성 검사

03 다음 밑줄 친 부분과 같은 의미로 쓰인 것은?

> 소비자의 관심과 자동차 업계의 육성 전략으로 향후 20년간 자율주행차가 빠르게 보급될 것으로 예상된다. 한 시장조사업체의 보고서에 따르면 향후 20년간 자율주행 자동차는 매년 3,300만 대가 보급될 것으로 예측됐다. 이는 한 해에 생산되는 신차 가운데 26%에 해당하는 것으로, 자율주행차로 인한 신규시장도 조만간 자리를 <u>잡아</u> 7조 달러의 거대 시장으로 성장할 전망이다. 자율주행차의 보급으로 졸음운전과 같은 운전자의 부주의로 인한 교통사고도 90~94% 줄어 매년 3만 명의 생명을 구할 것으로 조사됐다.

① 기업의 비리를 밝힐 결정적인 단서를 <u>잡았다.</u>
② 경기에서 선제공격을 통해 주도권을 먼저 <u>잡는</u> 것이 중요하다.
③ 우리 회사는 경쟁 업체의 부진으로 시장 점유율 확대의 기회를 <u>잡을</u> 수 있었다.
④ 아직 구체적인 여름휴가 일정을 <u>잡지</u> 못했어.
⑤ 치솟는 서민 물가를 <u>잡기</u> 위해서는 정부의 강력한 대책이 시급하다.

04 다음을 읽고 이해한 내용으로 옳지 않은 것은?

〈철도안전법〉

제2조(정의) 이 법에서 사용하는 용어의 뜻은 다음과 같다.

1. 철도란 철도산업발전기본법(이하 기본법이라 한다) 제3조 제1호에 따른 철도를 말한다.
2. 전용철도란 철도사업법 제2조 제5호에 따른 전용철도를 말한다.
3. 철도시설이란 철도산업발전기본법 제3조 제2호에 따른 철도시설을 말한다.
4. 철도운영이란 철도산업발전기본법 제3조 제3호에 따른 철도운영을 말한다.
5. 철도차량이란 철도산업발전기본법 제3조 제4호에 따른 철도차량을 말한다.
   5의2. 철도용품이란 철도시설 및 철도차량 등에 사용되는 부품·기기·장치 등을 말한다.
6. 열차란 선로를 운행할 목적으로 철도운영자가 편성하여 열차번호를 부여한 철도차량을 말한다.
7. 선로란 철도차량을 운행하기 위한 궤도와 이를 받치는 노반(路盤) 또는 인공구조물로 구성된 시설을 말한다.
8. 철도운영자란 철도운영에 관한 업무를 수행하는 자를 말한다.
9. 철도시설관리자란 철도시설의 건설 또는 관리에 관한 업무를 수행하는 자를 말한다.
10. 철도종사자란 다음 각 목의 어느 하나에 해당하는 사람을 말한다.
    가. 철도차량의 운전업무에 종사하는 사람(이하 운전업무종사자라 한다)
    나. 철도차량의 운행을 집중 제어·통제·감시하는 업무(이하 관제업무라 한다)에 종사하는 사람
    다. 여객에게 승무(乘務) 서비스를 제공하는 사람(이하 여객승무원이라 한다)
    라. 여객에게 역무(驛務) 서비스를 제공하는 사람(이하 여객역무원이라 한다)
    마. 철도차량의 운행선로 또는 그 인근에서 철도시설의 건설 또는 관리와 관련한 작업의 협의·지휘·감독·안전관리 등의 업무에 종사하도록 철도운영자 또는 철도시설관리자가 지정한 사람(이하 작업책임자라 한다)
    바. 철도차량의 운행선로 또는 그 인근에서 철도시설의 건설 또는 관리와 관련한 작업의 일정을 조정하고 해당 선로를 운행하는 열차의 운행일정을 조정하는 사람(이하 철도운행안전관리자라 한다)
    사. 그 밖에 철도운영 및 철도시설관리와 관련하여 철도차량의 안전운행 및 질서유지와 철도차량 및 철도시설의 점검·정비 등에 관한 업무에 종사하는 사람으로서 대통령령으로 정하는 사람
11. 철도사고란 철도운영 또는 철도시설관리와 관련하여 사람이 죽거나 다치거나 물건이 파손되는 사고를 말한다.
12. 운행장애란 철도차량의 운행에 지장을 주는 것으로서 철도사고에 해당되지 아니하는 것을 말한다.
13. 철도차량정비란 철도차량(철도차량을 구성하는 부품·기기·장치를 포함한다)을 점검·검사, 교환 및 수리하는 행위를 말한다.
14. 철도차량정비기술자란 철도차량정비에 관한 자격, 경력 및 학력 등을 갖추어 제24조의2에 따라 국토교통부장관의 인정을 받은 사람을 말한다.

〈철도산업발전기본법〉

제3조(정의) 이 법에서 사용하는 용어의 정의는 다음 각호와 같다.

1. 철도라 함은 여객 또는 화물을 운송하는 데 필요한 철도시설과 철도차량 및 이와 관련된 운영·지원체계가 유기적으로 구성된 운송체계를 말한다.
2. 철도시설이라 함은 다음 각목의 1에 해당하는 시설(부지를 포함한다)을 말한다.
   가. 철도의 선로(선로에 부대되는 시설을 포함한다), 역시설(물류시설·환승시설 및 편의시설 등을 포함한다) 및 철도운영을 위한 건축물·건축설비
   나. 선로 및 철도차량을 보수·정비하기 위한 선로보수기지, 차량정비기지 및 차량유치시설
   다. 철도의 전철전력설비, 정보통신설비, 신호 및 열차제어설비
   라. 철도노선간 또는 다른 교통수단과의 연계운영에 필요한 시설
   마. 철도기술의 개발·시험 및 연구를 위한 시설
   바. 철도경영연수 및 철도전문인력의 교육훈련을 위한 시설
   사. 그 밖에 철도의 건설·유지보수 및 운영을 위한 시설로서 대통령령이 정하는 시설
3. 철도운영이라 함은 철도와 관련된 다음 각목의 1에 해당하는 것을 말한다.
   가. 철도 여객 및 화물 운송
   나. 철도차량의 정비 및 열차의 운행관리
   다. 철도시설·철도차량 및 철도부지 등을 활용한 부대사업개발 및 서비스
4. 철도차량이라 함은 선로를 운행할 목적으로 제작된 동력차·객차·화차 및 특수차를 말한다.

① 철도시설의 건설과 관련하여 작업일정을 조절하는 사람은 철도운행안전관리자이다.
② 철도의 정보통신설비과 철도기술의 연구를 위한 시설은 철도시설이다.
③ 철도부지를 활용한 부대사업개발의 경우 철도운영에 해당한다.
④ 철도차량의 운행에 지장을 주는 운행장애는 철도사고에 해당하지 않는 것이다.
⑤ 철도차량의 운행선로를 지휘·감독하는 사람은 철도차량정비기술자이다.

※ 다음은 J공사에서 발표한 전력수급 비상단계 발생 시 행동요령이다. 다음 행동요령을 읽고 이어지는 질문에 답하시오. [5~6]

<전력수급 비상단계 발생 시 행동요령>

• 가정
1. 전기 냉난방기기의 사용을 중지합니다.
2. 다리미, 청소기, 세탁기 등 긴급하지 않은 모든 가전기기의 사용을 중지합니다.
3. TV, 라디오 등을 통해 신속하게 재난상황을 파악하여 대처합니다.
4. 안전, 보안 등을 위한 최소한의 조명을 제외한 실내외 조명은 모두 소등합니다.

• 사무실
1. 건물관리자는 중앙조절식 냉난방설비의 가동을 중지하거나 온도를 낮춥니다.
2. 사무실 내 냉난방설비의 가동을 중지합니다.
3. 컴퓨터, 프린터, 복사기, 냉온수기 등 긴급하지 않은 모든 사무기기 및 설비의 전원을 차단합니다.
4. 안전, 보안 등을 위한 최소한의 조명을 제외한 실내외 조명은 모두 소등합니다.

• 공장
1. 사무실 및 공장 내 냉난방설비의 사용을 중지합니다.
2. 컴퓨터, 복사기 등 각종 사무기기의 전원을 일시적으로 차단합니다.
3. 꼭 필요한 경우를 제외한 사무실 조명은 모두 소등하고 공장 내부의 조명도 최소화합니다.
4. 비상발전기의 가동을 점검하고 운전 상태를 확인합니다.

• 상가
1. 냉난방설비의 가동을 중지합니다.
2. 안전, 보안용을 제외한 모든 실내 조명등과 간판 등을 일시 소등합니다.
3. 식기건조기, 냉온수기 등 식재료의 부패와 관련 없는 가전기기의 가동을 중지하거나 조정합니다.
4. 자동문, 에어커튼의 사용을 중지하고 환기팬 가동을 일시 정지합니다.

05 다음 중 전력수급 비상단계 발생 시 행동요령에 관한 설명으로 옳지 않은 것은?

① 가정에 있을 경우 대중매체를 통해 재난상황에 대한 정보를 파악할 수 있다.

② 사무실에 있을 경우 즉시 사용이 필요하지 않은 복사기, 컴퓨터 등의 전원을 차단해야 한다.

③ 가정에 있을 경우 모든 실내외 조명을 소등해야 한다.

④ 공장에 있을 경우 비상발전기 가동을 준비해야 한다.

⑤ 전력회복을 위해 한동안 사무실의 업무가 중단될 수 있다.

06 다음 중 전력수급 비상단계가 발생했을 때 전력수급 비상단계 발생 시 행동요령에 따른 〈보기〉의 설명 중 적절하지 않은 행동을 모두 고른 것은?

〈보기〉

ㄱ. 가정에 있던 김 사원은 세탁기 사용을 중지하고 실내조명을 최소화하였다.

ㄴ. 본사 전력관리실에 있던 이 주임은 사내 중앙보안시스템의 전원을 즉시 차단하였다.

ㄷ. 공장에 있던 박 주임은 즉시 공장 내부 조명 밝기를 최소화하였다.

ㄹ. 상가에서 횟집을 운영하는 최 사장은 모든 냉동고의 전원을 차단하였다.

① ㄱ, ㄴ   ② ㄱ, ㄷ

③ ㄴ, ㄷ   ④ ㄴ, ㄹ

⑤ ㄷ, ㄹ

안심Touch

※ 귀하는 K업체의 서비스 상담직원으로 다음의 A/S 규정에 기반하여 고객들의 문의를 응대하는 업무를 맡고 있다. 다음 K업체의 A/S 규정을 참고하여 이어지는 질문에 답하시오. [7~9]

〈A/S 규정〉

■ **제품 보증기간**
  • 제품의 보증기간은 제품 구매일을 기준으로 하며, 구매일을 증명할 수 있는 자료(구매영수증, 제품보증서 등)가 없을 경우에는 제품 생산일을 기준으로 산정한다.
  • 단, 보증기간(1년 이내) 중 소비자 취급주의, 부적절한 설치, 자가 수리 또는 개조로 인한 고장 발생 및 천재지변(화재 및 수해 낙뢰 등)으로 인한 손상 또는 파손된 경우에는 보증기간 기준을 제외한다.

■ **A/S 처리기준**
  • 제품보증기간 1년 이내 무상 A/S를 실시한다.
  • 초기불량 및 파손의 경우를 제외한 사용 이후의 불량은 각 제품의 제조사 또는 판매자가 처리함을 원칙으로 한다.
  • 당사는 제품의 미개봉 판매를 원칙으로 하며, 모든 사후처리는 당사의 A/S 규정과 원칙에 준한다.

■ **교환 · 환불 배송 정책**
  • A/S에 관련된 운송비는 제품 초기불량일 경우에만 당사에서 부담한다.
  • 당사의 교환 및 환불 정책은 수령한 날짜로부터 7일 이내 상품이 초기불량 및 파손일 경우에 한하며, 그 외의 경우에는 복구비용을 소비자가 부담하여야 한다.
  • 당사에서 판매한 제품의 환불은 소비자법 시행령 제12조에 준한 사후처리를 원칙으로 한다.
  • 제품의 온전한 상태를 기준으로 하며, 수령 후 제품을 사용하였을 경우에는 환불이 불가능하다.

■ **서비스 처리 비용**

구성	수리조치 사항	고객부담금(원)	비고
DVR 녹화기 관련	모델별 펌웨어 업그레이드 설치	20,000	회당
	하드 디스크 초기화 및 기능 점검	10,000	회당
	이전 설치로 인한 네트워크 관련 작업	20,000	–
	PC장착 카드형 DVR CD-Key	10,000	개당
	DVR 메인보드 파손	수리 시 50,000 교체 시 100,000	–

구성	수리조치 사항		고객부담금(원)	비고
CCTV 카메라 관련	각종 카메라 이전 설치		건물 내 30,000 건물 외 50,000	–
	각종 카메라 추가 설치		건물 내 10,000 건물 외 20,000	제품 구매비 별도
	영상관련 불량	1) 기본 27만 화소 모듈	15,000	개당
		2) 27만 화소 IR 모듈	20,000	개당
		3) 41만 화소 IR 모듈	30,000	개당
	각종 카메라 전면 유리 파손 교체		3,000	개당
	카메라 전원·영상 배선 교체		8,000	
	소비자 과실로 인한 내부 파손		수리 시 50,000 교체 시 100,000	–

07 다음은 당사의 제품을 구매한 고객의 문의사항이다. 다음 중 귀하의 답변으로 올바르지 않은 것은?

> 고객 : 안녕하세요? 3일 전에 CCTV 제품을 구매해 설치하였습니다. 항상 켜두는 제품이라 고장이 쉽게 날 수 있을 것 같은데, A/S 규정이 어떻게 되는지 안내해주실 수 있나요?
>
> 귀하 : 안녕하세요? 고객님. 저희 업체의 제품을 이용해 주셔서 감사합니다. 문의하신 A/S 규정에 대해서 간략하게 안내드리겠습니다.

① 고객님께서 구매하신 CCTV 제품은 구입일로부터 1년간 무상 A/S가 제공됩니다. 다만, 영수증이나 제품보증서를 분실했을 경우에는 제품 생산일을 기준으로 산정된다는 점을 유의하여 주시길 바랍니다.

② 보증기간 1년 이내에 발생하는 고장에 대해서는 무상으로 수리를 해드리고 있으나, 고객님의 취급주의나 부적절한 설치, 자가 수리 또는 개조로 인하여 고장이 발생하였을 경우에는 무상 A/S를 받으실 수 없습니다.

③ 당사는 제품을 미개봉한 상태에서 판매하는 것을 원칙으로 하고 있습니다. 온전한 제품을 수령한 후 사용하였을 때에는 환불이 불가합니다.

④ 다만, 제품을 수령한 날짜로부터 7일 이내에 초기불량 및 파손이 있을 경우에는 당사에서 교환 또는 환불해 드리고 있으니 언제든지 연락주시길 바랍니다.

⑤ 만약 그 이외의 문제가 발생한다면 운송비를 제외한 복구 시 발생되는 모든 비용에 대해서는 고객님께서 부담하셔야 합니다.

08 다음의 내용을 읽고 귀하가 고객에게 안내해야 할 수리비용은 얼마인가?

> 고객 : 안녕하세요? 재작년에 K업체 DVR 녹화기를 구매했었는데요. 사용 중에 문제가 생겨 연락드렸습니다. 며칠 전에 CCTV와 DVR을 다른 장소로 옮겨 설치했는데 네트워크 설정이 필요하다고 뜨면서 제대로 작동하지 않네요. 혹시 제가 제품을 구매한 후로 펌웨어 업그레이드를 한 번도 안했었는데, 그것 때문일까요? 어찌 되었든 저에게 방문하는 수리기사에게 업그레이드뿐만 아니라 하드디스크도 함께 점검해 달라고 요청해주세요. 그럼 수리비용은 얼마나 나올까요?

① 20,000원   ② 30,000원

③ 40,000원   ④ 50,000원

⑤ 60,000원

09 다음은 수리기사가 보내온 A/S 점검 결과 내용이다. 이를 토대로 고객에게 청구해야 할 비용은 얼마인가?

〈A/S 점검표〉

점검일자 : 2019년 6월 21일(금)

대상제품		MD-RO439 Model CCTV 카메라 1대
제품위치		건물 내부
점검항목		점검내용
외부	전면 헤드	전면 유리 파손 교체
	후면 고정대	이상 무
	본체	이상 무
내부	메인보드	이상 무, 클리너 사용(비용 ×)
	전원부	전원 배선 교체
	출력부	41만 화소 IR 교체
기타사항		로비 CCTV 1대 추가 설치(제품비 80,000원)

① 41,000원   ② 51,000원

③ 101,000원   ④ 121,000원

⑤ 131,000원

10 다음은 국회의원의 SNS(소셜네트워크서비스) 이용자 수 현황에 대한 자료이다. 자료를 참고하여 작성한 그래프로 옳지 않은 것은?(단, 소수점 이하 둘째 자리에서 반올림한다)

〈국회의원의 SNS 이용자 수 현황〉

(단위 : 명)

구분	정당	당선 횟수별				당선 유형별		성별	
		초선	2선	3선	4선 이상	지역구	비례대표	남자	여자
여당	A	82	29	22	12	126	19	123	22
야당	B	29	25	13	6	59	14	59	14
	C	7	3	1	1	7	5	10	2
합계		118	57	36	19	192	38	192	38

① 국회의원의 여야별 SNS 이용자 수

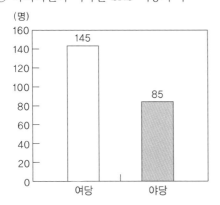

② 남녀 국회의원의 여야별 SNS 이용자 구성비

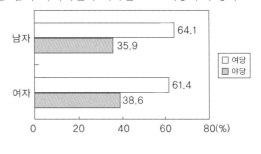

③ 야당 국회의원의 당선 횟수별 SNS 이용자 구성비

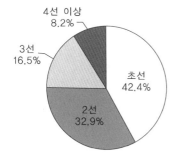

④ 2선 이상 국회의원의 정당별 SNS 이용자 수

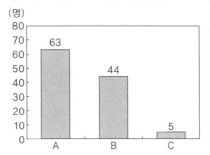

⑤ 여당 국회의원의 당선 유형별 SNS 이용자 구성비

11 다음은 서울교통공사의 신입사원 채용에 지원한 남성·여성 입사지원자 수와 합격자 수에 관한 자료이다. 자료에 대한 설명으로 옳지 않은 것은?(단, 합격률 및 비율은 소수점 이하 둘째 자리에서 반올림한다)

〈신입사원 채용 현황〉

(단위 : 명)

구분	입사지원자 수	합격자 수
남성	10,891	1,699
여성	3,984	624

① 입사지원자의 합격률은 15% 이상이다.
② 여성 입사지원자 대비 여성 합격자의 비중은 20% 미만이다.
③ 총 입사지원자 중에서 여성의 비중은 30% 미만이다.
④ 합격자 중 남성의 비율은 약 80%이다.
⑤ 남성 입사지원자의 합격률은 여성 입자지원자의 합격률보다 낮다.

12 A는 인천에서 런던을 가고자 한다. 다음은 인천과 런던을 잇는 항공 노선과 관련 정보이다. A는 노선지수가 낮은 노선을 선호한다고 할 때, 다음 중 A가 선택할 노선으로 올바른 것은?(단, 노선지수는 인천에서 런던까지의 각 요소의 총량의 합을 기준으로 계산한다)

〈노선 목록〉

노선	거리	시간	요금	마일리지	기타사항
인천 – 베이징	937km	1시간	50만 원	104	잠정 폐쇄
인천 – 하노이	2,717km	5시간	30만 원	302	–
인천 – 방콕	3,700km	5시간	50만 원	411	–
인천 – 델리	4,666km	6시간	55만 원	518	–
인천 – 두바이	6,769km	8시간	65만 원	752	–
인천 – 카이로	8,479km	8시간	70만 원	942	–
인천 – 상하이	843km	1시간	45만 원	94	–
베이징 – 런던	8,147km	9시간	100만 원	905	–
하노이 – 런던	9,244km	10시간	90만 원	1,027	–
방콕 – 런던	9,542km	11시간	55만 원	1,060	잠정 폐쇄
델리 – 런던	6,718km	7시간	55만 원	746	–
두바이 – 런던	5,479km	6시간	50만 원	609	–
카이로 – 런던	3,514km	4시간	55만 원	390	–
상하이 – 런던	9,208km	10시간	90만 원	1,023	–

※ (노선지수)=(총 거리순위)×0.8+(총 시간순위)×0.7+(총 요금순위)×0.2
※ 마일리지를 제외한 모든 요소는 값이 작을수록 순위가 높다.
※ 폐쇄노선은 현재 사용이 불가능하다.

① 인천 – 상하이 – 런던　　② 인천 – 델리 – 런던
③ 인천 – 카이로 – 런던　　④ 인천 – 하노이 – 런던
⑤ 인천 – 두바이 – 런던

※ D사원은 해외에서 열리는 세미나 참석을 위해 호텔을 예약하였다. 다음 상황을 보고 이어지는 질문에 답하시오. [13~14]

- 출장일 : 2019년 6월 12일(수) ~ 16일(일)

〈호텔 숙박가격〉

구분	평일(일 ~ 목)	주말(금 ~ 토)
가격	USD 120	USD 150

〈유의사항〉

- 호텔 숙박을 원하실 경우 총 숙박비의 20%에 해당하는 금액을 예치금으로 지불하셔야 합니다.
- 개인사정으로 호텔 예약을 취소 또는 변경하실 때는 숙박 예정일 4일 전까지는 전액 환불이 가능하지만, 그 이후로는 하루에 20%씩 취소 수수료가 부과됩니다. 노쇼(No-Show)의 경우와 체크인 당일 취소를 하실 경우에는 환불이 불가하오니, 이점 유의해주시기 바랍니다.

13 D사원이 호텔에 지불한 예치금은 얼마인가?

① USD 105
② USD 108
③ USD 110
④ USD 120
⑤ USD 132

14 D사원은 회사 사정으로 다른 곳으로 급하게 출장을 가게 되어 D사원은 예약해두었던 호텔을 취소하게 됐다. 이때, D사원이 호텔 규정에 따라 받을 수 있는 환불금액은?(단, D사원의 출장 출발일은 호텔 체크인 당일이었다)

① USD 108
② USD 222
③ USD 330
④ USD 432
⑤ 환불 불가능

15 다음 자료는 2017 ~ 2020년 국내 기업의 남성육아휴직제 시행 현황에 관한 자료이다. 이에 대한 설명으로 옳은 것은?

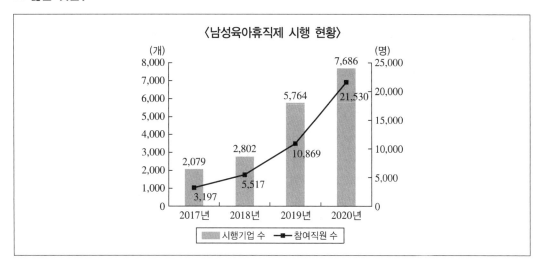

① 2020년 남성육아휴직제 참여직원 수는 2018년의 4배 이상이다.
② 시행기업 수 대비 참여직원 수가 가장 많은 해는 2018년이다.
③ 2018년 대비 2020년 시행기업 수의 증가율은 참여직원 수의 증가율보다 낮다.
④ 2016년부터 2020년까지 연간 참여직원 수 증가 인원의 평균은 5,000명 정도이다.
⑤ 2018년 이후 전년보다 참여직원 수가 가장 많이 증가한 해는 2020년이고, 시행기업 수가 가장 많이 증가한 해는 2018년이다.

16 다음 밑줄 친 부분과 같은 의미로 쓰인 것은?

제4차 산업혁명이란 인공지능, 사물인터넷, 빅데이터, 모바일 등 첨단 정보통신기술이 경제·사회 전반에 융합되어 혁신적인 변화가 나타나는 차세대 산업혁명을 의미한다. 제4차 산업혁명은 초연결(Hyperconnectivity)과 초지능(Superintelligence)을 특징으로 하기 때문에 기존 산업혁명에 비해 더 넓은 범위에 더 빠른 속도로 영향을 <u>끼친다</u>.

① 그 얘기를 들으니 온몸에 소름이 <u>끼친다</u>.
② 독한 향수 냄새가 코에 <u>끼친다</u>.
③ 신호등의 잦은 고장으로 시민들에게 불편을 <u>끼쳤다</u>.
④ 길을 걸을 때마다 문득 네 생각이 <u>끼쳤다</u>.
⑤ 독립운동가가 우리 사회에 <u>끼친</u> 업적을 기억해야 한다.

※ 다음은 컴퓨터 설치방법 및 주의사항이다. 이어지는 질문에 답하시오. [17~18]

〈설치방법〉

1. 통풍이 잘 되고 화기와 멀리 있는 장소에 컴퓨터를 설치하십시오(기기 주변에 충분한 공간을 확보하지 않으면 본체 및 모니터가 과열됩니다).
2. 모니터 전원과 본체 전원 총 2개의 전원이 필요합니다.
3. 모니터와 본체를 연결시켜주세요.
4. 본체를 작동시키면 팬 소리가 들립니다.

〈주의사항〉

1. 전원은 반드시 교류 220V에 연결하십시오(반드시 전용 콘센트를 사용하십시오).
2. 본체 주변을 자주 청소하십시오(먼지나 이물질로 인해 본체 내부에 먼지가 쌓여 성능에 문제가 생깁니다).
3. 안정된 곳에 설치하십시오(무게로 인해 떨어질 수 있습니다).

〈A/S 신청 전 확인사항〉

현상	원인	조치방법
모니터 전원은 들어오나 화면이 나오지 않음	본체와 모니터 연결선의 문제	연결선을 재결합하거나 고정시켜 주십시오. 또는 맞는 위치에 선을 연결시켰는지 확인해 주세요.
본체의 소음이 큼	본체 내부에 먼지가 쌓여 팬이 과도하게 돌아감	본체 내부를 바람으로 청소해 주세요(물청소 ✕).
모니터 화면이 기울어져서 송출됨	모니터 설정 문제	모니터 하단부의 AUTO 버튼을 누르거나, MENU 버튼을 눌러 수동 설정해 주세요.
부팅이 되지 않고 비프음이 들림	본체 내부 연결선 접촉 불량	본체를 열어 참고자료에 나와 있는 선이 잘 연결되었는지 확인해 주세요.
모니터 스크린 상에 영상이 깜빡거리면서 나타남	모니터 액정의 고장	모니터 액정 불량이므로 A/S 센터에 연락하세요.

17 P주임은 컴퓨터를 설치한 후, 모니터 전원은 들어오나 화면이 나오지 않는 원인을 파악하려 한다. 다음 중 문제의 원인을 파악하기 위해 반드시 확인해야 할 사항은?

① 본체 내부 청결 상태
② 모니터 설정
③ 본체 내부 연결선
④ 본체와 모니터 연결선
⑤ 설치된 장소

18 다음 중 컴퓨터 설치방법 및 주의사항에 따르지 않은 사람은?

① A사원 : 모니터와 본체의 전원을 연결하기 위해 4구 멀티탭을 구매하였다.
② B팀장 : 컴퓨터 유지보수를 위해 주변을 깔끔하게 정리하고 주기적으로 청소하였다.
③ C대리 : 본체에서 소음이 심각하게 발생하여 물청소 대신 공기청소를 하였다.
④ D주임 : 더러운 바닥보다 조금 불안정하지만 깨끗한 책상에 설치하였다.
⑤ E과장 : 밀폐되지 않은 장소에 설치하고 주위에 화기가 없는 것을 확인하였다.

안심Touch

19 다음은 성별·장애등급별 등록 장애인 현황을 나타낸 자료이다. 이에 대한 설명 중 옳은 것은?

〈성별 등록 장애인 수〉

(단위 : 명, %)

구분 \ 성별	여성	남성	전체
등록 장애인 수	1,048,979	1,468,333	2,517,312
전년 대비 증가율	0.50	5.50	( )

〈성별·장애등급별 등록 장애인 수〉

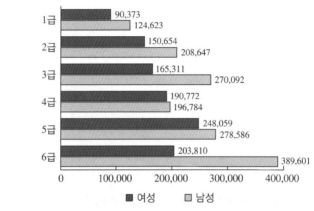

※ 장애등급은 1~6급으로만 구분되며, 미등록 장애인은 없음

① 전체 등록 장애인 수의 전년 대비 증가율은 4% 이상이다.
② 전년 대비 등록 장애인 수가 가장 많이 증가한 장애등급은 6급이다.
③ 장애등급 5급과 6급의 등록 장애인 수의 합은 전체 등록 장애인 수의 50% 이상이다.
④ 등록 장애인 수가 가장 많은 장애등급의 남성 장애인 수는 등록 장애인 수가 가장 적은 장애등급의 남성 장애인 수의 3배 이상이다.
⑤ 성별 등록 장애인 수 차이가 가장 작은 장애등급과 가장 큰 장애등급의 여성 장애인 수의 합은 여성 전체 등록 장애인 수의 40% 이상이다.

※ 다음은 관세청의 해외여행자 휴대품 면세 범위 조건을 정리한 것이다. 주어진 조건들을 참고하여 이어지는 질문에 답하시오. [20~22]

◎ 1인당 휴대품 면세 범위(과세대상 : 국내면세점 및 해외 구입 물품)
- 주류 1병(1리터, 400불 이하)
- 향수 60mL
- 담배 200개피(1보루)
- 기타 합계 600불 이하의 물품
※ 단, 농림축산물, 한약재 등은 10만 원 이하로 한정하며, 품목별로 수량 또는 중량에 제한이 있습니다.

◎ 면세범위 초과물품 예상세액 조회
- 예상세액은 총 구입물품 가격에서 1인 기본면세범위 미화 600불을 선공제하고 각각의 관세율을 적용해 계산한 금액의 합산액을 기준으로 합니다.
- 자진신고 시 관세의 30%(15만 원 한도)가 감면되는 혜택을 받을 수 있으며, 신고 미이행 시에는 납부세액의 40% 또는 60%(반복적 신고 미이행자)의 가산세가 부과됩니다.

◎ 단일세율 : 의류 등 [물품설명]에서 단일세율 적용대상이라고 명시된 물품들은 합계 미화 1,000불까지 아래의 예시처럼 본래의 세율보다 낮은 단일세율(20%)을 적용받을 수 있습니다.
예 모피제품(30%) 800불 1개, 의류(25%) 150불 1개, 신발(25%) 70불 1개인 경우 : 모피제품 단일세율 1개 20% 적용, 의류 단일세율 20% 적용, 신발은 본래의 세율 25% 적용(단일세율이 950불밖에 적용되지 않았지만 신발의 단가가 50불을 초과하여 합계 미화 1,000불을 초과하게 되면 신발은 단일세율을 적용받지 못한다)

◎ 제한물품안내 : 물품에 따라서는 면세범위에 포함되지 않거나 타법령에 의하여 반입이 제한될 수 있습니다. 농축산물, 멸종위기에 처한 동식물관련 제품, 한약재, 성분미상 의약품, 과일류 등은 제한 사항이 많으므로 자세한 내용은 관세청에 문의하시기 바랍니다.

20 갑돌이는 해외여행을 다녀오고 꽤 많은 물품들을 구매하였다. 아래는 갑돌이가 구매한 물품 내역서이다. 이 중 면세 물품에 포함되는 것은?

	물품 종류	구매가격	용량 및 크기	구매 장소
①	향수	$50	100mL	인천 면세점
②	GUCCY 가방	$1,400	500g	이탈리아 시내
③	양주 1병	$200	1,000mL	이탈리아 면세점
④	NICE 신발	$70	80g	인천 면세점
⑤	담배	$400	2보루	프랑스

21 K씨는 이번 면세점에서 100달러 시계 1개, 350달러 포도주(400mL) 1병, 40달러 백팩 1개, 개당 200달러인 골프채 2개, 70달러 향수(100mL) 1개, 125달러 코트, 130달러 담배 1보루를 샀다. 아래 각각의 세율에 관한 사항을 참고하여, K씨가 자진 납세할 경우 지불해야 할 관세는 얼마인가?(단, 환율은 1,100원/달러로 계산한다)

〈구입 품목별 세율 세부사항〉

품목	적용 세율
시계	개별소비세 적용대상 물품이다. 총 세율은 1,852,000원까지는 20%이고, 초과되는 금액부분은 50%이다.
향수	이 항목에는 방향성 화장품은 모두 해당된다. 총 세율은 간이세율 20%이다. 일반적으로 향수(Perfume)와 오데 퍼퓸(Eau de perfume), 오데 토일렛(Eau de toilette), 오데 코롱(Eau de cologne) 등 향수, 코롱, 분말향, 향낭 등이 모두 포함된다.
담배	이 항목에는 일반적으로 통용되는 필터담배가 포함된다. 1보루는 10갑이다. 총 세액은 1보루당 관세(구입금액의 40%)＋개별소비세(1갑당 594원) 5,940원＋부가세{(구입금액＋관세＋개별소비세)×10%}＋지방세14,490원(담배소비세 : 1갑당 1,007원＋지방교육세 : 담배소비세의 43.99%)
백팩	이 항목에는 가방 또는 지갑이 해당된다. 개별소비세 적용대상 물품이다. 총 세율은 1,852,000원까지는 20%이고, 초과되는 금액부분은 50%이다.
골프채	이 항목에는 거의 대부분의 운동기구, 운동용품, 레저용품 등이 해당된다. 총 세율은 간이세율 20%이다. 단, 스포츠 의류, 신발 등은 제외된다.
주류	이 항목에는 포도주를 비롯하여 대부분의 발효 과실주가 포함된다. 총 세율은 약 68%정도이다.

① 95,000원
② 103,950원
③ 116,850원
④ 128,000원
⑤ 132,050원

22 을순이는 한국으로 돌아오는 비행기에서 해외에서 산 물품을 자진신고를 할지 말지 고민 중이다. 만약 성실신고를 하지 않으면, 을순이는 신고 미이행특별부과세 40%가 추가로 가산됨을 알고 있다. 을순이의 선택 및 납부해야 될 금액은 얼마인가?(단, 을순이는 반복적 신고 미이행자가 아니다)

<구매한 품목 내역>

물품명	수량(개)	금액(유로)
LANQIN 향수 100mL	1	80
GUCCY 가방	1	1,400
PRADD 지갑	1	350
VALENCIANA 팔찌	1	100
BOSSI 벨트	1	150

※ 계산의 편의성을 위해 환율은 '1,300원/유로, 1,100원/달러'로 계산한다. 또한 팔찌는 25%의 관세율이며 단일세율적용 품목대상이다. 이 밖의 물품은 모두 20%라고 가정한다.
　을순이는 이전 과거 기록을 통해 자신이 걸릴 확률을 80%, 걸리지 않을 확률을 20%라고 확신하고 있다.
※ 을순이는 성실신고를 하지 않을 경우 발생한 기댓값 계산을 통해 20만 원을 초과하면 자진신고를 할 생각이다.

	신고 여부	관세 금액
①	자진신고를 한다.	122,640원
②	자진신고를 안 한다.	0원
③	자진신고를 한다.	408,800원
④	자진신고를 한다.	286,160원
⑤	자진신고를 안 한다.	408,800원

(가) 또한, 한국철도공사 사장은 오는 6월 한국에서 개최되는 국토교통부 주관 글로벌 스마트레일 콘퍼런스(GSRC)를 소개하고, SNCF(프랑스 국영철도), UIC(국제철도연맹), CER 등 스마트레일 콘퍼런스에 참석한 전문가들의 관심과 적극적인 참여를 당부했다.

한편, 콘퍼런스 참석에 앞서 SNCF, UIC, RATP(파리교통공사)를 방문한 한국철도공사 사장은 한국 철도와 유럽 철도와의 실질적인 협력방안을 논의했다.

(나) 이번 콘퍼런스에는 네덜란드, 체코, 노르웨이 등 유럽의 철도공사 사장, 유럽철도운영자협회(CER) 사무총장, 프랑스 등 유럽 철도 전문가 약 300명이 참석했다. 철도운영사 CEO가 참석한 패널토론에서 한국철도공사 사장은 "철도산업계에서는 더 저렴하고 더 효율적이고 안전한 솔루션이 있음에도 오래된 역사로 인해 고정관념, 이해관계 등으로 새로운 솔루션 도입을 주저하는 경향이 있다. 우리는 새로운 솔루션 도입에 보다 용감해야 한다."고 말하며 변화에 두려워하는 철도산업계에 대한 용기 있는 자세를 강조하여 참석자들로부터 큰 호응을 얻었다.

(다) 한국철도공사 사장은 지난 1일부터 6일간 프랑스와 네덜란드를 방문하여 유럽 철도 기관장면담, 스마트레일 콘퍼런스 패널 참석 등 10개 철도 기관장과의 면담, 9개 철도 시설에 대한 산업시찰을 통해 유럽 철도와의 실질적인 협력을 위한 발판을 마련했다.

특히, 한국철도공사 사장은 5일과 6일 이틀간 네덜란드 암스테르담에서 열린 스마트레일 콘퍼런스에 패널로 참석하여 세계적 화두가 된 4차 산업혁명과 관련하여 철도분야에서 선도적 역할을 하는 한국 철도의 다양한 면모와 우수성을 소개했다.

(라) 한국철도공사 사장은 SNCF CEO 기욤 페피와의 회의에서 지난달 8일과 9일 이틀간 한국에서 개최된 '한·불 철도차량부품 우수공급업체 박람회'의 성과에 공감하고 향후 행사의 규모를 확대하자는 것에 인식을 같이했다. 더불어 경영 우수사례 공유, KTX 차량유지보수 기술 및 부품 공급, 사물인터넷(IoT)을 활용한 효율적 철도 운영 유지보수 등에 대한 전방위적 협력을 강화하기로 했다. 한국철도의 기술혁신 사례에 대해 많은 관심을 보인 페피 사장은 '한·불 고속철도 기술세미나 개최'를 제안했고, 한국철도공사 사장의 동의로 합의에 이르렀다. 고속철도 기술세미나는 코레일과 SNCF가 공동 주관하여 매년 한국과 프랑스에서 교차로 개최되며, 첫 세미나는 올 10월 한국에서 개최하고 페피 사장이 프랑스 기술진과 함께 직접 참석하기로 했다.

(마) 한국철도공사 사장은 이번 출장을 통해 SNCF 이외에도 RATP(파리교통공사)와도 도시철도 자동운전 및 교통카드와 호환문제 논의, AREP(SNCF 산하 역사 디자인 전문회사)와의 전략적 파트너십 체결 등을 제안했고 향후 협력을 위한 합의를 이끌어 냈다.

한국철도공사 사장은 "기술혁신에 대한 의지와 투자가 향후 코레일의 100년을 준비하는 중요한 일이 될 것"이라며, "유럽 등 철도선진국과의 활발한 교류를 통해 최고 수준의 기술력을 갖춘 글로벌 철도 기업인 코레일을 만들겠다."고 밝혔다.

(바) 마지막으로, 한국철도공사 사장은 이번 유럽 방문의 첫 공식일정으로 2일(일) 영업운행 중인 프랑스의 2층 고속열차 운전실에 탑승하는 등 파리 – 스트라스부르까지 500km 구간을 시승하며 2층 열차의 효율성과 운행 안전성을 살펴봤다. 이 구간은 2007년도 4월 3일 TGV 열차가 시속 574.8km의 속도를 기록했던 구간으로 이날은 최고속도 시속 320km의 속도로 안정적인 운행을 했다. 프랑스는 전체 고속열차 428편성 중 약 47%에 달하는 200편성이 2층 고속열차이며, 2007년부터는 2층 고속열차만 도입하여 기존 고속차량보다 효율성을 높이고 있다.

프랑스 2층 열차는 중련 운행 시 1,020석에서 1,268석의 좌석을 갖고 있어 기존 고속열차 대비 40%만큼 많은 좌석을 제공할 수 있다.

23 다음 중 기사의 제목으로 적절한 것은?

① '한·불 철도차량부품 우수공급업체 박람회'의 성과와 협약
② 프랑스 TGV의 효율성과 운행 안전성
③ 코레일, 유럽 철도와의 실질적 협력 발판 마련
④ 코레일, 국토교통부 주관 글로벌 스마트레일 콘퍼런스(GSRC) 초대
⑤ 4차 산업혁명과 철도분야의 선도적 역할

24 다음 중 문단의 순서를 올바르게 배열한 것은?

① (가) - (라) - (마) - (바) - (나) - (다)
② (나) - (다) - (가) - (바) - (라) - (마)
③ (다) - (나) - (가) - (라) - (마) - (바)
④ (다) - (나) - (가) - (라) - (바) - (마)
⑤ (라) - (바) - (마) - (가) - (다) - (나)

25 D사원은 매사에 허둥지둥 바쁘고 정신이 없어 업무 처리에 어려움을 겪는다. 인사평가를 앞두고 자기관리의 필요성을 깨달은 D사원은 지난번 자기개발 관련 강연을 듣고 메모한 내용을 살펴보았다. 다음 중 자기관리 절차와 그에 대한 사례가 잘못 연결된 것은?

○○월 ○○일 '자기개발 어떻게 할 것인가?' 강연을 듣고….

… (중략) …

• 자기관리란?
 – 자신의 행동 및 업무 수행을 통제·관리·조정하는 것
• 자기관리 절차
 ① 비전 및 목적 설정 – 책상에 자신의 목표를 적어둔다.
 ② 과제 발견 – 각 계획에 우선순위를 정한다(예 1순위 : 가장 긴급한 일).
 ③ 일정 수립 – 우선순위에 따라 오늘의 계획 → 이번 주 계획 → 이번 달 계획 순서로 일정을 구체적으로 수립한다.
 ④ 수행 – 계획한 대로 수행한다.
 ⑤ 반성 및 피드백 – 자신이 잘한 일, 결정한 일에 대한 반성 등을 적는다.

※ 서울교통공사에서는 직원의 휴식 시간을 위해 벽걸이 TV를 설치하고자 한다. 다음 설명서를 읽고, 이어지는 질문에 답하시오. [26~27]

■ 설치 시 주의사항
- 반드시 제공하는 구성품 및 부품을 사용해 주세요.
- 수직 벽면 이외의 장소에는 설치하지 마세요.
- 진동이나 충격이 가해질 염려가 있는 곳은 제품이 떨어질 수 있으므로 피하세요.
- 제품의 열을 감지하고 스프링클러가 작동할 수 있으므로 스프링클러 감지기 옆에는 설치하지 마세요.
- 고압 케이블의 간섭을 받아 화면이 제대로 나오지 않을 수 있으므로 고압 케이블 근처에는 설치하지 마세요.
- 난방기기 주변은 과열되어 고장의 염려가 있으므로 피하십시오.
- 벽면의 안정성을 확인하세요.
- 설치한 후 벽면과 제품 사이의 거리는 최소 15mm 이상 유지하세요.
- 제품 주변으로 10cm 이상의 공간을 두어 통풍이 잘되도록 하세요. 제품 내부 온도의 상승은 화재 및 제품 고장의 원인이 될 수 있습니다.

■ 문제해결

고장	해결
전원이 켜지지 않아요.	• 전원코드가 잘 연결되어 있는지 확인하세요. • 안테나 케이블 연결이 제대로 되어 있는지 확인하세요. • 케이블 방송 수신기의 연결이 제대로 되어 있는지 확인하세요.
전원이 갑자기 꺼져요.	• 에너지 절약을 위한 '취침예약'이 설정되어 있는지 확인하세요. • 에너지 절약을 위한 '자동전원끄기' 기능이 설정되어 있는지 확인하세요.
제품에서 뚝뚝 소리가 나요.	• TV외관의 기구적 수축이나 팽창 때문에 나타날 수 있는 현상이므로 안심하고 사용하세요.
제품이 뜨거워요.	• 제품 특성상 장시간 시청 시 패널에서 열이 발생하므로 열이 발생하는 것은 결함이나 동작 사용상의 문제가 되는 것이 아니므로 안심하고 사용하세요.
리모컨 동작이 안 돼요.	• 새 건전지로 교체하세요.

※ 문제가 해결되지 않는다면 가까운 서비스센터로 문의하세요.

26 다음 중 벽걸이 TV를 설치하기 위한 장소 선정 시 고려해야 할 사항으로 적절하지 않은 것은?

① 전동안마기가 비치되어 있는 병실을 확인한다.
② 스프링클러 감지기가 설치되어 있는 곳을 확인한다.
③ 냉방기가 설치되어 있는 곳을 확인한다.
④ 도면으로 고압 케이블이 설치되어 있는 위치를 확인한다.
⑤ 벽면 강도가 약한 경우 벽면을 보강할 수 있는지 확인한다.

27 TV가 제대로 작동되지 않아 A/S를 요청하기 전 간단하게 문제를 해결해 보고자 한다. 다음 중 문제를 해결하기 위한 방법으로 적절한 것은?

① 전원이 켜지지 않아 전원코드 및 안테나 케이블, 위성 리시버가 잘 연결되어 있는지 확인했다.

② 전원이 갑자기 꺼져 전력 소모를 줄일 수 있는 기능들이 설정되어 있는지 확인했다.

③ 제품에서 뚝뚝 소리가 나서 TV의 전원을 끄고 다시 켰다.

④ 제품이 뜨거워서 분무기로 물을 뿌리고, 마른 천으로 물기를 깨끗이 닦았다.

⑤ 리모컨이 작동하지 않아 분해 후 녹이 슬어 있는 곳이 있는지 확인했다.

28 다음은 우표 발행 현황에 관한 자료이다. 다음 중 자료에 대한 설명으로 옳은 것은?

〈우표 발행 현황〉

(단위 : 천 장)

구분	2016년	2017년	2018년	2019년	2020년
보통우표	163,000	164,000	69,000	111,000	105,200
기념우표	47,180	58,050	43,900	35,560	33,630
나만의 우표	7,700	2,368	1,000	2,380	1,908
합계	217,880	224,418	113,900	148,940	140,738

① 기념우표 발행 수가 나만의 우표 발행 수와 등락폭을 같이 한다는 점을 보면, 국가적 기념업적은 개인의 기념사안과 일치한다고 볼 수 있다.

② 세 가지 우표의 발행 수가 각각 가장 낮은 연도는 2018년이다.

③ 보통우표와 기념우표 발행 수가 가장 큰 차이를 보이는 해는 2016년이다.

④ 2018년 전체 우표 발행 수 대비 나만의 우표 발행 수의 비율은 1% 이상이다.

⑤ 2016년 대비 2018년 전체 우표 발행 수의 감소율은 50% 이상이다.

29 김 부장은 영업부서의 리더로서 팀원들의 자기개발이 필요함을 느끼고 있다. 따라서 면담을 통해 현재 어떻게 자기개발을 하고 있는지 알아보았다. 팀원들 중 잘못된 자기개발 방법을 사용하는 사람은 누구인가?

① A사원은 자신이 목표하는 것을 달성하기 위해 회사동료들과의 사적인 인간관계를 멀리하고 혼자만의 공부시간을 갖고 있다.

② B사원은 자신의 영업노하우를 향상시키기 위해 도움이 될 수 있는 강연, 특강 등을 수시로 찾아서 본다.

③ C사원은 영업부에서 주어진 자신의 업무를 수행하면서 자신의 업무에 있어서 성패 요인을 분석하기 위해 자료를 데이터화하고 있다.

④ D사원은 빠르게 변화하는 회사정책에 뒤처지지 않기 위하여 수시로 회사와 관련된 자료를 수집하고 정보를 확보하여 업무에 활용하고 있다.

⑤ E사원은 회사에서 업무 성과가 뛰어난 상사를 역할 모델로 설정하여 상사의 업무 처리 방식 등을 관찰하고 있다.

30 다음은 국가별 4차 산업혁명 기반산업 R&D 투자 현황에 관한 자료이다. 자료를 보고 〈보기〉 중 옳지 않은 것을 모두 고르면?

〈국가별 4차 산업혁명 기반산업 R&D 투자 현황〉

(단위 : 억 달러)

| 국가 | 서비스 | | | | 제조 | | | | | |
| | IT서비스 | | 통신 서비스 | | 전자 | | 기계장비 | | 바이오·의료 | |
	투자액	상대수준	투자액	상대수준	투자액	상대수준	투자액	상대수준	투자액	상대수준
한국	3.4	1.7	4.9	13.1	301.6	43.1	32.4	25.9	16.4	2.3
미국	200.5	100.0	37.6	100.0	669.8	100.0	121.3	96.6	708.4	100.0
일본	30.0	14.9	37.1	98.8	237.1	33.9	125.2	100.0	166.9	23.6
독일	36.8	18.4	5.0	13.2	82.2	11.7	73.7	58.9	70.7	10.0
프랑스	22.3	11.1	10.4	27.6	43.2	6.2	12.8	10.2	14.2	2.0

※ 투자액은 기반산업별 R&D 투자액의 합계
※ 상대수준은 최대 투자국의 R&D 투자액을 100으로 두었을 때의 상대적 비율임

───〈보기〉───

ㄱ. 한국의 IT서비스 부문 투자액은 미국 대비 1.7%이다.

ㄴ. 미국은 모든 산업의 상대수준이다.

ㄷ. 한국의 전자 부문 투자액은 전자 외 부문 투자액을 모두 합한 금액의 6배 이상이다.

ㄹ. 일본과 프랑스의 부문별 투자액 순서는 동일하지 않다.

① ㄱ, ㄴ　　　　　　　② ㄴ, ㄷ
③ ㄱ, ㄷ　　　　　　　④ ㄴ, ㄹ
⑤ ㄷ, ㄹ

31 문 사장은 직원들의 자기 역량 강화 프로그램을 운영하기 위해 '자기개발계획서'를 작성하도록 하였다. 다음 중 자기개발계획서 작성이 가장 바르지 않은 사람은?

① A는 자신이 담당하고 있는 업무와 관련하여 필요한 역량이 무엇인지 분석하여 역량 강화를 위한 실천 계획을 수립하였다.

② B는 급변하는 조직 및 사회 환경에 빠르게 적응할 수 있도록 실현 가능성이 높은 1년 이내의 기간을 선정하여 자기개발계획을 수립하였다.

③ C는 목표를 수립한 후 자기 역량 강화를 위한 실천력을 높이기 위해 자기개발계획을 생활계획표 형태로 구체적으로 작성하였다.

④ D는 자신에게 요구되는 역량과 직장동료들과의 관계에 있어서 요구되는 항목으로 구분해 자기개발계획서를 작성하였다.

⑤ E는 자신의 현재 업무를 고려하여 10년 뒤의 장기목표를 설정하였고, 이를 달성하는 데 필요한 자격증 취득을 단기목표로 설정하였다.

32 B씨는 곧 있을 발표를 위해 다음 글을 기반으로 PT용 자료를 만들고자 한다. B씨가 만든 자료 중 올바르지 않은 것은?

〈저탄소 에너지 저감형 도시 계획 요소〉

1. 토지이용 및 교통부문

토지이용 및 교통부문에 해당하는 저탄소 에너지 저감 도시 계획 요소로는 기능집약형 토지이용 요소, 환경친화적 공간 계획 요소, 에너지 저감형 교통 계획 요소 등이 있다. 기능집약형 토지이용은 도시 시설의 고밀 이용, 직주근접형 토지 이용과 공간 계획 등을 통하여 교통 수요를 저감시켜 에너지 소비를 줄이게 되는데, 이는 적정규모 밀도 개발, 지역 역량을 고려한 개발지역 선정 등을 통하여 실현될 수 있다.

환경친화적 공간 계획은 충분한 오픈 스페이스 확보, 바람길 활용을 위한 건물 배치, 우수한 자연환경의 보전 등을 통하여 환경에 대한 부정적 영향을 최소화하는 동시에 에너지 및 탄소 저감을 위한 도시 형성에 기여한다. 에너지 저감형 교통 계획의 경우 대중교통 중심의 교통 네트워크를 강화하고 보행 및 자전거 이용을 촉진하여 교통 부문의 에너지 소비를 저감하는 데 그 목적이 있다. 주요 계획 요소로는 자전거 도로 설치, 대중교통 지향형 개발, 보행자 전용도로 설치 등이 있다.

2. 건축부문

건축부문의 에너지 저감을 위해서는 고단열 및 고기밀 자재 사용을 통해 에너지 투입이 최소화되도록 하며, 자연 채광과 자연 환기가 되도록 건축물의 평면과 입면 계획, 배치 계획을 유도하는 것이 필요하다. 이를 통해 기존 건물의 에너지 손실이 많은 천정, 바닥, 벽개구부 등의 단열 및 기밀성을 향상하고 단열재의 성능을 개선하여 건물의 에너지 효율을 증가시키고 에너지 저감형 건축이 가능하도록 한다.

3. 녹지부문

저탄소 에너지 저감을 위한 녹지부문의 도시 계획 요소로는 그린네트워크 및 생태녹화시스템 요소, 인공지반 및 건물 녹화 요소 등이 있다. 그린네트워크 시스템은 기존 녹지 보전 및 새로운 녹지 조성을 통한 그린네트워크 조성, 녹지공간 확충, 보행녹도, 생태면적율 확대 등을 통해 실현하며, 인공 지반 및 건물 녹화의 경우 입체 녹화, 투수성 주차장 조성, 사면 생태 녹화 등을 통해 이루어질 수 있다. 이는 탄소 흡수를 통한 온실가스 저감과 함께 대기 기후 온도를 낮추는 데 기여하여 도시의 쾌적한 환경을 조성하고 건물에서의 냉방 에너지 소비 수요를 줄이는 데 기여한다.

4. 에너지부문

에너지 생산과 관련된 에너지부문에서는 신재생 에너지 생산 및 이용 확대, 집단 에너지 이용 요소 등이 주요한 저탄소 에너지 저감 도시 계획 요소이다. 신재생 에너지 생산 및 이용 확대는 태양열 및 태양광 시스템, 풍력 에너지 이용 시스템, 지열 환경 시스템 등의 신규 설치 및 용량 확대를 통해 이루어질 수 있다. 집단 에너지의 경우 열병합 발전소, 자원 회수시설 등 1개소 이상의 에너지 생산시설에서 생산되는 복수의 에너지를 공급하는 것으로 최근 분산형 에너지 시스템의 확대와 함께 늘어나고 있는 경향이다.

저탄소 에너지 저감형 도시 계획 요소			
토지이용 및 교통부문	**건축부문**	**녹지부문**	**에너지부문**
• 적정규모 밀도 개발 • 지역 역량 고려한 개발지역 선정 • 바람길 활용 • 대중교통 지향형 개발 • 자전거 도로 설치 • 보행자 전용도로 설치	• 고단열 및 고기밀 자재 사용 • 자연 채광과 자연 환기를 위한 입면 및 배치 계획	• 그린네트워크 조성 • 녹지공간 확충 • 보행녹도 • 생태면적율 확대 • 입체 녹화 • 투수성 주차장 조성 • 사면 생태 녹화	• 신재생 에너지 생산 시설 확대 • 신재생 에너지 이용 확대 • 집단 에너지 이용 확대

① 없음
② 토지이용 및 교통부문
③ 건물부문
④ 녹지부문
⑤ 에너지부문

33 목관 5중주 공연을 위해 다음 〈조건〉에 따라 악기를 배치하고자 할 때, 다음 중 옳지 않은 것은?

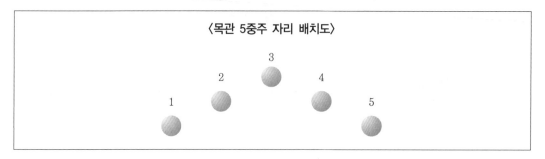

〈목관 5중주 자리 배치도〉

〈조건〉

- 목관 5중주는 플루트, 클라리넷, 오보에, 바순, 호른 각 1대씩으로 이루어진다.
- 최상의 음향 효과를 내기 위해서는 음색이 서로 잘 어울리는 악기는 바로 옆자리에 놓아야 하고, 서로 잘 어울리지 않는 악기는 바로 옆자리에 놓아서는 안 된다.
- 모든 자리는 옆자리에 놓인 악기와 음색이 서로 잘 어울리는 악기로만 배치된다.
- 오보에와 클라리넷의 음색은 서로 잘 어울리지 않는다.
- 플루트와 클라리넷의 음색은 서로 잘 어울린다.
- 플루트와 오보에의 음색은 서로 잘 어울린다.
- 호른과 오보에의 음색은 서로 잘 어울리지 않는다.
- 바순의 음색과 서로 잘 어울리지 않는 악기는 없다.
- 바순은 그 음이 낮아 제일 왼쪽(1번) 자리에는 놓일 수 없다.

① 플루트는 짝수 번째 자리에만 놓일 수 있다.
② 클라리넷은 1번 또는 5번 자리에 놓일 수 있다.
③ 오보에는 홀수 번째 자리에만 놓일 수 있다.
④ 바순이 놓일 수 있는 자리는 총 3곳이다.
⑤ 호른은 양 끝 자리에만 놓일 수 있다.

34 스프레드 시트의 [창] - [틀 고정]에 대한 설명으로 옳지 않은 것은?

① 셀 포인터의 이동에 상관없이 항상 제목 행이나 제목 열을 표시하고자 할 때 설정한다.
② 제목 행으로 설정된 행은 셀 포인터를 화면의 아래쪽으로 이동시켜도 항상 화면에 표시된다.
③ 제목 열로 설정된 열은 셀 포인터를 화면의 오른쪽으로 이동시켜도 항상 화면에 표시된다.
④ 틀 고정을 취소할 때는 반드시 셀 포인터를 틀 고정된 우측 하단에 위치시키고 [창] - [틀 고정 취소]를 클릭해야 한다.
⑤ 틀 고정은 첫 행만을 고정하도록 설정할 수 있다.

35 서울교통공사에서는 4월 1일 월요일부터 한 달 동안 임직원을 대상으로 금연교육 4회, 금주교육 3회, 성교육 2회를 실시하려고 한다. 다음 〈조건〉을 참고할 때, 교육 일정에 대한 설명 옳은 것은?

〈조건〉

- 금연교육은 정해진 같은 요일에만 주 1회 실시하고, 화, 수, 목요일 중에 해야 한다.
- 금주교육은 월요일과 금요일을 제외한 다른 요일에 시행하며, 주 2회 이상은 실시하지 않는다.
- 성교육은 4월 10일 이전, 같은 주에 이틀 연속으로 실시한다.
- 4월 22일부터 26일까지 워크숍 기간이고, 이 기간에는 어떠한 교육도 실시할 수 없다.
- 교육은 하루에 하나만 실시할 수 있고, 토요일과 일요일에는 교육을 실시할 수 없다.
- 계획한 모든 교육을 반드시 4월 안에 완료하여야 한다.

① 4월 30일에도 교육이 있다.
② 금주교육은 같은 요일에 실시되어야 한다.
③ 금주교육은 4월 마지막 주에도 실시된다.
④ 금연교육이 가능한 요일은 화요일과 수요일이다.
⑤ 성교육이 가능한 일정 조합은 두 가지 이상이다.

36 K레스토랑에서 근무하는 A씨는 다음과 같은 손님의 불만을 듣게 되었다. A씨의 고객 응대 방안으로 가장 적절한 것은?

(음식 주문 5분 후) 아니 음식 기다린 지가 언제인데 아직도 안 나오는 거예요? 아까부터 말했는데 너무 안 나오네. 이거 테이블보도 너무 더러운 것 같아요. 이거 세탁한 지 얼마나 된 거예요? 수저도 너무 무거워요. 좀 가벼운 수저 없나요? 의자에 물자국도 있는데 닦기는 한건가요?

① 흥분이 가라앉을 때까지 가만히 내버려 둔다.
② 정중하게 잘 모르겠다고 대답한다.
③ 잘못이 없음을 타당하게 설명한다.
④ 경청하고 맞장구치며 설득한다.
⑤ 분명한 증거를 내세우며 반박한다.

37 다음은 에너지 기술 활용 방안과 관련한 기사와 한전KDN의 사업 수행 내역에 관한 글이다. 밑줄 친 단어 'AICBM'이 의미하는 다섯 가지 용어로 알맞은 것은?

(가) 한국에너지공단은 오는 20일 고양시 일산 킨텍스에서 4차 산업혁명의 핵심기술인 AICBM과 관련 에너지정책이 나아갈 방향을 조명하고 발전방안을 논의하기 위한 '4차 산업혁명 대응 AICBM·에너지 융합 BIZ 전략 세미나'를 개최한다고 12일 밝혔다.

이번 세미나는 최근 전 세계 트렌드인 4차 산업혁명의 핵심기술과 에너지 분야가 접목한 다양한 사례들을 소개하고, 그간의 성과를 공유하기 위해 마련된 자리이다. 세미나 세션은 통신사를 중심으로 한 정보통신 분야, 신규 비즈산업을 소개하는 건물관리 분야, 4차 산업혁명 시대의 에너지제도 추진전략 등 총 세 분야로 짜여졌다.

먼저 정보통신 세션에서는 각 통신사가 에너지 분야와 결합해 추진 중인 각종 에너지솔루션과 비즈니스 모델을 소개하고, 건물관리 세션에서는 건물에너지 진단이나 분석·제어·운영 등의 최신 기술과 에너지저장장치(ESS)를 활용한 수요자원 거래시장 참여방안 및 구체적인 사례 등을 소개할 예정이다. 또한 에너지공단이 ICT(정보통신기술)를 활용해 추진에 박차를 가하고 있는 보일러 성능검사, 에너지 진단제도 등에 관한 앞으로의 추진방향과 서울시를 모델로 스마트 에너지 시티를 구현하기 위한 추진 전략을 발표할 계획이다.

(나) 한전KDN에서는 AICBM을 활용하여 S/W 플랫폼 기술을 확보하고 계통운영분야에 적용을 확대하고 있다. 4차 산업혁명 선도적 대응과 미래 에너지 사업 지원을 위한 AICBM Solution은 전력계통 전반의 운영시스템 고도화·지능화·최적화와 함께 미래에너지 시장창출을 위한 핵심 융합기술로 전방위 확산될 것을 예상한다. 이를 위한 중점 사업 방향으로 경영지원 및 전력계통 전 분야에 활용이 가능한 전력시장 특화 AI솔루션을 확보하고, 유무선 융합 및 고정밀 기술을 적용하여 전력설비 감시용 지능형 단말장치를 개발하며, 한전 및 전력그룹사를 지원하는 에너지 클라우드 실증센터를 구축 및 운영하고, 빅데이터를 분석하고 시각화 도구를 탑재하여 플랫폼의 고도화를 이루고 있다. 또한, 스타트 시티 및 미래 에너지 사업을 대비한 모바일 어플리케이션 개발 및 서비스 확대에도 주력하고 있다.

① AR(증강현실), ICT, Cloud, Biomass, Mobile
② AI, IoT, Computer Net-working, Big Data, Machine learning
③ AR(증강현실), ICT, Cloud, Biomass, Machine learning
④ AI, IoT, Cloud, Big Data, Mobile
⑤ AI, ICT, Cloud, Big Data, Mobile

38 〈보기〉 중 윤리적 인간에 대한 설명으로 옳은 것으로만 모두 묶인 것은?

〈보기〉

ⓐ 다른 사람의 행복을 고려하는 사람　　　ⓑ 삶의 가치와 도덕적 신념을 존중하는 사람
ⓒ 눈에 보이는 육신의 안락을 중시하는 사람　　ⓓ 다른 사람을 배려하면서 행동하는 사람
ⓔ 자신의 이익만을 생각하는 사람

① ㉠, ㉡, ㉢　　　　　　　　　　　　② ㉠, ㉡, ㉣
③ ㉡, ㉢, ㉣　　　　　　　　　　　　④ ㉡, ㉣, ㉤
⑤ ㉢, ㉣, ㉤

39 다음은 윤리적 규범에 대한 설명이다. ㉠ ~ ㉢에 들어갈 말로 올바르게 연결된 것은?

윤리적 규범이란 _____㉠_____ 과 _____㉡_____ 를 기반으로 _____㉢_____ 을 반복하여 형성되는 것이다.

	㉠	㉡	㉢
①	개인생활	이익의 필요	도덕적 가치신념
②	개인생활	협력의 필요	공동 협력의 룰
③	공동생활	이익의 필요	도덕적 가치신념
④	공동생활	협력의 필요	공동 협력의 룰
⑤	공동생활	이익의 필요	공동의 가치신념

40 직업윤리의 5대 원칙이란 다양한 직업환경의 특성상 모든 직업에 공통적으로 요구되는 윤리원칙을 말한다. 다음 중 직업윤리의 5대 원칙에 해당하지 않는 것은?

① 객관성의 원칙　　　　　　　　　　② 기업중심의 원칙
③ 전문성의 원칙　　　　　　　　　　④ 정직과 신용의 원칙
⑤ 공정경쟁의 원칙

제4회 직무수행능력평가

01 $A_1 = 3 + j5$, $A_2 = 3 + j3$의 두 벡터를 합한 벡터의 크기는 얼마인가?

① 6

② 8

③ 10

④ 12

⑤ 14

02 다음 중 콘덴서 용량 0.001F과 같은 것은?

① $100\mu F$

② $1,000\mu F$

③ $10,000\mu F$

④ $100,000\mu F$

⑤ $1,000,000\mu F$

03 공기 중에서 2×10^{-5}C과 2.5×10^{-5}C의 두 전하가 2m 거리에 있을 때 그 사이에 작용하는 힘은 얼마인가?

① 0.75N

② 1.2N

③ 1.125N

④ 1.238N

⑤ 1.428N

04 $+Q_1$[C]과 $-Q_2$[C]의 전하가 공기 중에서 r[m]의 거리에 있을 때 이들 사이에 작용하는 정전기력 F[N]는?

① $F = 9 \times 10^{-7} \times \dfrac{Q_1 Q_2}{r^2}$

② $F = 9 \times 10^{-9} \times \dfrac{Q_1 Q_2}{r^2}$

③ $F = 9 \times 10^9 \times \dfrac{Q_1 Q_2}{r^2}$

④ $F = 9 \times 10^{10} \times \dfrac{Q_1 Q_2}{r^2}$

⑤ $F = 9 \times 10^{11} \times \dfrac{Q_1 Q_2}{r^2}$

05 3μF와 6μF의 콘덴서를 직렬로 접속하고 120V의 전압을 가했을 경우 6μF의 콘덴서에 걸리는 단자 전압은?

① 100V

② 80V

③ 60V

④ 40V

⑤ 20V

06 다음 설명 중 옳지 않은 것은?

① 같은 부호의 전하끼리는 반발력이 생긴다.

② 정전유도에 의하여 작용하는 힘은 반발력이다.

③ 정전용량이란 콘덴서가 전하를 축적하는 능력을 말한다.

④ 콘덴서에 전압을 가하는 순간은 콘덴서는 단락상태가 된다.

⑤ 전자유도는 코일과 도체에 기전력이 생기는 현상이다.

07 다음 중 부하의 전압과 전류를 측정하기 위한 전압계와 전류계의 접속 방법은?

	전압계	전류계		전압계	전류계
①	직렬	병렬	②	직렬	직렬
③	병렬	직렬	④	병렬	병렬
⑤	접속 방법의 제한 없음				

08 단권 변압기에서 고압측을 V_h, 저압측을 V_l, 2차 출력을 P, 단권 변압기의 용량을 P1n이라 할 때, P1n/P는?

① $\dfrac{V_l + V_h}{V_h}$

② $\dfrac{V_h - V_l}{V_h}$

③ $\dfrac{V_l + V_h}{V_l}$

④ $\dfrac{V_h - V_l}{V_l}$

⑤ $\dfrac{V_l - V_h}{V_h}$

09 부하의 역률이 규정 값 이하인 경우 역률 개선을 위하여 설치하는 것은?

① 저항
② 리액터
③ 컨덕턴스
④ 진상용 콘덴서
⑤ 인버터

10 연선 결정에 있어서 중심 소선을 뺀 층수가 3층일 때, 전체 소선수는?

① 91개
② 61개
③ 45개
④ 37개
⑤ 19개

11 3,150/210V인 변압기의 용량이 각각 250kVA와 200kVA이고, 임피던스 강하가 각각 2.5%와 3%일 때, 병렬 합성 용량은?

① 약 389kVA
② 약 417kVA
③ 약 435kVA
④ 약 450kVA
⑤ 약 460kVA

12 150kVA인 변압기의 철손이 1kW, 전부하 동손이 2.5kW일 때, 이 변압기의 최대 효율은 몇 % 전부하에서 나타나는가?

① 약 50%
② 약 58%
③ 약 63%
④ 약 72%
⑤ 약 88%

13 V결선의 단권 변압기를 사용하여 선로 전압 V_1에서 V_2로 변압하여 전력 P[kVA]를 송전하는 경우 단권 변압기의 자기 용량 Ps는 얼마인가?(단, 강압 송전한다. 그리고 임피던스 및 여자 전류는 무시한다)

① $\left(1-\dfrac{V_2}{V_1}\right)P$

② $\dfrac{2}{\sqrt{3}}\left(1-\dfrac{V_2}{V_1}\right)P$

③ $\dfrac{\sqrt{3}}{2}\left(1-\dfrac{V_2}{V_1}\right)P$

④ $\dfrac{1}{2}\left(1-\dfrac{V_2}{V_1}\right)P$

⑤ $2\left(1-\dfrac{V_2}{V_1}\right)P$

14 최대 사용 전압이 220V인 3상 유도 전동기의 절연내력 시험 전압은 몇 V인가?

① 330V

② 500V

③ 750V

④ 1,050V

⑤ 1,250V

15 다음 중 3상 유도 전동기의 회전 방향을 바꾸기 위한 방법은?

① 3상의 3선 접속을 모두 바꾼다.

② 3상의 3선 중 2선의 접속을 바꾼다.

③ 3상의 3선 중 1선에 리액턴스를 연결한다.

④ 3상의 3선 중 2선에 같은 값의 리액턴스를 연결한다.

⑤ 3상의 3선 중 1선의 접속을 바꾼다.

16 50Hz, 4극의 유도 전동기의 슬립이 4%일 때, 매분 회전수는?

① 1,410rpm

② 1,440rpm

③ 1,470rpm

④ 1,500rpm

⑤ 1,540rpm

17 3상 동기 발전기에서 권선 피치와 자극 피치의 비를 $\dfrac{13}{15}$ 의 단절권으로 하였을 때, 단절권 계수는 얼마인가?

① $\sin\dfrac{13}{15}\pi$　　　　　　　　　　② $\sin\dfrac{15}{26}\pi$

③ $\sin\dfrac{13}{30}\pi$　　　　　　　　　　④ $\sin\dfrac{15}{13}\pi$

⑤ $\sin\dfrac{26}{15}\pi$

18 450kVA, 역률 0.85, 효율 0.9가 되는 동기 발전기 운전용 원동기의 입력은?(단, 원동기의 효율은 0.85이다)

① 450kW　　　　　　　　　　② 500kW

③ 550kW　　　　　　　　　　④ 600kW

⑤ 650kW

19 동기전동기에서 송전선의 전압 조정 및 역률 개선에 사용하는 것은?

① 댐퍼　　　　　　　　　　② 동기이탈

③ 제동권선　　　　　　　　　　④ 동기조상기

⑤ 유도전동기

20 매극 매상의 슬롯수 4인 3상 동기 발전기가 있을 때, 분포 계수 K_d를 구한 값은?(단, sin5°＝0.087, sin7.5°＝0.1305, sin15°＝0.2588, sin22.5°＝0.3827)

① 0.928　　　　　　　　　　② 0.938

③ 0.948　　　　　　　　　　④ 0.958

⑤ 0.968

21 어떤 3상 회로의 선간 전압이 200V, 선전류가 25A, 3상 전력이 7kW이었을 때, 역률은 약 얼마인가?

① 0.65 ② 0.73
③ 0.81 ④ 0.89
⑤ 0.97

22 어떤 부하에 흐르는 전류와 전압 강하를 측정하려고 한다. 전류계와 전압계의 접속 방법은?

① 전류계와 전압계를 모두 직렬로 부하에 접속한다.
② 전류계와 전압계를 모두 병렬로 부하에 접속한다.
③ 전류계는 부하에 직렬, 전압계는 부하에 병렬로 접속한다.
④ 전류계는 부하에 병렬, 전압계는 부하에 직렬로 접속한다.
⑤ 전류계는 부하에 직렬, 전압계는 부하에 직렬로 접속한다.

23 선간 전압 210V, 선전류 5A의 Y–Y 회로가 있을 때, 상전압은 얼마인가?

① 60V ② 122V
③ 210V ④ 332V
⑤ 422V

24 저항 16Ω, 유도 리액턴스 2Ω, 용량 리액턴스 14Ω인 직렬 회로의 임피던스는?

① 4Ω ② 16Ω
③ 18Ω ④ 20Ω
⑤ 27Ω

안심Touch

25 어느 전압계의 측정 범위를 10배로 하고자 할 때, 배율기의 저항은 내부 저항의 몇 배로 하여야 하는가?

① $\dfrac{1}{9}$ 배

② $\dfrac{1}{99}$ 배

③ 9배

④ 99배

⑤ 109배

26 $e = 100\sqrt{2}\sin\left(377t + \dfrac{\pi}{3}\right)$ 가 되는 사인파 교류의 주파수는?

① 약 40Hz

② 약 60Hz

③ 약 90Hz

④ 약 120Hz

⑤ 약 160Hz

27 금속관 절단구에서 다듬기에 쓰이는 공구는?

① 리머

② 홀소

③ 프레셔 툴

④ 파이프 렌치

⑤ 토크 렌치

28 흥행장의 저압 옥내배선, 전구선 또는 이동전선의 사용 전압은 최대 몇 V 미만인가?

① 400V

② 440V

③ 450V

④ 500V

⑤ 750V

29 조명공학에서 사용되는 칸델라[cd]는 무엇의 단위인가?

① 광도

② 조도

③ 광속

④ 휘도

⑤ 색온도

30 과전류 차단기로 저압 전로에 사용하는 배선용 차단기가 정격전류 30A 이하일 때, 정격전류의 1.25배 전류를 통한 경우 몇 분 안에 자동으로 동작되어야 하는가?

① 2분

② 10분

③ 20분

④ 40분

⑤ 60분

31 다음 중 주택, 아파트, 사무실, 은행, 상점, 이발소, 미장원에서 사용하는 표준부하는?

① $5VA/m^2$

② $10VA/m^2$

③ $20VA/m^2$

④ $30VA/m^2$

⑤ $45VA/m^2$

32 정격전류가 30A인 저압 전로의 과전류 차단기를 배선용 차단기로 사용할 때, 정격전류의 2배 전류가 통과하였을 경우 몇 분 안에 자동으로 동작하여야 하는가?

① 1분

② 2분

③ 60분

④ 90분

⑤ 120분

33 교류 전기철도 급전시스템이 접촉 전압을 감소시키기 위해 고려하여야 하는 방법으로 옳지 않은 것은?

① 귀선도체의 보강
② 등전위 본딩
③ 전자기적 커플링을 고려한 귀선로의 강화
④ 전압 제한 소자의 적용
⑤ 보행 표면의 절연

34 고압 가공전선이 교류 전차선과 교차할 때, 고압 가공전선으로 케이블을 사용하는 경우 이외에는 단면적 몇 mm² 이상의 경동 연선을 사용하여야 하는가?

① 14
② 22
③ 30
④ 38
⑤ 44

35 충전부 전체를 대지로부터 절연시키거나 한 점을 임피던스를 통해 대지에 접속시키며, 전기설비의 노출 도전부를 단독 또는 일괄적으로 계통의 PE도체에 접속시키는 방식은?

① TN – C계통
② TN – S계통
③ TT계통
④ IT계통
⑤ TN – C – S 계통

36 32A 이하 분기회로 중 220V 교류 사용 시 TN계통에서 최대 차단시간은?

① 0.8초
② 0.4초
③ 0.2초
④ 0.1초
⑤ 0.05초

37 TT계통에 대한 설명 중 옳지 않은 것은?

① 전원계통의 중성점이나 중간점은 접지하여야 한다.
② 중성점이나 중간점을 이용할 수 없는 경우 선도체 중 하나를 접지하여야 한다.
③ 누전차단기를 사용하여 고장 보호를 해서는 안 된다.
④ 고장 루프 임피던스가 충분히 낮을 때는 과전류 보호장치에 의하여 고장 보호를 할 수 있다.
⑤ 결선도는 전원의 한 점을 직접 접지하고 설비의 노출도전부는 전원의 접지전극과 전기적으로 독립적인 접지극에 접속시킨다.

38 과전류차단기로 시설하는 퓨즈 중 고압 전로에 사용되는 포장 퓨즈는 정격전류 몇 배의 전류에 견뎌야 하는가?

① 1.1

② 1.2

③ 1.3

④ 1.5

⑤ 1.8

39 금속제 외함을 가진 저압의 기계기구로서 사람이 쉽게 접촉할 우려가 있는 곳에 시설하는 것에 전기를 공급하는 전로에 지기가 생겼을 때 자동적으로 차단하는 장치를 설치하여야 한다. 사용 전압이 몇 V를 초과하는 기계기구의 경우인가?

① 25

② 30

③ 50

④ 60

⑤ 80

40 도체와 과부하 보호장치 사이의 협조 조건으로 옳은 것은?

① $I_B \leq I_n \leq I_Z, \ I_2 \leq 1.25 I_Z$

② $I_B \leq I_n \geq I_Z, \ I_2 \leq 1.25 I_Z$

③ $I_n \leq I_Z \leq I_B, \ I_2 \leq 1.45 I_Z$

④ $I_B \leq I_n \leq I_Z, \ I_2 \leq 1.45 I_Z$

⑤ $I_n \leq I_B \leq I_Z, \ I_2 \leq 1.45 I_Z$

안심Touch

www.sdedu.co.kr

서울교통공사
전기직

NCS 직업기초능력평가
+ 직무수행능력평가
정답 및 해설

www.sdedu.co.kr

제1회 직업기초능력평가 정답 및 해설

직업기초능력평가

01	02	03	04	05	06	07	08	09	10
⑤	①	⑤	③	④	②	②	③	②	②
11	12	13	14	15	16	17	18	19	20
③	⑤	②	①	②	②	④	④	⑤	④
21	22	23	24	25	26	27	28	29	30
②	③	①	①	③	②	④	④	②	②
31	32	33	34	35	36	37	38	39	40
④	③	④	⑤	④	③	⑤	①	③	④

01　　　　　정답 ⑤

검사 시작 이후 검사 계획을 변경할 사유가 발생한 경우에는 철도 운영자 등과 협의하여 검사 계획을 조정할 수 있다(제6조 제2항).

오답분석

① 제6조 제2항
② 제6조 제1항
③ 제6조 제3항 제3호
④ 제6조 제6항

02　　　　　정답 ①

제시문의 '열리다'는 '열다'의 피동사로 '새로운 기틀이 마련되다.'의 의미로 쓰였으며, 이와 같은 의미로 사용된 것은 ①이다.

오답분석

② 자기의 마음이 다른 사람에게 터놓아지거나 다른 사람의 마음이 받아들여지다.
③ 모임이나 회의 따위가 시작되다.
④ 하루의 영업이 시작되다.
⑤ 닫히거나 잠긴 것이 트이거나 벗겨지다.

03　　　　　정답 ⑤

서류는 반드시 한글 또는 워드 파일로 작성하여 1개 파일로 제출해야 하며, 이메일로 우선 접수 후 우편으로 원본을 보내야 한다.

04　　　　　정답 ③

경기 양평 수미마을과 산머루마을을 모두 기존상품에 해당하고, 모두 1인 최대 금액(3만 / 5만)을 넘지 않으므로 체험, 숙소, 식사비의 50%를 운영비로 지원받는다.

- 싱가폴 : $120,000 + 150,000 + 750,000 = 1,020,000$
  → $1,020,000 \times 0.5 = 510,000$원
- 중국 : $189,000 + 810,000 + 890,000 = 1,889,000$
  → $1,889,000 \times 0.5 = 944,500$원

05　　　　　정답 ④

ㄴ. 대구의 순환계통 질환 전체 사망자 수는 남성 사망자 수와 여성 사망자 수의 합과 같으므로 대구의 순환계통 질환 남성 사망자 수를 a명, 여자 사망자 수를 b명이라고 하면, 순환계통 질환으로 사망한 전체 인원 $(a+b)$명에 대한 방정식은 다음과 같다.
$23.08a + 29.43b = 26.65(a+b)$ → $2.78b = 3.57a$
→ $b \fallingdotseq 1.28a$
따라서 대구의 순환계통 질환 여자 사망자 수는 순환계통 질환 남자의 사망자 수의 약 1.28배이다.
ㄹ. 인천의 외부적 요인으로 인한 남성의 증가기대여명 1.79년은 여성의 증가기대여명의 1.5배인 $0.78 \times 1.5 = 1.17$년보다 크다.

오답분석

ㄱ. 악성 신생물로 인한 사망확률은 남성의 경우 부산이 27.96%로 가장 높으나, 여성의 경우 제주가 18.04%로 가장 높다.
ㄷ. 외부적 요인으로 인한 전체 사망확률이 가장 높은 지역은 제주(7.34%)이나, 순환계통 질환으로 인한 전체 사망확률이 가장 높은 지역은 대구(26.65%)이다. 따라서 옳지 않은 설명이다.

06　　　　　정답 ②

용존산소 탈기, 한외여과의 공정과정을 거쳐 생산된 초순수는 반도체 생산에 사용된다.

오답분석

① RO수를 생산하기 위해서 다중여과탑, 활성탄흡착, RO막 공정이 필요하다.
③ 이온교환, CO_2 탈기 공정을 통해 CO_2와 미량이온까지 제거해 순수를 생산한다.

④ 침전수는 10^{-6}m 크기의 물질까지 제거한다.
⑤ 석유화학에는 RO수를 제공하지만, RO수는 미량이온까지 제거하지 않은 산업용수이다.

07 정답 ②

데이터 계열은 3개(국어, 영어, 수학)로 구성되어 있다.

08 정답 ③

• 직원 D가 진실을 말했을 경우

뉴질랜드	대만	덴마크	미국	핀란드
C ~D	~A B ~D	~A ~D	~E	~A ~B

B가 대만, C가 뉴질랜드로 출장을 가고 덴마크와 핀란드는 A가 출장을 가지 않으므로 A는 미국에 출장을 간다. D는 덴마크에 출장을 가지 않으므로 핀란드에 출장을 가고 덴마크에는 E가 출장을 간다.

오답분석

• 직원 A가 진실을 말했을 경우

뉴질랜드	대만	덴마크	미국	핀란드
~C ~D	~B ~D A	A ~D	~E	~B ~A

A가 대만과 덴마크 두 곳으로 출장을 간다는 모순이 생긴다.

• 직원 B가 진실을 말했을 경우

뉴질랜드	대만	덴마크	미국	핀란드
~C ~D	D B A	~A ~D	~E	B ~A

대만으로 3명이 출장을 가고 B가 두 곳으로 출장을 간다는 모순이 생긴다.

• 직원 C가 진실을 말했을 경우

뉴질랜드	대만	덴마크	미국	핀란드
~C ~D	B ~D A	D ~A	E	~B ~A

대만으로 A와 B 2명이 출장을 간다는 모순이 생긴다.

• 직원 E가 진실을 말했을 경우

뉴질랜드	대만	덴마크	미국	핀란드
D ~C	B A ~D	~A ~D	~E	A ~B

대만으로 A와 B 2명이 출장을 가고 A가 두 곳으로 출장을 간다는 모순이 생긴다.

09 정답 ②

합계를 구할 범위는 [D2:D6]이며, [A2:A6]에서 "연필"인 데이터와 [B2:B6]에서 "서울"인 데이터는 [D4] 셀과 [D6] 셀이다. 이들의 판매 실적은 300+200=500이다.

10 정답 ②

고객은 대출이자가 잘못 나갔다고 생각하고 일처리를 잘못한다고 의심하는 상황이기 때문에 의심형 불만고객이다.

불만 표현 유형
• 거만형 : 자신의 과시욕을 드러내고 싶어 하는 사람으로, 보통 제품을 폄하하는 고객
• 트집형 : 사소한 것으로 트집을 잡는 까다로운 고객
• 빨리빨리형 : 성격이 급하고, 확신 있는 말이 아니면 잘 믿지 않는 고객
• 우유부단형 : 생각이나 행동이 분명하지 못하여 의사결정 시 오랜시간이 필요한 고객

11 정답 ③

ⓒ 빠른 해결을 약속하지 않으면 다른 불만을 야기하거나 불만이 더 커질 수 있다.
ⓓ 고객의 불만이 대출과 관련된 내용이기 때문에 이 부분에 대해 답변을 해야 한다.

오답분석

ⓐ 해결 방안은 고객이 아닌 S기관에서 제시하는 것이 적절하다.
ⓑ 불만을 동료에게 전달하는 것은 고객의 입장에서는 알 필요가 없는 정보이기 때문에 굳이 말할 필요가 없다.

12 정답 ⑤

• (가) : 여름과 겨울에 일정하게 매출이 증가함으로써 일정 주기를 타고 성장, 쇠퇴를 거듭하는 패션형이 적절하다.
• (나) : 매출이 계속 성장하는 모습을 보여줌으로써 연속성장형이 적절하다.
• (다) : 광고 전략과 같은 촉진활동을 통해 매출이 상승함으로써 주기·재주기형이 적절하다.
• (라) : 짧은 시간에 큰 매출 효과를 가졌으나, 며칠이 지나지 않아 매출이 급감함을 볼 때, 패드형이 적절하다.

13 정답 ②

제20조 제1항 제1호에 따르면 운전면허 취득자가 부정한 방법으로 운전면허를 받은 경우 국토교통부장관은 해당 운전면허 취득자의 운전면허를 취소해야 한다.

오답분석

① 제20조 제6항
③ 제20조 제4항
④ 제20조 제2항
⑤ 제20조 제5항

안심Touch

14　　　　　　　　정답 ①

INT 함수는 소수점 이하를 버리고 가장 가까운 정수로 내림하는 함수이다. 따라서 결괏값으로 100이 표시된다.

15　　　　　　　　정답 ②

문맥상 ⓛ에는 '하늘과 땅 사이의 빈 곳'을 의미하는 '공중(空中)'이 아닌 '사회의 대부분의 사람들'을 의미하는 '공중(公衆)'이 적절하다.

오답분석

㉠ 인화성(引火性) : 불이 잘 붙는 성질
ⓒ 휴대(携帶) : 손에 들거나 몸에 지니고 다님
ⓔ 적재(積載) : 물건이나 짐을 선박, 차량 따위의 운송 수단에 실음
ⓜ 호송(護送) : 목적지까지 보호하여 운반함

16　　　　　　　　정답 ②

경력개발능력이 필요한 이유
• 환경의 변화
　－ 지식정보의 빠른 변화
　－ 인력난 심화
　－ 삶의 질 추구
　－ 중견 사원의 이직 증가
• 조직의 요구
　－ 경영전략 변화
　－ 승진적체
　－ 직무환경 변화
　－ 능력주의 문화
• 개인의 요구
　－ 발달단계에 따른 가치관, 신념 변화
　－ 전문성 축적 및 성장 요구 증가
　－ 개인의 고용시장 가치 증대

17　　　　　　　　정답 ④

지역가입자 A ~ E씨의 생활수준 및 경제활동 참가율 구간별 점수표를 정리하면 다음과 같다.

구분	성별	연령	연령 점수	재산 정도	재산 정도 점수	연간 자동차 세액	연간 자동차 세액 점수
A씨	남성	32세	6.6점	2,500 만 원	7.2점	12.5만 원	9.1점
B씨	여성	56세	4.3점	5,700 만 원	9점	35만 원	12.2점
C씨	남성	55세	5.7점	20,000 만 원	12.7점	43만 원	15.2점
D씨	여성	23세	5.2점	1,400 만 원	5.4점	6만 원	3점
E씨	남성	47세	6.6점	13,000 만 원	10.9점	37만 원	12.2점

이에 따른 지역보험료를 계산하면 다음과 같다.
• A씨 : $(6.6+7.2+9.1+200+100) \times 183 ≒ 59,090$원
• B씨 : $(4.3+9+12.2+200+100) \times 183 ≒ 59,560$원
• C씨 : $(5.7+12.7+15.2+200+100) \times 183 ≒ 61,040$원
• D씨 : $(5.2+5.4+3+200+100) \times 183 ≒ 57,380$원
• E씨 : $(6.6+10.9+12.2+200+100) \times 183 ≒ 60,330$원

18　　　　　　　　정답 ④

홈페이지 운영 등은 정보사업팀에서 한다.

오답분석

① 감사실(1개)와 11개의 팀으로 되어 있다.
② 예산기획과 경영평가는 전략기획팀에서 관리한다.
③ 경영평가(전략기획팀), 성과평가(인재개발팀), 품질평가(평가관리팀) 등 다른 팀에서 담당한다.
⑤ 감사실을 두어 감사, 부패방지 및 지도점검을 하게 하였다.

19　　　　　　　　정답 ⑤

품질평가 관련 민원은 평가관리팀이 담당하고 있다.

20　　　　　　　　정답 ④

각 지점에 (이동경로, 거리의 합)을 표시해 문제를 해결한다. 이때, 다음 그림과 같이 여러 경로가 생기는 경우 거리의 합이 최소가 되는 (이동경로, 거리의 합)을 표시한다.

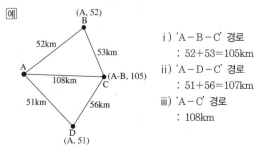

예

i) 'A－B－C' 경로
　: $52+53=105$km
ii) 'A－D－C' 경로
　: $51+56=107$km
iii) 'A－C' 경로
　: 108km

각 지점에 (이동경로, 거리의 합)을 표시하면 다음과 같다.

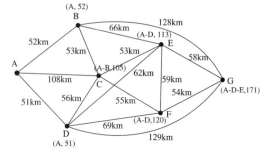

따라서 A지점에서 G지점으로 가는 최단경로는 D지점, E지점을 거쳐 G지점으로 가는 경로이고 이때의 거리는 171km이다.

21

정답 ②

C지점을 거쳐야 하므로, C지점을 거치지 않는 경로를 제외한 후 각 지점에 (이동경로, 거리의 합)을 표시하면 다음과 같다.

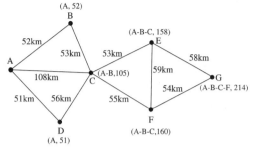

즉, C지점을 거쳐 갈 때의 최단경로는 'A − B − C − F − G' 경로 이고, 최단거리는 $52+53+55+54=214$km이다.
A지점에서 G지점으로 가는 최단거리는 171km이므로 C지점을 거치지 않았을 때의 최단거리와 C지점을 거쳐 갈 때의 최단거리의 차는 $214-171=43$km이다.

22

정답 ③

각 조건을 종합해 보면 D는 1시부터 6시까지 연습실 2에서 플루트 를 연주하고, B는 연습실 3에서 첼로를 연습하며, 연습실 2에서 처음 연습하는 사람은 9시부터 1시까지, 연습실 3에서 처음 연습 하는 사람은 9시부터 3시까지 연습한다. 따라서 연습실 1에서는 나머지 3명이 각각 3시간씩 연습해야 한다.
따라서 ③이 조건으로 추가되면 A와 E가 3시에 연습실 1과 연습 실 3에서 끝나는 것이 되는데, A는 연습실 1을 이용할 수 없으므 로 9시부터 3시까지 연습실 3에서 바이올린을 연습하고 E는 연습 실 1에서 12시부터 3시까지 클라리넷을 연습한다. C도 연습실 1 을 이용할 수 없으므로 연습실 2에서 9시부터 1시까지 콘트라베이 스를 연습하고, 마지막 조건에 따라 G는 9시부터 12시까지 연습 실 1에서, F는 3시부터 6시까지 연습실 1에서 바순을 연습하므로 모든 사람의 연습 장소와 연습 시간이 확정된다.

23

정답 ①

사내 봉사 동아리이기 때문에 공식이 아닌 비공식조직에 해당한 다. 비공식조직의 특징에는 인간관계에 따라 형성된 자발적인 조 직, 내면적·비가시적, 비제도적, 감정적, 사적 목적 추구, 부분적 질서를 위한 활동 등이 있다.

오답분석
② 영리조직
③ 공식조직
④ 공식조직
⑤ 비영리조직

24

정답 ①

경제적 의사결정을 위해 상품별 만족도 총합을 계산하면

(단위 : 점)

상품 \ 가격	만족도 \ 가격	광고의 호감도 (5)	디자인 (12)	카메라 기능 (8)	단말기 크기 (9)	A/S (6)	만족도 총합
A	35만 원	5	10	6	8	5	34
B	28만 원	4	9	6	7	5	31
C	25만 원	3	7	5	6	4	25

이때, 각 상품의 가격대비 만족도를 계산하면, 단위 금액당 만족도 가 가장 높은 상품 B$(=\frac{31}{28})$를 구입하는 것이 가장 합리적이다.

오답분석
② 단말기 크기의 만족도 만점 점수는 9점으로 카메라 기능보다 높기 때문에 단말기 크기를 더 중시하고 있음을 알 수 있다.
③ 세 상품 중 상품 A의 만족도가 가장 크지만, 비용을 함께 고려 한다면 상품 A를 구입하는 것을 합리적인 선택으로 볼 수 없다.
④ 예산을 25만 원으로 제한할 경우 상품 C를 선택할 것이다.
⑤ 만족도 점수 항목 중 휴대전화의 성능과 관련된 항목은 카메라 기능뿐이므로 지나치게 중시하고 있다고 볼 수 없다.

25

정답 ③

주위 온도가 높으면 냉각력이 떨어지고 전기료가 많이 나오게 된 다. 따라서 냉장고 설치 주변의 온도가 높지 않은지 확인할 필요가 있다.

오답분석
① 접지단자가 없으면 구리판에 접지선을 연결한 후 땅속에 묻어야 하므로 누전차단기가 아닌 구리판과 접지선을 준비해야 한다.
② 접지할 수 없는 장소일 경우 누전차단기를 콘센트에 연결해야 하므로 구리판이 아닌 누전차단기를 준비해야 한다.
④ 냉장고가 주위와의 간격이 좁으면 냉각력이 떨어지고 전기료 가 많이 나오므로 주위에 적당한 간격을 두어 설치해야 한다.
⑤ 냉장고는 바람이 완전히 차단되는 곳이 아닌 통풍이 잘되는 곳 에 설치해야 한다.

26

정답 ②

소음이 심하고 이상한 소리가 날 때는 냉장고 뒷면이 벽에 닿는지 확인하고, 주위와 적당한 간격을 둘 수 있도록 한다.

오답분석
①·③·④는 냉동, 냉장이 잘 되지 않을 때, ⑤는 냉장실 식품이 얼 때 확인할 사항이다.

제1회 정답 및 해설

27

정답 ④

소음이 심하고 이상한 소리가 날 때는 냉장고 설치장소의 바닥이 약하거나, 불안정하게 설치되어 있는지 확인할 필요가 있다.

오답분석

① 냉동, 냉장이 전혀 되지 않을 때의 해결방법이다.
② 냉장실 식품이 얼 때의 해결방법이다.
③·⑤ 냉동, 냉장이 잘 되지 않을 때의 해결방법이다.

28

정답 ④

갈등을 발견하고도 즉각적으로 다루지 않는다면 나중에 팀 성공을 저해하는 장애물이 될 것이다. 그러나 갈등이 존재한다는 사실을 인정하고 해결을 위한 조치를 취한다면, 갈등을 성공을 위한 하나의 기회로 전환할 수 있다.

29

정답 ②

과장은 아랫사람에게 인사를 먼저 건네며 즐겁게 하루를 시작하는 공경심이 있는 예도를 행하였다.

오답분석

① 비상금을 털어 무리하게 고급 생일선물을 사는 것은 자신이 감당할 수 있는 능력을 벗어나므로 적절하지 않다.
③ 선행이나 호의를 베풀 때도 받는 자에게 피해가 되지 않도록 주의해야 하므로 적절하지 않다.
④ 아랫사람의 실수를 너그럽게 관용하는 태도에 부합하지 않으므로 적절하지 않다.
⑤ 장례를 치르는 문상자리에서 애도할 줄 모르는 것이므로 올바르지 않다.

30

정답 ②

(B빌라 월세)+(한 달 교통비)=250,000+2.1×2×20×1,000
=334,000원

따라서 B빌라에 거주할 경우 회사와 집만 왕복한다면, 고정지출비용은 한 달에 334,000원이다.

오답분석

① • A빌라의 고정지출비용
　: 280,000+2.8×2×20×1,000=392,000원
• B빌라의 고정지출비용
　: 250,000+2.1×2×20×1,000=334,000원
• C빌라의 고정지출비용
　: 300,000+1.82×2×20×1,000=372,800원
따라서 월 예산이 40만 원일 때, 세 거주지의 고정지출비용은 모두 예산을 초과하지 않는다.
③ C아파트에서 회사까지의 거리(편도)는 1.82km이므로 교통비가 가장 적게 지출된다.
④ C아파트에 거주한다면, A빌라에 거주했을 때보다 한 달 고정지출비용이 392,000-372,800=19,200원 적게 지출된다.

⑤ B빌라에서 두 달 거주할 경우의 고정지출비용은 334,000×2=668,000원이고, A빌라와 C아파트에서의 한 달 고정지출비용을 각각 합한 비용은 392,000+372,800=764,800원이므로 옳지 않은 설명이다.

31

정답 ④

생산이 증가한 2016년, 2019년, 2020년에는 수출과 내수도 모두 증가했으므로 옳지 않은 설명이다.

오답분석

① 2016년에는 전년 대비 생산, 내수, 수출이 모두 증가한 것을 확인할 수 있다.
② 내수가 가장 큰 폭으로 증가한 2018년에는 생산과 수출은 모두 감소했으므로 옳은 설명이다.
③ 수출이 증가한 2016년, 2019년, 2020년에는 내수와 생산도 증가했으므로 옳은 설명이다.
⑤ 수출이 가장 큰 폭으로 증가한 2019년에는 생산도 가장 큰 폭으로 증가한 것을 확인할 수 있다.

32

정답 ③

일반 내용의 스팸문자는 2019년 하반기 0.12통에서 2020년 상반기에 0.05통으로 감소하였다.

오답분석

① 제시된 자료에 따르면 2020년부터 성인 스팸문자 수신이 시작되었다.
② 2019년 하반기에는 일반 스팸문자가, 2020년 상반기에는 대출 스팸문자가 가장 높은 비중을 차지했다.
④ 해당 기간 동안 대출 관련 스팸문자가 가장 큰 폭(0.05)으로 증가하였다.
⑤ 전년 동분기 대비 2020년 하반기의 1인당 스팸문자의 내용별 수신 수의 증가율은 $\frac{0.17-0.15}{0.15} \times 100 ≒ 13.33\%$이므로 옳은 설명이다.

33

정답 ④

근면하기 위해서는 업무에 임할 때 능동적이고 적극적인 자세가 필요하다.

34

정답 ⑤

양성평등기본법 제3조 제2호에 따르면, 성희롱의 법적 정의는 지위를 이용하거나 업무 등과 관련하여 성적 언동 등으로 상대방에게 성적 굴욕감 및 혐오감을 느끼게 하는 행위나 상대방이 성적 언동이나 그 밖의 요구 등에 따르지 아니하였다는 이유로 고용상의 불이익을 주는 행위이다. 그러므로 상대방에게 성적 수치심을 일으킨 ⑤가 성희롱 예방 수칙에 어긋난다고 볼 수 있다.

35 정답 ④

직업의 특성
- 계속성 : 직업은 일정 기간 계속 수행되어야 한다.
- 사회성 : 직업을 통하여 사회에 봉사하게 된다.
- 경제성 : 직업을 통하여 일정한 수입을 얻고, 경제발전에 기여하여야 한다.

36 정답 ③

소설을 대여한 남자의 수는 690건이고, 소설을 대여한 여자의 수는 1,060건이므로 $\frac{690}{1,060} \times 100 ≒ 65.1\%$이다. 따라서 옳지 않은 설명이다.

오답분석

① 소설의 전체 대여건수는 $450+600+240+460=1,750$건이고, 비소설의 전체 대여건수는 $520+380+320+400=1,620$건이므로 옳은 설명이다.

② 40세 미만 대여건수는 $520+380+450+600=1,950$건, 40세 이상 대여건수는 $320+400+240+460=1,420$건이므로 옳은 설명이다.

④ 전체 40세 미만 대여 수는 1,950건이고, 그중 비소설 대여는 900건이므로 $\frac{900}{1,950} \times 100 ≒ 46.2\%$이므로 옳은 설명이다.

⑤ 전체 40세 이상 대여 수는 1,420건이고, 그중 소설 대여는 700건이므로 $\frac{700}{1,420} \times 100 ≒ 49.3\%$이므로 옳은 설명이다.

37 정답 ⑤

경력개발을 위해서 먼저 관심을 가지는 직무에 대해 정보를 탐색하고, 자신과 주변 환경에 대한 탐색과 분석을 통해 경력목표를 설정하고, 이를 달성하기 위한 활동계획을 수립한다. 마지막으로 전략에 따라 실행하고 이 과정을 통해 도출된 결과를 평가한다.

자기관리 단계
- 1단계 : 직무정보 탐색
  - 관심 직무에서 요구하는 능력
  - 고용이나 승진전망, 직무 만족도 등
- 2단계 : 자신과 환경 이해
  - 자신의 능력, 흥미, 적성, 가치관
  - 직무관련 환경의 기회와 장애요인
- 3단계 : 경력목표 설정
  - 장기목표 수립 : 5 ~ 7년
  - 단기목표 수립 : 2 ~ 3년
- 4단계 : 경력개발 전략수립
  - 현재 직무와 성공적 수행
  - 역량 및 인적 네트워크 강화
- 5단계 : 실행 및 평가
  - 실행
  - 경력목표, 전략의 수정

38 정답 ①

자기개발능력의 구성
- 자아인식능력 : 직업인으로서 자신의 흥미·적성·특성 등의 이해에 기초하여 자기정체감을 형성하는 능력
- 자기관리능력 : 자신의 행동 및 업무수행을 통제하고 관리하며 조정하는 능력
- 경력개발능력 : 자신의 진로에 대한 단계적 목표를 설정하고 목표성취에 필요한 역량을 개발해 나가는 능력

39 정답 ③

일과 관련된 경험을 관리하는 것은 자아인식이 아닌 경력관리에 해당하는 것으로, 경력계획을 준비하고 실행하며 피드백하는 과정을 의미한다.

40 정답 ④

자기개발은 개별적인 과정으로 자신에 대한 이해를 바탕으로 환경변화를 예측하고, 자신에게 적합한 목표를 설정하며, 자신에게 알맞은 자기개발 전략이나 방법을 선정하여야 한다.

오답분석

① 자기개발은 일과 관련하여 이루어지는 활동으로, 생활 속에서 이루어져야 한다.

② 자기개발에서 개발의 주체는 타인이 아니라 자기 자신으로 자기개발은 스스로 계획하고 실행하는 것이다.

③ 자기개발은 보다 보람되고 나은 삶을 영위하고자 노력하는 사람이라면 누구나 해야 하는 것이다.

⑤ 자기개발은 평생에 걸쳐서 이루어지는 과정으로 변화하는 환경에 적응하기 위해서는 지속적인 자기개발이 필요하다.

01	02	03	04	05	06	07	08	09	10
③	②	①	④	③	④	②	④	②	③
11	12	13	14	15	16	17	18	19	20
①	②	④	①	①	②	②	④	②	①
21	22	23	24	25	26	27	28	29	30
②	③	②	④	③	③	④	②	④	②
31	32	33	34	35	36	37	38	39	40
④	④	②	④	③	③	③	④	③	③

01 정답 ③

전속 밀도 $D=\epsilon E=\epsilon_0\epsilon_s E[C/m^2]$

(ϵ_0 : 공기(진공)의 유전율, $\epsilon_0=8.855\times10^{-12}$, ϵ_s : 물체의 비유전율)이므로

$$E=\frac{D}{\epsilon_0\epsilon_s}=\frac{2\times10^{-6}}{8.855\times10^{-12}\times6}\fallingdotseq3.764\times10^4V/m$$

02 정답 ②

두 개의 긴 직선도체가 평행하게 놓여 있을 때 단위길이당 두 도선 사이에 작용하는 힘은 $F=2\frac{I_1I_2}{r}\times10^{-7}N/m$이므로,

$$F=2\times\frac{I_1I_2}{r}\times10^{-7}N/m=2\times\frac{10\times15}{0.06}\times10^{-7}=5\times10^{-4}$$

N/m

03 정답 ①

정전 유도에 의해 작용되는 힘은 흡인력이다.

04 정답 ④

스위치를 닫기 전의 저항이 5Ω이므로 전류가 2배가 되려면 5Ω을 $\frac{1}{2}$로 하면 된다. 즉, $2+\frac{3R}{3+R}=\frac{5}{2}$

$\therefore R=\frac{3}{5}\Omega$

05 정답 ③

석출량은 $W=kIt[g]$이므로 $W=1.1\times10^{-3}g/C\times1C/s\times2h\times3,600s/h=7.92g$이다.

06 정답 ④

줄의 법칙에 따라 $H=I^2Rt[J]=10^2\times5\times1\times60=30,000J$이다.

참고

줄(J)을 cal로 나타내면

$H=0.24I^2Rt=0.24\times30,000=7,200cal=7.2kcal$

07 정답 ②

평행판 콘덴서의 정전용량 $C=\frac{\epsilon A}{d}[F]$

• 면적을 크게 하면 커패시턴스 증가
• 거리를 짧게 하면 커패시턴스 증가
• 병렬로 연결하면 커패시턴스 증가
• 유전율이 작으면 커패시턴스 감소

08 정답 ④

유입차단기(OCB; Oil Circuit Breaker)는 오일차단기라고도 하며, 대전류를 차단할 때 생기는 아크가 절연유 속에서는 쉽게 사라지는 점을 이용한 장치이다.

오답분석

① 진공차단기(VCB; Vacuum Circuit Breaker) : 절연 내력이 매우 높은 것에 착안하여 진공 속에서 전로를 차단하는 장치이다.
② 기중차단기(ACB; Air Circuit Breaker) : 압축공기를 사용하여 아크를 끄는 전기개폐장치이다.
③ 자기차단기(MBB; Magnetic Blow-out Circuit Breaker) : 교류 고압 기중 차단기로, 소호에 자기 소호를 응용한 장치이다.
⑤ 누전차단기(ELB; Earth Leakage Breaker) : 전동기계기구가 접속되어 있는 전로에서 누전에 의한 감전위험을 방지하기 위해 사용되는 장치이다.

09 정답 ②

전원의 중성극에 접속된 전선은 '중성선'이라고 하며, 다상교류의 전원 중성점에서 꺼낸 전선이다.

10 정답 ③

역률개선의 효과에는 전력손실 감소, 전압강하 감소, 설비용량의 효율적 운용, 투자비 경감이 있다. 감전사고 감소는 접지의 효과에 해당한다.

11
정답 ①

전압 변동률은 $\varepsilon = \dfrac{V_0 - V_n}{V_n} \times 100 = \dfrac{242-220}{220} \times 100 = 10\%$

이다. 이때, V_0는 무부하 전압이며, V_n은 정격 전압을 뜻한다.

12
정답 ②

$\tau = \dfrac{P}{2\pi n} = \dfrac{3{,}000}{2 \times 3.14 \times \dfrac{1{,}500}{60}} = 19.11\text{N} \cdot \text{m}$

$\therefore \ \tau = \dfrac{19.11}{9.8} = 1.95\text{kg} \cdot \text{m}$

13
정답 ④

보상 권선은 자극편에 슬롯을 만들어 전기자 권선과 같은 권선을 하고 전기자 전류와 반대 방향으로 전류를 통하여 전기자의 기자력을 없애도록 한 것이다.

14
정답 ①

절연저항은 전동기 권선의 온도, 과열 상태, 먼지의 부착 상태에 따라 현저하게 달라진다. 먼지 등을 제거하면 절연저항은 상승한다. 따라서 절대적으로 정확한 절연저항값을 나타내기는 어렵지만, 대체적인 지침으로 삼을 수 있는 절연저항의 계산식은 다음과 같다.

$R = \dfrac{(\text{정격전압})}{1{,}000 + (\text{정격출력})}$

15
정답 ①

유기 기전력식

$E = \dfrac{pZ}{60a}\varPhi n\,[\text{V}]$

(E : 전기자의 유도기전력[V], p : 자극 수, Z : 전기자총도체 수, a : 권선의 병렬회로 수, $\varPhi$: 1극당 자속[Wb], n : 전기자의 회전속도[min^{-1}])

이때,

$p=4$, $Z=400$, $a=2$(파권의 병렬회로수는 항상 2), $\varPhi=0.01$, $n=600$이므로

$E = \dfrac{pZ}{60a}\varPhi n = \dfrac{4 \times 400}{60 \times 2} \times 0.01 \times 600 = 80\text{V}$

16
정답 ②

KEC 212.6(저압전로 중의 개폐기 및 과전류차단장치의 시설)

퓨즈(gG)의 용단특성

정격전류의 구분	시간	정격전류의 배수	
		불용단전류	용단전류
4A 이하	60분	1.5배	2.1배
4A 초과 16A 미만	60분	1.5배	1.9배
16A 이상 63A 이하	60분	1.25배	1.6배
63A 초과 160A 이하	120분	1.25배	1.6배
160A 초과 400A 이하	180분	1.25배	1.6배
400A 초과	240분	1.25배	1.6배

17
정답 ④

$P = 1.026NT = 1.026 \times 1{,}000 \times 1 = 1\text{kW}$

18
정답 ④

KEC 341.16(압축공기계통)

• 압축공기장치나 가스절연기기의 탱크나 관은 압력 시험에 견딜 것
    – 수압시험 : 최고사용압력×1.5배를 10분간 가해서 견딜 것
    – 기압시험 : 최고사용압력×1.25배를 10분간 가해서 견딜 것
• 사용압력에서 공기의 보급이 없는 상태에서 개폐기 또는 차단기의 투입 및 차단을 연속하여 1회 이상 할 수 있는 용량을 가지는 것일 것
• 주 공기탱크에는 사용압력의 1.5배 이상 3배 이하의 최고눈금이 있는 압력계를 시설할 것

19
정답 ②

제5고조파에 관한 단절 계수는 $K_{p5} = \sin\left(\dfrac{5\beta\pi}{2}\right)$이다.

제5고조파를 제거하려면 $K_{p5}=0$으로 하여야 한다.

따라서, $\dfrac{5\beta\pi}{2} = n\pi (\because \sin n\pi = 0,\ n$은 정수$)$

$n=0,\ 1,\ 2,\ 3$을 대입하면,

$n=0$일 때 $\beta=0$(이 경우 권선 계수는 이루어지지 않는다)

$n=1$일 때 $\beta = \dfrac{2}{5} = 0.4$

$n=2$일 때 $\beta = \dfrac{4}{5} = 0.8$

$n=3$일 때 $\beta = \dfrac{6}{5} = 1.2$

그런데 $\beta < 1$이므로 $\beta = 0.8$이 가장 적절하다.

20

고정손이란 철손, 기계손 등 부하 전류의 증감과는 관계없이 전력 손실을 말한다. 따라서 '계자 철심의 철손'이 고정손에 해당한다.

동기기 손실의 종류

고정손(무부하손) 부하의 변화에 무관한 손실	철손	와류손, 히스테리리스손
	기계손	마찰손, 베어링손, 풍손
가변손(부하손) 부하의 변화에 따라 변하는 손실	동손	
	표유부하손	

오답분석

- 전기손 : 기계손 등에 대응하여 표현하는 경우 각종 전력 손실의 합을 말한다.
- 저항손 : 저항을 가진 도체에 흐르는 전류에 의한 전력 손실(동손)이나 브러시의 접촉 저항을 통해서 흐르는 전류에 의한 전력 손실을 말한다.

21

- 직류전력 $P_{DC} = VI = 100 \times 40 = 4,000W$
- 교류 기본파 전력

$$P_1 = VI\cos\theta = \left(\frac{80}{\sqrt{2}}\angle 0° \times \frac{30}{\sqrt{2}}\angle 60°\right) = \frac{2,400}{2}\angle 60°$$

위상차 $60° = 1,200 \times \cos 60° = 1,200 \times \frac{1}{2} = 600W$

- 교류 7고조파 전력

$$P_7 = VI\cos\theta = \left(\frac{40}{\sqrt{2}}\angle 60° \times \frac{10}{\sqrt{2}}\angle 60°\right) = \frac{400}{2}\angle 0°$$

위상차 $0° = 200 \times \cos 0° = 200 \times 1 = 200W$

$\therefore$ 전력 $P = P_{DC} + P_1 + P_7 = 4,000 + 600 + 200 = 4,800W$

22

- 1상당 임피던스 $Z = 3 + j4[\Omega]$

$|Z| = \sqrt{(3)^2 + (4)^2} = 5\Omega$

△결선(상전압 $V_p =$ 선전압 V_l)이므로 $V_p = V_l = 200V$

1상당 임피던스이므로

- 상전류 $I_p = \frac{V_l}{|Z|} = \frac{200}{5} = 40A$
- 3상 무효전력 $P_r = 3I_p^2 X[\text{Var}] = 3 \times (40)^2 \times 4 = 19,200\text{Var}$

23

실효전류

$$I = \sqrt{(\text{직류분})^2 + \left(\frac{\text{기본파 전류}}{\sqrt{2}}\right)^2 + \left(\frac{\text{고조파 전류}}{\sqrt{2}}\right)^2}$$

$$= \sqrt{3^2 + \left(\frac{10\sqrt{2}}{\sqrt{2}}\right)^2 + \left(\frac{4\sqrt{2}}{\sqrt{2}}\right)^2} = \sqrt{9 + 100 + 16}$$

$$= \sqrt{125}\,A$$

코일에 축적되는 에너지

$$W_L = \frac{1}{2}LI^2[\text{J}]$$

$$125 = \frac{1}{2} \times L \times (\sqrt{125})^2$$

$$L = \frac{125}{125} \times 2 = 2H$$

24

$X_L = 2\pi fL = 2 \times 3.14 \times 60 \times 20 \times 10^{-3} \fallingdotseq 7.54\,\Omega$

25

$\dot{Z} = \dfrac{\dot{V}}{\dot{I}} = \dfrac{100}{4 + j3} = \dfrac{400 - j300}{4^2 + 3^2} = 16 - j12\,[\Omega]$

26

C형 전선접속기 등에 의한 접속은 동전선의 종단접속 방법에 해당되지 않는다. 종단접속 방법에는 비틀어 꽂는 형의 전선접속기, 종단 겹침용 슬리브, S형 슬리브, 트위스트형 전선접속기, 동선 압착단자 등을 이용하여 접속한다.

27

관 상호 간 및 박스와 시설 시 관을 삽입하는 경우 접착제를 사용하지 않는 경우 관의 바깥지름의 1.2배 이상으로 한다.

28

연접인입선 시설 조건

- 분기되는 점에서 100m를 초과하지 말 것
- 폭 5m을 초과하는 도로를 횡단하지 말 것
- 옥내를 통과하지 말 것
- 전선의 굵기는 2.6mm² 이상 또는 인장강도 2.30kN 이상일 것

29
정답 ④

450/750V 일반용 단심 비닐절연전선은 'NR'로 나타낸다.

오답분석

① NRI : 300/500V 기기 배선용 단심 비닐절연전선
② NF : 450/750V 일반용 유연성 단심 비닐절연전선
③ NFI : 배선용 단심 비닐절연전선
⑤ NRV : 고무절연 비닐 시스 네온 전선

30
정답 ②

절연물의 종류에 대한 최대 운전온도

염화비닐	70℃
가교폴리에틸렌과 에틸렌프로필렌고무혼합물	90℃
무기물(염화비닐 피복 또는 나전선으로 사람이 접촉할 우려가 있는 것)	70℃
무기물(접촉에 노출되지 않고 가연성 물질과 접촉할 우려가 없는 나전선)	105℃

31
정답 ④

제1종 접지공사는 전극식 온천용 승온기, 피뢰기 등에 가능하다.

오답분석

① · ② 제3종 접지공사
③ · ⑤ 제2종 접지공사

32
정답 ④

지지물 종류에 따른 경간
• 목주, A종 철주 또는 A종 철근 콘크리트주 : 150m 이하
• B종 철주 또는 B종 철근 콘크리트주 : 250m 이하
• 철탑 : 600m 이하

33
정답 ②

KEC 542.1(시설기준)
안전밸브의 분출압력
• 안전밸브가 1개인 경우는 그 배관의 최고사용압력 이하의 압력으로 한다. 단, 배관의 최고사용압력 이하의 압력에서 자동적으로 가스의 유입을 정지하는 장치가 있는 경우에는 최고사용압력의 1.03배 이하의 압력으로 할 수 있다.
• 안전밸브가 2개 이상인 경우에는 1개는 1번째 규정에 준하는 압력으로 하고 그 이외의 것은 그 배관의 최고사용압력의 1.03배 이하의 압력이어야 한다.

34
정답 ④

KEC 542.2(제어 및 보호장치 등)
접지설비
• 접지극은 고장 시 그 근처의 대지 사이에 생기는 전위차에 의하여 사람이나 가축 또는 다른 시설물에 위험을 줄 우려가 없도록 시설할 것
• 접지도체는 공칭단면적 16mm² 이상의 연동선 또는 이와 동등 이상의 세기 및 굵기의 쉽게 부식하지 아니하는 금속선(저압전로의 중성점에 시설하는 것은 공칭단면적 6mm² 이상의 연동선 또는 이와 동등 이상의 세기 및 굵기의 쉽게 부식하지 않는 금속선)으로서 고장 시 흐르는 전류가 안전하게 통할 수 있는 것을 사용하고 또한 손상을 받을 우려가 없도록 시설할 것
• 접지도체에 접속하는 저항기 · 리액터 등은 고장 시 흐르는 전류를 안전하게 통할 수 있는 것을 사용할 것
• 접지도체 · 저항기 · 리액터 등은 취급자 이외의 자가 출입하지 아니하도록 설비한 곳에 시설하는 경우 이외에는 사람이 접촉할 우려가 없도록 시설할 것

35
정답 ③

KEC 461.4(전식방지대책)
전식예방을 위한 방법
• 변전소 간 간격 축소
• 레일본드의 양호한 시공
• 장대레일채택
• 절연도상 및 레일과 침목 사이에 절연층의 설치

36
정답 ③

KEC 441.6(전기철도차량 전기설비의 전기위험방지를 위한 보호대책)

차량 종류	최대 임피던스[Ω]
기관차	0.05
객차	0.15

37
정답 ③

KEC 351.9(상주 감시를 하지 아니하는 변전소의 시설)
변전제어소 또는 기술원이 상주하는 장소에 경보장치를 시설하는 경우
• 운전조작에 필요한 차단기가 자동적으로 차단한 경우(차단기가 재폐로한 경우 제외)
• 주요 변압기의 전원측 전로가 무전압으로 된 경우
• 제어회로의 전압이 현저히 저하한 경우
• 옥내변전소에 화재가 발생한 경우
• 출력 3,000kVA를 초과하는 특고압용 변압기는 그 온도가 현저히 상승한 경우
• 특고압용 타냉식변압기는 그 냉각장치가 고장난 경우
• 조상기는 내부에 고장이 생긴 경우

안심Touch

- 수소냉각식 조상기는 그 조상기 안의 수소의 순도가 90% 이하로 저하한 경우, 수소의 압력이 현저히 변동한 경우 또는 수소의 온도가 현저히 상승한 경우
- 가스절연기기의 절연가스의 압력이 현저히 저하한 경우

38 정답 ④

기술기준 제21조의2(발전소 등의 부지 시설조건)

- 부지조성을 위해 산지를 전용할 경우에는 전용하고자 하는 산지의 평균 경사도가 25° 이하여야 하며, 산지전용면적 중 산지전용으로 발생되는 절·성토 경사면의 면적이 100분의 50을 초과해서는 아니 된다.
- 산지전용 후 발생하는 절·성토면의 수직높이는 15m 이하로 한다. 다만, 345kV급 이상 변전소로서 불가피하게 절·성토면 수직높이가 15m 초과되는 장대비탈면이 발생할 경우에는 절·성토면의 안정성에 대한 전문용역기관(토질 및 기초와 구조분야 전문기술사를 보유한 엔지니어링 활동주체로 등록된 업체)의 검토 결과에 따라 용수, 배수, 법면보호 및 낙석방지 등 안전대책을 수립한 후 시행하여야 한다.
- 산지전용 후 발생하는 절토면 최하단부에서 발전 및 변전설비까지의 최소이격거리는 보안울타리, 외곽도로, 수림대 등을 포함하여 6m 이상이 되어야 한다. 다만, 옥내변전소와 옹벽, 낙석방지망 등 안전대책을 수립한 시설의 경우에는 예외로 한다.

39 정답 ③

KEC 351.1(발전소 등의 울타리·담 등의 시설)

특고압 가공전선과 금속제의 울타리, 담 등이 교차하는 경우에는 금속제의 울타리, 담 등에는 교차점과 좌, 우로 45m 이내의 개소에 140(접지시스템)의 규정에 의한 접지공사를 하여야 한다.

40 정답 ③

단독운전은 전력계통의 일부가 전력계통의 전원과 전기적으로 분리된 상태에서 분산형 전원에 의해서만 가압되는 상태를 말한다.

오답분석

① 계통연계 : 둘 이상의 전력계통 사이를 전력이 상호 융통될 수 있도록 선로를 통하여 연결하는 것으로 전력계통 상호 간을 송전선, 변압기 또는 직류 – 교류변환설비 등에 연결하는 것(계통연락이라고도 함)을 말한다.

② 접속설비 : 공용 전력계통으로부터 특정 분산형 전원 전기설비에 이르기까지의 전선로와 이에 부속하는 개폐장치, 모선 및 기타 관련 설비를 말한다.

④ 단순 병렬운전 : 자가용 발전설비 또는 저압 소용량 일반용 발전설비를 배전계통에 연계하여 운전하되, 생산한 전력의 전부를 자체적으로 소비하기 위한 것으로서 생산한 전력이 연계계통으로 송전되지 않는 병렬 형태를 말한다.

⑤ 배후 전력 : 전력 시스템의 수선점에서 전원 측을 보았을 때의 전원 전력을 말한다.

제2회 직업기초능력평가 정답 및 해설

직업기초능력평가

01	02	03	04	05	06	07	08	09	10
②	④	③	⑤	④	②	②	⑤	③	③
11	12	13	14	15	16	17	18	19	20
⑤	③	①	⑤	③	④	③	②	④	④
21	22	23	24	25	26	27	28	29	30
③	④	②	④	③	⑤	④	④	④	②
31	32	33	34	35	36	37	38	39	40
②	④	①	③	②	④	③	⑤	⑤	④

01
정답 ②

기타 영역은 2019년과 2020년 총 매출액에 대한 비율이 동일하므로 차이가 가장 적다.

오답분석

① 2020년 총 매출액은 2019년 총 매출액보다 2,544−1,903 =641억 원 더 많다.
③ 애니메이션 영역의 매출액 비중은 전년 대비 2020년에 12.6− 9.7=2.9%p 감소하였고, 게임 영역의 매출액 비중은 전년 대비 2020년에 56.2−51.4=4.8%p 감소하였으므로 옳은 설명이다.
④ 2019년과 2020년 모두 매출액에서 게임 영역이 차지하는 비율은 각각 56.2%, 51.4%이므로 옳은 설명이다.
⑤ 모든 분야의 2020년 매출액은 각각 전년 대비 증가한 것을 확인할 수 있다.

02
정답 ④

빈칸 앞의 내용에 따르면 이전에는 현장으로 출동하여 고장 내용을 직접 확인한 뒤 다시 돌아와 필요한 장비를 준비해야 했다. 그러나 IoT기술이 도입된 후에는 설치된 센서를 통해 고장이 발생한 부품을 바로 확인할 수 있으므로 출동 전 필요한 장비를 미리 준비할 수 있게 된 것이다. 따라서 빈칸에 들어갈 내용으로는 ④가 가장 적절하다.

오답분석

① 고장 신고 절차의 간소화와 관련된 내용은 기사에서 찾아볼 수 없다.

② 고장이 발생한 현장의 위치가 아닌 고장이 발생한 부품을 바로 파악할 수 있어 고장 수리 시간이 줄어들었다.
③ IoT기술이 도입됨에 따라 다양한 센서를 설치하였지만, 첨단 수리 기계를 도입한 것은 아니다.
⑤ 직원이 필요한 장비를 미리 준비하여 출동할 수 있게 된 것일 뿐, 직원이 직접 출동하지 않고도 부품을 수리할 수 있는 것은 아니다.

03
정답 ③

공사가 특허를 출원한 것은 고장 발생 시 부품을 파악하는 시스템이 아닌 고장 발생 전 센서를 이용하여 진동을 분석함으로써 미리 사고를 예방하는 '진동센서를 이용한 에스컬레이터용 안전시스템'이다.

오답분석

① 공사는 지난해 10월 지하철 7호선 12개역 에스컬레이터 100대에 IoT기술을 적용하였다.
② IoT기술 도입으로 에스컬레이터의 고장 1건당 수리 시간이 34% 감소하였으며, 장애 경보 발생 건수도 15% 감소하였다.
④ 공사는 앞으로 SAMBA 등의 정보통신기술을 다양한 영역에 적용해 지하철 디지털 혁신 프로젝트인 SCM을 완성해나갈 예정이므로 현재는 완성되지 않았음을 알 수 있다.
⑤ 공사는 지난해까지 전체 1,663대의 에스컬레이터 중 1,324대에 역주행 방지 장치를 설치해 설치율을 80%까지 높였다.

04
정답 ⑤

제1항에 따르면 폭행·협박으로 철도종사자의 직무집행을 방해한 자는 5년 이하의 징역 또는 5천만 원 이하의 벌금에 처한다.

05
정답 ④

제3항 제2호에 따르면 철도운영이나 철도시설의 관리에 중대하고 명백한 지장을 초래한 자는 2년 이하의 징역 또는 2천만 원 이하의 벌금에 처한다.

오답분석

①·②·③·⑤ 제2항 3년 이하의 징역 또는 3천만 원 이하의 벌금에 해당한다.

06 정답 ②

완성검사를 받지 아니하고 철도차량을 판매한 자는 2년 이하의 징역 또는 2천만 원 이하의 벌금에 처한다.

07 정답 ②

철도안전법 시행규칙 제46조 제1항 제2호

08 정답 ⑤

오답분석

① 철도안전법 시행규칙 제46조 제2항 제1호
② 철도안전법 시행규칙 제46조 제2항 제3호
③ 철도안전법 시행규칙 제46조 제2항
④ 철도안전법 시행규칙 제46조 제2항 제2호

09 정답 ③

실리콘 재질로 만들어진 H의 내부는 비어있으며, 센서들은 실리콘 성형 과정에서 손가락에 내장되었다. 따라서 H는 내부가 아닌 손가락에 내장된 센서를 통해 물건이 미끄러지는 것을 감지한다.

10 정답 ③

빈칸 앞의 내용을 보면 보편적으로 사용되는 관절 로봇은 손가락의 정확한 배치와 시각 센서 등을 필요로 한다. 그러나 빈칸 뒤에서 H의 경우 손가락이 물건에 닿을 때까지 다가가 촉각 센서를 통해 물건의 위치를 파악한 뒤 손가락 위치를 조정한다고 하였다. 즉, H의 손가락은 관절 로봇의 손가락과 달리 정확한 위치 지정을 필요로 하지 않는다. 따라서 빈칸에 들어갈 내용으로 ③이 가장 적절하다.

오답분석

① 물건을 쥐기 위한 고가의 센서 기기 및 시각 센서를 필요로 하는 관절 로봇과 달리 H는 손가락의 촉각 센서로 손가락 힘을 조절하여 사물을 쥔다.
② H의 손가락은 공기압을 통해 손가락을 구부리지만, 기존 관절 로봇보다 쉽게 구부러지는지는 알 수 없다.
④ · ⑤ 물건과의 거리와 물건의 무게는 H의 손가락 촉각 센서와 관계가 없다.

11 정답 ⑤

• COUNTIF : 지정한 범위 내에서 조건에 맞는 셀의 개수를 구한다.
• 함수식 : =COUNTIF(D3:D10, “>=2020-07-01”)

오답분석

① COUNT : 범위에서 숫자가 포함된 셀의 개수를 구한다.
② COUNTA : 범위가 비어 있지 않은 셀의 개수를 구한다.
③ SUMIF : 주어진 조건에 의해 지정된 셀들의 합을 구한다.
④ MATCH : 배열에서 지정된 순서상의 지정된 값에 일치하는 항목의 상대 위치 값을 찾는다.

12 정답 ③

오답분석

① · ② AND 함수는 인수의 모든 조건이 참(TRUE)일 경우에 성별을 구분하여 표시할 수 있으므로 적절하지 않다.
④ 함수식에서 “남자”와 “여자”가 바뀌었다.
⑤ 함수식에서 “2”와 “3”이 아니라, “1”과 “3”이 입력되어야 한다.

13 정답 ①

오답분석

② [D3] : =MID(B3,3,2)
③ [E7] : =RIGHT(B7,2)
④ [D8] : =MID(B8,3,2)
⑤ [E4] : =MID(B4,5,2)

14 정답 ⑤

신입사원 채용시험 영역별 점수를 가중치를 적용하여 총점을 계산하면 다음과 같다.

구분	언어	수리	정보	상식	인성	총점
A	27(=90 ×0.3)	24(=80 ×0.3)	9(=90 ×0.1)	8(=80 ×0.1)	18(=90 ×0.2)	86
B	24(=80 ×0.3)	27(=90 ×0.3)	8(=80 ×0.1)	9(=90 ×0.1)	18(=90 ×0.2)	86
C	27(=90 ×0.3)	21(=70 ×0.3)	10(=100 ×0.1)	9(=90 ×0.1)	16(=80 ×0.2)	83
D	24(=80 ×0.3)	27(=90 ×0.3)	10(=100 ×0.1)	10(=100 ×0.1)	16(=80 ×0.2)	87
E	30(=100 ×0.3)	24(=80 ×0.3)	7(=70 ×0.1)	8(=80 ×0.1)	18(=90 ×0.2)	87

따라서 D와 E가 합격자로 선발된다.

15 정답 ③

변화된 선발기준의 가중치를 적용하여 총점을 계산하면 다음과 같다.

구분	언어	수리	정보	상식	인성	총점
A	27(=90 ×0.3)	16(=80 ×0.2)	9(=90 ×0.1)	8(=80 ×0.1)	27(=90 ×0.3)	87
B	24(=80 ×0.3)	18(=90 ×0.2)	8(=80 ×0.1)	9(=90 ×0.1)	27(=90 ×0.3)	86
C	27(=90 ×0.3)	14(=70 ×0.2)	10(=100 ×0.1)	9(=90 ×0.1)	24(=80 ×0.3)	84
D	24(=80 ×0.3)	18(=90 ×0.2)	10(=100 ×0.1)	10(=100 ×0.1)	24(=80 ×0.3)	86
E	30(=100 ×0.3)	16(=80 ×0.2)	7(=70 ×0.1)	8(=80 ×0.1)	27(=90 ×0.3)	88

따라서 A와 E가 합격자로 선발된다.

16 정답 ④

'한정 판매 마케팅 기법'은 한정판 제품의 공급을 통해 의도적으로 공급의 가격탄력성을 0에 가깝게 조정한 것이다. 이 기법은 판매 기업의 입장에서는 이윤 증대를 위한 경영 혁신이지만 소비자의 합리적 소비를 저해할 수 있다.

17 정답 ③

- 금연진료·상담료
  L씨는 고혈압진료를 병행하였으므로 금연(동시)진료 비용으로 책정해야 한다.
  - 최초상담료 : 22,500×0.2−1,500=3,000원
  - 유지상담료 : 13,500×0.2−900=1,800원
  3회 차부터 금연진료·본인부담금은 없으므로 L씨의 금연진료·상담료의 본인부담금은 3,000+1,800=4,800원이다.
- 약국금연관리비용
  약국을 2회 방문하였고 금연치료의약품을 처방받았으므로 약국 금연관리비용 본인부담금은 1,600×2=3,200원이다.
- 금연치료의약품비용
  L씨가 처방받은 금연치료의약품은 챔픽스정이다.
  챔픽스정의 1정당 본인부담금은 400원이고 7주간 처방받은 챔픽스정은 2×(28+21)=98정이다.
  즉, 금연치료의약품 본인부담금은 400×98=39,200원이다.
따라서 L씨가 낸 본인부담금은 4,800+3,200+39,200=47,200원이다.

18 정답 ②

ㄱ. 사무관리규칙 제7조 제2항에 따르면, 문서는 수신자에게 도달됨으로써 그 효력이 발생한다. 따라서 A사업의 즉시시행을 지시하는 문서는 8월 12일부터 유효하므로, 8월 10일이 사업 시작시점이 될 수 없다. 해당사업의 시행은 빨라도 문서 수신일인 8월 12일부터이므로 사업기간은 8월 12일 혹은 그 이후 실제 사업이 시작된 날부터 기산해야 한다. 제7조 제1항에 따르면 김 부장의 결재는 문서 자체가 성립하도록 하는 효력은 갖지만, 문서내용상의 효력은 발생하지 않는다.

ㄹ. 사무관리규칙 제30조 제1항에 따르면 보조기관이 서명하여 발신할 수 있는 문서는 보조기관 상호간에 발신하는 문서의 시행문이다. 그러나 김 대리가 보내는 문서는 대외기관인 S공사에 발신하는 문서이므로 보조기관이 아닌 이사장의 서명을 첨부하여 발신해야 한다.

오답분석

ㄴ. 사무관리규칙 제25조에 따르면 언론기관에 보도자료를 제공하는 경우, 담당부서 담당자 연락처를 기재해야 한다. 따라서 해당 자료의 담당자인 미래전략팀 이 주임의 연락처를 기재한 김 주임의 행동은 올바른 행동이다.

ㄷ. 사무관리규칙 제13조 제1항에 따르면 대외기관인 G공사에 발신하는 문서는 이사장 명의로 발신해야 하지만, 단서조항에 따라 권한을 위임받은 최 부장은 자신의 명의로 문서를 발신한다.

19 정답 ④

문제발생 시 확인사항의 '찬바람이 지속적으로 나오지 않습니다.', '실내기', '실외기' 등의 단서를 통해 에어컨 사용설명서라는 것을 알 수 있다.

20 정답 ④

에어컨 응축수가 잘 빠지지 않을 경우 냄새가 나므로, 배수호스를 점검해야 한다.

21 정답 ③

A/S 센터로 연락하기 전에 리모컨 수신부가 가려져 있는지 확인해야 한다.

22 정답 ④

'윈−윈(Win−Win) 관리법'은 갈등을 피하거나 타협하는 것이 아닌 모두에게 유리할 수 있도록 문제를 근본적으로 해결하는 방법이다. 귀하와 A사원이 공통적으로 가지는 근본적인 문제는 금요일에 일찍 퇴근할 수 없다는 것이므로, 금요일 업무시간 전에 청소를 할 수 있다면 귀하와 A사원 모두에게 유리할 수 있는 갈등 해결방법이 되는 것이다.

오답분석

① '나도 지고 너도 지는 방법'인 회피형에 대한 방법이다.
② '나는 지고 너는 이기는 방법'인 수용형에 대한 방법이다.
③ '서로가 타협적으로 주고받는 방법'인 타협형에 대한 방법이다.
⑤ '나는 이기고 너는 지는 방법'인 경쟁형(지배형)에 대한 방법이다.

23 정답 ②

C회사와 F회사의 설비를 설치했을 때 변동 금액을 정리하면, 다음과 같다.

구분	소비전력	전기 사용량	전기 사용료	연료비	설치비
A회사 기계	5,000W	1,200kWh	84만 원	100만 원	−
C회사 설비	−	−	−	75만 원	1,000만 원
F회사 설비	3,500W	840kWh	63만 원	−	5,000만 원

C회사의 설비를 설치하면, 전기 사용료는 변화가 없으므로 연료비만 비교한다. 사용 기간을 x개월이라고 하면, 100만×x ≥ (75만×x)+1,000만 → 25만×x ≥ 1,000만 → x ≥ 40

따라서 A회사는 C회사의 설비를 최소 3년 4개월(40개월) 이상 사용해야 손해를 보지 않는다.

24

- C회사 설비 한 달 연료비 : 75만 원
- F회사 설비 한 달 전기 사용료 : 84만×0.75=63만 원

이를 토대로 설비 설치 전, 후의 사용 비용을 계산하면 다음과 같다.

- 설비 설치 전 한 달 사용 비용
  : (전기 사용료)+(연료비)=84만+100만=184만 원
- 설비 설치 후 한 달 사용 비용
  : (전기 사용료)+(연료비)=63만+75만=138만 원

1년 기준으로 비용 절감율은 $\frac{(184-138)\times12}{184\times12}\times100=25\%$

따라서 설치 전후로 25%의 효율(비용 절감)이 있다.

25
정답 ③

- C회사 설비 1년 사용 비용 : 138만×12=1,656만 원
- F회사 설비 1년 사용 비용 : 184만×12=2,208만 원

5년간 설비를 사용하였으므로, 설치 전과 비교하여 절감한 비용은
(2,208만−1,656만)×5=2,760만 원이다.

또한 C회사와 F회사 설비를 설치하는데 드는 비용은 총 6,000만
원(1,000만+5,000만)이고, 다른 회사에 판매한 금액은 1,000만
원이다. 따라서 6,000만−2,760만−1,000만=2,240만 원 손해
이다.

26
정답 ⑤

철도안전법 제41조 제2항에 따르면 음주 검사는 국토교통부장관
또는 시·도지사가 철도안전과 위험방지를 위하여 필요하다고 인
정할 경우에도 실시할 수 있다.

오답분석

① · ② 철도안전법 제41조 제2항
③ 철도안전법 시행령 제43조의2 제2항
④ 철도안전법 시행령 제43조의2 제3항

27
정답 ④

- A · C : 제3항 제1호에 따라 혈중알코올농도가 0.02퍼센트 이상
  일 경우 술을 마셨다고 판단된다. 따라서 혈중알코올농도 0.021
  퍼센트인 A와 0.029퍼센트인 C는 철도안전법을 위반하였다.
- B : 제1항에 따르면 실무수습 중인 사람도 철도종사자에 포함
  된다. 따라서 제3항 제2호에 따라 약물 양성 판정을 받은 B는
  약물을 사용한 상태에서 업무를 한 것이므로 철도안전법을 위반
  하였다.

오답분석

- D : 제1항 제3호에 해당하는 철도종사자로 제3항 제1호에 따
  라 혈중알코올농도가 0.02퍼센트 이상일 경우 술을 마셨다고 판
  단된다. 따라서 혈중알코올농도 0.015퍼센트의 D는 이에 해당
  하지 않는다.

28
정답 ④

ㄱ. 초등학생의 경우 남성의 스마트폰 중독비율이 33.35%로
   29.58%인 여성보다 높은 것을 알 수 있지만, 중·고생의 경
   우 남성의 스마트폰 중독비율이 32.71%로 32.72%인 여성보
   다 0.01%p가 낮다.
ㄷ. 대도시에 사는 초등학생 수를 a명, 중·고생 수를 b명, 전체
   인원을 $(a+b)$명이라고 하면, 대도시에 사는 학생 중 스마트
   폰 중독 인원에 관한 방정식은 다음과 같다.
   $30.80\times a+32.40\times b=31.95\times(a+b)$
   → $1.15\times a=0.45\times b$ → $b≒2.6a$
   따라서 대도시에 사는 중·고생 수가 초등학생 수보다 2.6배
   많다.
ㄹ. 초등학생의 경우 기초수급가구의 경우 스마트폰 중독비율이
   30.35%로, 31.56%인 일반 가구의 경우보다 스마트폰 중독
   비율이 낮다. 중·고생의 경우에도 기초수급가구의 경우 스마
   트폰 중독비율이 31.05%로, 32.81%인 일반가구의 경우보다
   스마트폰 중독 비율이 낮다.

오답분석

ㄴ. 한부모·조손 가족의 스마트폰 중독 비율은 초등학생의 경우
   가 28.83%로, 중고생의 70%인 31.79×0.7≒22.3% 이상이
   므로 옳은 설명이다.

29
정답 ④

철도의 쓰레기를 수거 및 청소하는 D씨는 철도안전전문기술자가
아니다.

오답분석

① 철도안전법 시행령 제1항 제2호 나목
② 철도안전법 시행령 제1항 제2호 다목
③ 철도안전법 시행령 제1항 제2호 가목
⑤ 철도안전법 시행령 제1항 제2호 라목

30

정답 ②

팀장과 과장의 휴가일정과 세미나가 포함된 주를 제외하면 A대리가 연수에 참석할 수 있는 날짜는 첫째 주 금요일부터 둘째 주 화요일까지로 정해진다. 4월은 30일까지 있으므로 주어진 일정을 달력에 표시를 하면 다음과 같다.

일요일	월요일	화요일	수요일	목요일	금요일	토요일
	1	2 팀장 휴가	3 팀장 휴가	4 팀장 휴가	5 A대리 연수	6 A대리 연수
7 A대리 연수	8 A대리 연수	9 A대리 연수	10 B과장 휴가	11 B과장 휴가	12 B과장 휴가	13
14	15 B과장 휴가	16 B과장 휴가	17 C과장 휴가	18 C과장 휴가	19	20
21	22	23	24	25	26 세미나	27
28	29	30				

따라서 5일 동안 연속으로 참석할 수 있는 날은 4월 5일부터 9일까지이므로 A대리의 연수 마지막 날짜는 9일이다.

31

정답 ②

②는 '해결할 수 있는 갈등'에 대한 설명이다. 해결할 수 있는 갈등은 목표와 욕망, 가치, 문제를 바라보는 시각과 이해하는 시각이 다를 경우에 일어날 수 있는 갈등이다.

32

정답 ④

갈등을 성공적으로 해결하기 위해서는 누가 옳고 그른지 논쟁하는 일은 피하는 것이 좋으며, 상대방의 양 측면을 모두 이해하고 배려하는 것이 중요하다.

33

정답 ①

구분	A	B	C	D
한국과의 시차	3−9 =−6	0	−8−9 =−17	−8−9 =−17
비행시간	9시간	2시간 10분	13시간	11시간 15분
출발시각 기준 현지 도착시각	+3시간	+2시간 10분	−4시간	−5시간 45분

C비행기와 A비행기는 출발시각 기준으로 현지 도착시각이 7시간 차이가 난다. 그러나 두 번째 조건에서 두 비행기가 도착 시 현지 시각이 같다고 했으므로, A비행기는 C비행기보다 7시간 빨리 출발한다. 또한 세 번째 조건에 의해서, B비행기는 A비행기보다 6시간 늦게 출발한다. 네 번째 조건에 의해서, D비행기는 C비행기보다 15분 빨리 출발한다. 즉, A비행기보다 6시간 45분 늦게 출발한다. 따라서 'A − B − D − C' 순서로 비행기는 출발한다.

34

정답 ③

철도안전법 시행령 제32조 제4호

35

정답 ②

B버스(9시 출발, 소요시간 40분) → KTX(9시 45분 출발, 소요시간 1시간 32분) → 도착 오전 11시 17분으로 가장 먼저 도착한다.

오답분석

① A버스(9시 20분 출발, 소요시간 24분) → 새마을호(9시 45분 출발, 소요시간 3시간) → 도착시간 오후 12시 45분

③ 지하철(9시 30분 출발, 소요시간 20분) → KTX(10시 30분 출발, 소요시간 1시간 32분) → 도착시간 오후 12시 2분

④ B버스(9시 출발, 소요시간 40분) → 새마을호(9시 40분 출발, 소요시간 3시간) → 도착시간 오후 12시 40분

⑤ 지하철(9시 30분 출발, 소요시간 20분) → 새마을호(9시 50분 출발, 소요시간 3시간) → 도착시간 오후 12시 50분

36

정답 ④

전체 풍수해 규모에서 대설로 인한 풍수해 규모가 차지하는 비중은 2014년에 $\frac{480}{7,942} \times 100 \fallingdotseq 6.04\%$, 2016년에 $\frac{113}{1,720} \times 100 \fallingdotseq 6.57\%$이므로 전체 풍수해 규모에서 대설로 인한 풍수해 규모가 차지하는 비중은 2016년이 2014년보다 크다.

오답분석

① 2010년과 2018년의 태풍으로 인한 풍수해 규모는 전년보다 증가했지만, 전체 풍수해 규모는 전년보다 감소했다. 그리고 2012년 태풍으로 인한 풍수해 규모는 전년보다 감소했지만, 전체 풍수해 규모는 전년보다 증가했으므로 옳지 않은 설명이다.

② 풍랑으로 인한 풍수해 규모가 가장 낮은 것은 2011년, 2015 ～ 2018년이다.

③ 2018년 호우로 인한 풍수해 규모의 전년 대비 감소율은 $\frac{1,422−12}{1,422} \times 100 \fallingdotseq 99.16\%$이므로 97% 이상이다.

⑤ 대설로 인한 풍수해 규모가 가장 높았던 해는 2014년이지만, 전체 풍수해 규모가 가장 높았던 해는 2009년이므로 옳지 않은 설명이다.

37 정답 ③

원활한 직무수행, 사교·의례의 목적으로 제공하는 경우는 가능하지만 가액 기준 이하인 경우에도 직무관련성과 대가성이 있는 경우에는 형법상 뇌물죄에 해당하여 형사처벌 대상이 될 수 있다. A사원의 업무가 국가자격시험 문제 출제 및 관리이므로 출제위원인 김○○ 씨와 직무관련성이 인정된다. 따라서 김영란법(부정청탁 및 금품 등 수수의 금지에 관한 법률)에 의한 처벌의 대상이 될 수 있다. 김영란법에 위배되지 않기 위해서는 본인이 마실 것은 직접 챙겨야겠다고 대답하는 것이 적절하다.

38 정답 ⑤

ⓒ의 체력단련이나 취미활동은 정의에서 언급하는 개인의 경력목표로 볼 수 없다. ⓔ의 경우 직장 생활보다 개인적 삶을 중요시하고 있으므로 조직과 함께 상호작용하며 경력을 개발해 나가야 한다는 경력개발의 정의와 일치하지 않는다. 따라서 ⓒ과 ⓔ은 정의에 따른 경력개발 방법으로 적절하지 않다.

39 정답 ⑤

명함은 선 자세로 교환하는 것이 예의이고, 테이블 위에 놓고서 손으로 밀거나 서류봉투 위에 놓아서 건네는 것은 좋지 않다. 명함을 받을 때는 건넬 때와 마찬가지로 일어선 채로 두 손으로 받아야 한다.

40 정답 ④

세 지역 모두 핵가족 가구 비중이 확대가족 가구 비중보다 더 높으므로, 핵가족 수가 더 많다는 것을 유추할 수 있다.

오답분석
① 핵가족 가구의 비중이 가장 높은 곳은 71%인 B지역이다.
② 1인 가구는 기타 가구의 일부이므로, 1인 가구만의 비중은 알 수 없다.
③ 확대가족 가구의 비중이 가장 높은 곳은 C지역이지만 이 수치는 어디까지나 비중이므로 가구 수는 알 수가 없다.
⑤ 부부 가구의 구성비는 B지역이 가장 높다.

직무수행능력평가

01	02	03	04	05	06	07	08	09	10
②	①	⑤	⑤	④	③	①	③	①	③
11	12	13	14	15	16	17	18	19	20
②	③	④	④	⑤	③	①	①	②	②
21	22	23	24	25	26	27	28	29	30
①	③	⑤	②	②	⑤	②	②	④	②
31	32	33	34	35	36	37	38	39	40
②	③	①	③	③	②	③	②	①	③

01 정답 ②

전기력선은 도체 표면에 수직이고, 도체 내부에는 존재하지 않는다.

02 정답 ①

전속밀도 $D = \dfrac{Q}{A}$ 이다. 즉, 유전율 ε과 전속밀도 D는 아무런 관계가 없다.

03 정답 ⑤

일정한 운동 에너지를 가지고 등속 원운동한다.

04 정답 ⑤

병렬 연결이므로 $V_1 = V_2 = 1.5\text{V}$
$\therefore\ Q = Q_1 + Q_2 = C_1 V_1 + C_2 V_2$
$= 3 \times 10^{-6} \times 1.5 + 6 \times 10^{-6} \times 1.5 = 13.5 \times 10^{-6}\text{C}$

05 정답 ④

$F = 9 \times 10^9 \dfrac{Q_1 Q_2}{\epsilon_s r^2}$ [N]이고 공기에서의 비유전율 $\epsilon_s = 1$이므로,

$F = 9 \times 10^9 \times \dfrac{(10 \times 10^{-6}) \times (20 \times 10^{-6})}{1^2} = 1.8\text{N}$

06 정답 ③

콘덴서 직렬연결에서 합성 정전용량 $C = \dfrac{C_1 \times C_2}{C_1 + C_2}$ 이며, 각 콘덴서에 있는 전하량은 Q $Q = C_1 V_1 = C_2 V_2 = CV$이다. 따라서 $V_1 = \dfrac{Q}{C_1} = \dfrac{CV}{C_1} = \dfrac{C_1 \times C_2}{C_1 + C_2} \times \dfrac{V}{C_1} = \dfrac{C_2 \times V}{C_1 + C_2} = \dfrac{10 \times 30}{5 + 10} = 20\text{V}$임을 알 수 있다.

07
정답 ①

전기시설에 침입하는 뇌에 의한 이상 전압에 대하여 그 파고값을 감소시켜 기기를 절연 파괴에서 보호하는 장치로 영어로 LA(Lightning Arrester)라고 한다.

오답분석

② PF(Power Fuse) : 전력퓨즈라고 하며, 퓨즈에 일정 이상의 전류가 일정 시간 이상 흐를 때 퓨즈 요소가 줄 열에 의해 용단되어 전기 회로를 개방하는 보호 조치이다.
③ SA(Surge Absorber) : 진공 차단기와 같은 큰 개폐서지로부터 기기를 보호한다.
④ COS(Cut Out Switch) : 고압 컷아웃으로 변압기 보호와 개폐를 위한 것이다.
⑤ CT(Current Transforme) : 계기용 변류기, 즉 교류 전류계의 측정 범위를 확대하기 위해 사용되는 측정용 또는 제어용 변압기를 말한다.

08
정답 ③

동기 조상기를 운전할 때 부족여자로 운전하면 동기속도가 되려는 동기 전동기의 특성으로 인해 증자작용이 필요한 리액터처럼 작용한다. 과여자로 운전하면 콘덴서로 작용한다.

09
정답 ①

Y결선 ⇒ △결선으로 변형

- 상전압 $V_p = \dfrac{V_l}{\sqrt{3}} = \dfrac{20}{\sqrt{3}}$ kV
- 선전류 $I_l = \sqrt{3}\,I_p = \sqrt{3} \times 6 = 6\sqrt{3}$ A

10
정답 ③

$E = \dfrac{6,600}{\sqrt{3}} = 3,810.5$

$f = \dfrac{pN_s}{120} = \dfrac{20 \times 360}{120} = 60\text{Hz}$

$w = 240$[∵ 각 코일의 권수가 4이므로 전체코일의 권수 180×4, 그리고 3상이므로 각 상의 권수는 $\dfrac{(180 \times 4)}{3} = 240$]

$E = 4.44 K f w \Phi$

$\therefore \Phi = \dfrac{E}{4.44 \times K f w} = \dfrac{3,810.5}{4.44 \times 0.9 \times 60 \times 240} = 0.0662\text{Wb}$

11
정답 ②

단락비 $K_s = \dfrac{I_s}{I_n}$

단락전류 $I_s = \dfrac{V}{\sqrt{3}\,Z_s}$ (Z_s : 동기임피던스) $= \dfrac{3,000}{\sqrt{3} \times 2} = 866.025$

정격전류 $I_n = \dfrac{P}{\sqrt{3} \times V} = \dfrac{5,000,000}{\sqrt{3} \times 3,000} = 962.25$

$\therefore$ 단락비 $K_s = \dfrac{866.025}{966.25} = 0.9$

12
정답 ③

동기 발전기의 유기 기전력

$E = 4.44 f \Phi W K_w$ (W : 권선수, K_w : 권선계수)

주파수 $f = \dfrac{pN}{120} = \dfrac{4 \times 1800}{120} = 60\text{Hz}$

$\therefore E = 4.44 \times 60 \times 0.062 \times 100 \times 1 = 1,651.68 = 1,652\,V$

13
정답 ④

$v = \pi D \cdot \dfrac{N}{60} = \pi D \cdot \dfrac{120f}{60P}$ 이고, 회전자 둘레 $\pi D = 2\pi$ 이므로,

$v = \pi D \cdot \dfrac{120f}{60P} = 2\pi \times \dfrac{120 \times 60}{60 \times 12} = 62.8\text{m/s} = 63\text{m/s}$

14
정답 ④

(부하 용량) $= \dfrac{V_h}{V_h - V_l} \times$ (자기 용량) $= \dfrac{3,300}{3,300 - 3,000} \times 10 = 110$이다. 이때, 역률이 80%이므로
부하 전력 $P = 110 \times 0.8 = 88\text{kW}$

15
정답 ③

- 최대의 전압 변동률 $\epsilon = \sqrt{p^2 + q^2} = \sqrt{1.8^2 + 2^2} = 2.7\%$
- 역률 $\cos\phi = \dfrac{p}{\sqrt{p^2 + q^2}} = \dfrac{1.8}{2.7} \times 100 = 67\%$

16
정답 ③

여자 콘덕턴스 $= \dfrac{P_i}{3V_1^2} = \dfrac{1,020}{3\left(\dfrac{3,300}{\sqrt{3}}\right)^2} = 9.37 \times 10^{-5}\,\Omega$

17

3상 유도 전압 조정기의 2차측을 구속하고 1차측에 전압을 공급하면, 2차 권선에 기전력이 유기된다. 여기서, 2차 권선의 각상 단자를 각각 1차측의 각상 단자에 적당하게 접속하면 3상 전압을 조정할 수 있다.

18 정답 ①

$E_1 = 4.44fN_1\Phi_m$

$$\therefore \Phi_m = \frac{E_1}{4.44fN_1} = \frac{60}{4.44 \times 60 \times 200} ≒ 1.126 \times 10^{-3}\, Wb$$

19 정답 ②

$T \propto V^2$ 이므로, $210 : 220^2 = 100 : V$,

$$V = 220 \times \sqrt{\frac{100}{210}} ≒ 152V$$

20 정답 ②

$n = \dfrac{120f}{p}$ 에서 $p = p_1 + p_2$

$$\therefore n = \frac{120f}{p_1 + p_2} = \frac{120 \times 50}{12 + 8} = 300, \quad 300 \times \frac{1}{60} = 5rps$$

21 정답 ①

키르히호프의 제1법칙에 따르면 회로망 중의 임의의 접속점에 유입하는 전류의 총합과 유출하는 전류의 총합은 서로 같으므로, $\Sigma I = 0$

$$\therefore I_1 + I_2 - I_3 - I_4 - I_5 = 0$$

22 정답 ③

테브난의 정리에 의하여 부하에 흐르는 전류 $I = \dfrac{V_{ab}}{R_0 + R}$ (V_{ab} : R을 제거하였을 때 a, b단자 간에 나타나는 기전력, R_0 : 회로망의 전기 전력을 제거 단락하고 A, B에서 본 회로망의 등가 저항)

이므로, $I = \dfrac{50}{5 + 15} = 2.5A$

23 정답 ⑤

리플 주파수 : 3상 반파 정류 → 180Hz, 3상 전파 정류 → 360Hz

24 정답 ②

오답분석

ㄴ. 단위계단함수 $u(t)$는 t가 음수일 때 0, t가 양수일 때 1의 값을 갖는다.

ㄹ. 단위램프함수 $r(t)$는 $t > 0$ 때 단위 기울기를 갖는다.

25 정답 ②

정전압 다이오드는 '제너 다이오드'라고도 하며, PN접합의 역방향 특성을 이용한 다이오드이다. 역방향 전압을 천천히 올리면 PN접합부 주위에 전기력이 높아져 일정한 전압에 도달하여 큰 전류가 흐르게 된다.

오답분석

① 터널 다이오드 : 불순물 첨가 농도를 높여주면 접합 사이에서 터널 효과가 일어나는 다이오드

③ 쇼트키 베리어 다이오드 : n형 반도체와 금속을 접속시켜 금속 부분이 반도체와 같은 기능을 하도록 만든 다이오드

④ 바렉터 다이오드 : 전압을 역방향으로 가했을 경우 다이오드의 접합용량이 변화하는 다이오드

⑤ 감압 다이오드 : 압력에 의해 전압이나 전류 특성이 크게 변하는 다이오드

26 정답 ②

$$I = \frac{E}{r + R} = \frac{12}{3 + 3} = 2A$$

$$\therefore P = I^2R = 2^2 \times 3 = 12W$$

27 정답 ④

2차 전지는 충전을 통해 반영구적으로 사용하는 전지로 가장 보편적인 전지는 니켈카드뮴 전지(니카드 전지)이다.

오답분석

① 망간 전지 : 방전한 뒤 충전을 못하는 1차 전지로 사용된다.

② 산화은 전지 : 은의 산화물에 의해서 감극작용을 하도록 한 전지이다.

③ 페이퍼 전지 : 종이처럼 얇게 만든 전지이다.

⑤ 알칼리 전지 : 전해액에 수산화 칼륨(KOH) 수용액을 사용한 것으로, 진동이나 충격에 강하다.

28 정답 ②

종단 겹침용 슬리브에 의한 접속은 압착공구를 사용하여 보통 2개소를 압착한다.

29 정답 ④

고장 시의 불평형 차전류가 평형전류의 어떤 비율 이상이 되었을 때 동작하는 계전기는 비율 차동 계전기이다.

오답분석

① 과전압 계전기 : 입력 전압이 규정치보다 클 때 동작하는 계전기이다.

② 과전류 계전기 : 허용된 전류가 초과되어 과전류가 흐르게 되면 주회로를 차단함으로써 화재를 예방하는 계전기이다.

③ 전압 차동 계전기 : 두 전압의 불평형으로 어떤 값에 이르렀을 때 동작하는 계전기이다.

⑤ 선택 차동 계전기 : 2회로 이상의 보호에 쓰이는 차동 계전기이다.

30 정답 ②

저압 옥내배선의 전선은 다음 중 하나에 적합한 것을 사용하여야 한다.

• 단면적 $2.5mm^2$ 이상의 연동선 또는 이와 동등 이상의 강도 및 굵기의 것.

• 단면적이 $1mm^2$ 이상의 미네럴 인슈레이션 케이블

31 정답 ②

동력 배선에서 경보를 표시하는 램프의 일반적인 색깔은 황색이다.

32 정답 ③

흥행장에서는 이동전선의 사용 전압이 400V 미만이어야 하므로 제3종 접지공사를 한다.

기계기구의 구분	접지공사의 종류
400V 미만인 저압용의 것	제3종 접지공사
400V 이상의 저압용의 것	특별 제3종 접지공사
고압용 또는 특고압용의 것	제1종 접지공사

33 정답 ①

기술기준 제3조(정의)

전선로란 발전소・변전소・개폐소, 이에 준하는 곳, 전기사용장소 상호 간의 전선(전차선을 제외한다) 및 이를 지지하거나 수용하는 시설물을 말한다.

34 정답 ③

KEC 112(용어 정의)

전기철도용 급전선은 전기철도용 변전소로부터 다른 전기철도용 변전소 또는 전차선에 이르는 전선을 말한다.

35 정답 ③

KEC 111(총칙)

크기＼종류	교류	직류
저압	1kV 이하	1.5kV 이하
고압	1 ~ 7kV 이하	1.5 ~ 7kV 이하
특고압	7kV 초과	7kV 초과

36 정답 ②

KEC 223.1 / 334.1(지중전선로의 시설)

• 사용전선 : 케이블트로프를 사용하지 않을 경우는 CD(콤바인덕트)케이블을 사용한다.

• 매설방식 : 직접 매설식, 관로식, 암거식(공동구)

• 직접 매설식의 매설 깊이 : 트로프 기타 방호물에 넣어 시설

장소	차량, 기타 중량물의 압력이 우려	기타
깊이	1.2m 이상	0.6m 이상

37 정답 ③

KEC 222.22(농사용 저압 가공전선로의 시설)

• 사용전압은 저압일 것

• 저압 가공전선은 인장강도 1.38kN 이상 또는 지름 2mm 이상의 경동선일 것

• 저압 가공전선의 지표상의 높이는 3.5m 이상일 것. 다만, 사람이 출입하지 아니하는 곳은 3m

• 목주의 굵기는 말구 지름이 0.09m 이상일 것

• 전선로의 경간은 0.03m 이하일 것

• 다른 전선로에 접속하는 곳 가까이에 그 저압 가공전선로 전용의 개폐기 및 과전류차단기를 각 극(과전류차단기는 중성극을 제외한다)에 시설할 것

38 정답 ②

KEC 231.4(나전선의 사용 제한)

다음 경우를 제외하고 나전선을 사용하여서는 아니 된다.

• 애자사용배선(전개된 곳)
  − 전기로용 전선로
  − 절연물이 부식하기 쉬운 곳

• 접촉 전선을 사용한 곳

• 라이팅덕트 배선 또는 버스덕트 배선

안심Touch

39 정답 ①

KEC 212.6(저압전로 중의 개폐기 및 과전류차단장치의 시설)

과부하 보호 장치를 생략하는 경우

- 전동기를 운전 중 상시 취급자가 감시할 수 있는 위치에 시설
- 전동기의 구조나 부하의 성질로 보아 전동기가 손상될 수 있는 과전류가 생길 우려가 없는 경우
- 단상전동기로 전원측 전로에 시설하는 과전류차단기의 정격전류가 16A(배선용 차단기는 20A) 이하인 경우
- 전동기 용량이 0.2kW 이하인 경우

40 정답 ③

$\sum I_M = 40\text{A}$, $\sum I_H = 5 + 20 = 25\text{A}$

$\therefore I_0 = 1.25 \sum I_M + \sum I_H = 1.25 \times 40 + 25 = 75\text{A}$

제3회 직업기초능력평가 정답 및 해설

직업기초능력평가

01	02	03	04	05	06	07	08	09	10
②	③	④	①	⑤	②	③	②	④	③
11	12	13	14	15	16	17	18	19	20
⑤	②	④	②	②	①	④	③	④	③
21	22	23	24	25	26	27	28	29	30
④	①	①	①	④	④	④	④	③	①
31	32	33	34	35	36	37	38	39	40
③	④	④	②	②	③	④	④	③	④

01
정답 ②

철도안전법 제8조 제2항을 통해 국토교통부장관은 대통령령이 아닌 국토교통부령으로 정하는 바에 따라 정기적으로 안전관리체계를 검사할 수 있음을 확인할 수 있다.

오답분석

① 철도안전법 제7조 제5항
③ 철도안전법 제8조 제3항
④ 철도안전법 제7조 제2항
⑤ 철도안전법 제7조 제6항

02
정답 ③

철도안전법 제38조의12 제5항에 따르면 철도차량 소유자 등은 반드시 국토교통부장관이 지정한 전문기관으로부터 정밀안전진단을 받아야 한다.

오답분석

① 철도안전법 제38조의12 제1항
② 철도안전법 제38조의12 제2항
④ 철도안전법 제38조의13 제1항
⑤ 철도안전법 제38조의13 제2항

03
정답 ④

철도안전법 시행규칙 제75조의17 제2항 제7호에 따르면 철도차량을 제조 또는 판매하는 자는 정밀안전진단기관으로 지정될 수 없으므로 철도차량 제조 기업인 D는 정밀안전진단기관으로 지정될 수 없다.

오답분석

① 철도안전법 시행규칙 제75조의17 제2항 제1호, 제2호
② B기관의 경우 2019년 5월에 철도안전법 제38조의13 제3항 제6호를 위반하여 업무정지를 받았으나, 이는 지정신청일인 2021년 6월 1일 기준으로 2년 전의 일이므로 철도안전법 제75조의17 제2항 제5호에 따라 정밀안전진단기관으로 지정될 수 있다.
③ C기관의 경우 2020년 1월에 철도안전법 제38조의13 제3항 제2호를 위반하여 지정취소를 받았으나, 이는 지정신청일인 2021년 6월 1일 기준으로 1년 5개월 전의 일이므로 철도안전법 제75조의17 제2항 제5에 따라 정밀안전진단기관으로 지정될 수 있다.
⑤ 철도안전법 시행규칙 제75조의17 제2항 제6호

04
정답 ①

갈등이 발생하면 서로에 대해 이해하지 않고, 배척하려는 성향이 있기 때문에 갈등 당사자 간에 의사소통이 줄어들고, 접촉하지 않으려는 경향이 생긴다.

오답분석

② 조직의 갈등이 없거나 너무 낮으면 조직원들의 의욕이 상실되고, 환경변화에 대한 적응력도 떨어지며 조직성과는 낮아지게 된다.
③ 갈등이 승리를 더 원하게 만든다.
④ 목표달성을 위해 노력하는 팀이라면 갈등은 항상 있게 마련이다.
⑤ 갈등은 새로운 해결책을 만들어주는 기회가 될 수 있다.

05
정답 ⑤

세액은 공급가액의 10%이므로 (수기종이계산서의 공급가액)×0.1이다. 따라서 [F4]셀에는 「=E4*0.1」을 입력해야 한다.

06
정답 ②

[G5] 셀을 채우기 위해서는 함수식 「=SUM(G3:G4)」 또는 「=SUM(E5:F5)」가 입력되어야 하고, 총 합계는 12,281,889이다.

07
정답 ③

V0 : 유아가 동반하지만, 유모차대여유무는 V0(미대여)로 표기되어 있다.

① AU : 시작일(8월 1일)과 마감일(9월 30일)만 시간 제약이 있고, 그 이외 날짜에는 24시간 가능하므로 8월 후기(8월 16일 ~ 8월 31일) 신청한 위 신청자는 시간제약 없이 신청 가능했다.
② A2C0B1 : 성인(만 19세 이상) 2명과 유아(만 3세 이하) 1명으로 총 세 명으로 표기되어 있다.
④ 19 : 20일과 21일은 주말로 평일 중 마지막 날은 19일이므로 옳은 내용이다.
⑤ WM : 평일에는 3차시(17:00 ~ 20:00)가 운영되지 않고, 19일은 평일이므로 평일 2차시(14:00 ~ 17:00)가 가장 늦은 차시이다.

08
정답 ②

신청내용을 신청번호 순으로 정리하면 다음과 같다.
• 9월 1일 15시 30분의 통화내용 : 사전신청일은 9월 전기(SE)
• 관람인원은 보호자인 김ㅁㅁ와 6살 아이 : A1C1B0
• 유모차 미대여 : V0
• 관람날짜 및 요일과 시간 : 10월 둘째 주 토요일(10월 13일)의 주말 오전시간대(13HB)
따라서 신청자의 신청번호는 'SEA1C1B0V013HB'이다.

09
정답 ④

생후 1주일 내 사망자 수는 1,162+910=2,072명이고, 생후 셋째 날 사망자 수는 166+114=280명이므로 생후 1주일 내 신생아 사망률 중 셋째 날 신생아 사망률은 $\frac{280}{2,072}\times100 \risingdotseq 13.5\%$이다.

10
정답 ③

인구성장률 그래프의 경사가 완만할수록 인구수 변동이 적다.

① 인구성장률은 1970년 이후 계속 감소하고 있다.
② 총인구가 감소하려면 인구성장률 그래프가 (−)값을 가져야 하는데 2011년과 2015년에는 (+)값을 갖는다.
④ 2040년의 총인구보다 1990년 인구가 더 적은 것을 확인할 수 있다.
⑤ 총인구는 2020년부터 감소하는 것을 확인할 수 있다.

11
정답 ⑤

철도안전법 제19조 제7항에 따르면 운전면허의 효력이 실효된 사람이 운전면허를 다시 받으려는 경우 그 절차의 일부가 면제될 수 있다.

① 철도안전법 제19조 제1항과 제2항에 따르면 운전면허의 유효기간은 10년이나, 운전면허 갱신을 받으면 유효기간 이후에도 그 운전면허의 효력을 유지할 수 있다.
② 철도안전법 제19조 제4항에 따르면 운전면허 유효기간 만료일 전 6개월 이내에 갱신을 받지 않으면 만료일 다음 날부터 그 운전면허의 효력이 정지되나, 효력이 사라지는 것은 아니다.
③ 철도안전법 제19조 제6항에 따르면 국토교통부장관은 운전면허의 유효기간이 만료되었을 때가 아닌 만료되기 전 운전면허 갱신에 관한 내용을 통지해야 한다.
④ 철도안전법 제19조 제3항 제2호와 철도안전법 시행규칙 제32조 제3항에 따르면 운전면허 갱신 신청자는 필요한 교육훈련을 20시간 이상 받아야 한다.

12
정답 ②

B는 운전관제사로 근무한 지 2년이 되지 않았으므로 관제업무에 2년 이상 종사해야 한다는 철도안전법 시행규칙 제32조 제2항 제1호의 조건에 충족되지 않는다. 따라서 B는 공고문의 '교육신청자격'에 따라 제2종 전기차량 운전면허 갱신교육을 신청할 수 있다.

① 철도안전법 시행규칙 제32조 제1항
③ 철도안전법 시행규칙 제32조 제2항 제2호
④ 철도안전법 시행규칙 제32조 제2항 제3호
⑤ 철도안전법 제19조 제3항 제1호에 따르면 운전면허의 갱신을 신청하는 날 전 10년 이내의 해당 경력을 의미하므로 현재 종사 여부와 관계없이 E는 철도안전법 시행규칙 제32조 제2항 제1호에 해당된다.

13
정답 ④

프랑스와 한국의 시차는 7시간이므로, 프랑스 시각 2일 9시 30분은 한국 시각으로 2일 16시 30분이다. 비행시간이 13시간 걸린다고 하였으므로 인천에 3일 5시 30분에 도착한다.

14
정답 ②

주어진 자료에서 원하는 항목만을 골라 해당하는 금액의 합계를 구하기 위해서는 SUMIF 함수를 사용하는 것이 적절하다. SUMIF 함수는 「=SUMIF(범위, 조건, 합계를 구할 범위)」 형식으로 작성한다. 따라서 「=SUMIF(C3:C22, "외식비", D3:D22)」로 입력하면 원하는 값을 도출할 수 있다.

15
정답 ②

MOD 함수는 어떤 숫자를 특정 숫자로 나누었을 때 나오는 나머지를 알려주는 함수로 짝수 혹은 홀수를 구분할 때도 사용할 수 있는 함수이다.

오답분석

① SUMIF 함수는 조건에 맞는 셀의 값들의 합을 알려주는 함수이다.
③ INT 함수는 실수의 소수점 이하를 제거하고 정수로 변경할 때 사용하는 함수이다.
④ NOW 함수는 현재의 날짜와 시간을 알려주는 함수이며, 인수는 필요로 하지 않는다.
⑤ VLOOKUP 함수는 특정 범위의 첫 번째 열에 입력된 값을 이용하여 다른 열에 있는 값을 찾을 때 사용하는 함수이다.

16
정답 ①

오답분석

② 출근과 지각이 바뀌어 출력된다.
③ · ④ · ⑤ 9시 정각에 출근한 손흥민이 지각으로 출력된다.

17
정답 ④

교육 내용은 R&D 정책, 사업 제안서, 지식재산권 등 모두 R&D 사업과 관련된 내용이다. 따라서 기상산업 R&D 사업관리를 총괄하는 산업연구지원실이 제시된 교육 내용과 가장 관련이 높은 부서이다.

18
정답 ③

기상상담실은 기상예보해설 및 상담업무 지원, 기상상담실 상담 품질관리, 대국민 기상상담 등의 업무를 수행하므로 기상예보해설 PPT 및 보도 자료 결과보고와 밀접하게 관련이 있다.

19
정답 ④

항만기상관측장비 유지보수 · 관리 용역에 대한 입찰이기 때문에 기상관측장비 구매 & 유지보수 관련 수행 업무를 하는 장비사업팀과 가장 관련이 높다.

20
정답 ③

직업인의 기본자세

- 소명의식
- 천직의식
- 봉사정신
- 협동정신
- 책임의식
- 전문의식
- 공평무사한 자세

21
정답 ④

- 첫 번째 조건 : A가 받는 상여금은 75만 원이다.
- 두 번째, 네 번째 조건 : B의 상여금<C의 상여금, B의 상여금<D의 상여금<E의 상여금이므로 B가 받는 상여금은 25만 원이다.
- 세 번째 조건 : C가 받는 상여금은 50만 원 또는 100만 원이다.

이를 정리하여 가능한 경우를 표로 나타내면 다음과 같다.

구분	A	B	C	D	E
경우 1	75만 원	25만 원	50만 원	100만 원	125만 원
경우 2	75만 원	25만 원	100만 원	50만 원	125만 원

따라서 C의 상여금이 A보다 많은 경우는 경우 2로 이때, B의 상여금(25만 원)은 C의 상여금(100만 원)의 25%이다.

오답분석

① 모든 경우에서 A를 제외한 나머지 네 명의 상여금 평균은

$$\frac{25만+50만+100만+125만}{4}=75만 원 이므로 A의 상여금$$

과 같다.
② 어느 경우에서도 A와 B의 상여금은 각각 75만 원, 25만 원이므로 A의 상여금이 반드시 B보다 많다.
③ C의 상여금은 경우 1에서 50만 원으로 두 번째로 적고, 경우 2에서 100만 원으로 두 번째로 많다.
⑤ C의 상여금이 D보다 적은 경우는 경우 1로, 이때 D의 상여금(100만 원)은 E의 상여금(125만 원)의 80%이다.

22
정답 ①

세계적 기업인 맥킨지(McKinsey)에 의해서 개발된 7S 모형

- 공유가치(Shared Value) : 조직 구성원들의 행동이나 사고를 특정 방향으로 이끌어 가는 원칙이나 기준이다.
- 스타일(Style) : 구성원들을 이끌어 나가는 전반적인 조직관리 스타일이다.
- 구성원(Staff) : 조직의 인력 구성과 구성원들의 능력과 전문성, 가치관과 신념, 욕구와 동기, 지각과 태도 그리고 그들의 행동 패턴 등을 의미한다.
- 제도 · 절차(System) : 조직운영의 의사결정과 일상 운영의 틀이 되는 각종 시스템을 의미한다.
- 조직구조(Structure) : 조직의 전략을 수행하는 데 필요한 틀로서 구성원의 역할과 그들 간의 상호관계를 지배하는 공식요소이다.
- 전략(Strategy) : 조직의 장기적인 목적과 계획 그리고 이를 달성하기 위한 장기적인 행동지침이다.
- 기술(Skill) : 하드웨어는 물론 이를 사용하는 소프트웨어 기술을 포함하는 요소를 의미한다.

23
정답 ①

서류심사 배점 및 가점 기준 확정은 서류심사 이전에 이미 확정되어 있어야 한다. 서류를 본 후 심사 기준을 정하면 공정하게 되지 않을 가능성이 크다. 이후 면접에서도 면접의 배점 등의 기준은 면접 전에 확정되어야 한다.

안심Touch

24
정답 ①

면접문항 제작 일정표 작성 및 문항 개발은 계획안에 나와 있지 않은, '3. 면접문항 제작을 위한 외부업체 섭외' 부분에 들어갈 하략된 내용이다. 면접 계획안을 보고 준비해야 할 것을 찾는 문제이므로 이에 해당되지 않는다.

25
정답 ④

올바른 갈등해결방법
- 다른 사람들의 입장을 이해한다. 사람들이 당황하는 모습을 자세하게 살핀다.
- 어려운 문제는 피하지 말고 맞선다.
- 자신의 의견을 명확하게 밝히고 지속적으로 강화한다.
- 사람들과 눈을 자주 마주친다.
- 마음을 열어놓고 적극적으로 경청한다.
- 타협하려 애쓴다.
- 어느 한쪽으로 치우치지 않는다.
- 논쟁하고 싶은 유혹을 떨쳐낸다.
- 존중하는 자세로 사람들을 대한다.

26
정답 ④

스마트시티 전략은 정보통신기술을 적극적으로 활용하여 도시의 혁신을 이끌고 도시 문제를 해결하는 것으로 볼 수 있다. ④는 물리적 기반시설 확대의 경우로 정보통신기술의 활용과는 거리가 멀다.

27
정답 ④

간선노선과 보조간선노선을 구분하여 노선번호를 부여하면 다음과 같다.
- 간선노선
  - 동서를 연결하는 경우 : (가), (나)에 해당하며, 남에서 북으로 가면서 숫자가 증가하고 끝자리에는 0을 부여하므로 (가)는 20, (나)는 10이다.
  - 남북을 연결하는 경우 : (다), (라)에 해당하며, 서에서 동으로 가면서 숫자가 증가하고 끝자리에는 5를 부여하므로 (다)는 15, (라)는 25이다.
- 보조간선노선
  - (마) : 남북을 연결하는 모양에 가까우므로 (마)의 첫자리는 남쪽 시작점의 간선노선인 (다)의 첫자리와 같은 1이 되어야 하고, 끝자리는 5를 제외한 홀수를 부여해야 하므로 가능한 노선번호는 11, 13, 17, 19이다.
  - (바) : 동서를 연결하는 모양에 가까우므로 (바)의 첫자리는 바로 아래쪽에 있는 간선노선인 (나)의 첫자리와 같은 1이 되어야 하고, 끝자리는 0을 제외한 짝수를 부여해야 하므로 가능한 노선번호는 12, 14, 16, 18이다.

따라서 가능한 조합은 ④이다.

28
정답 ④

10대의 인터넷 공유활동을 참여율이 큰 순서대로 나열하면 '커뮤니티 이용 → 퍼나르기 → 블로그 운영 → UCC 게시 → 댓글달기'이다. 반면 30대는 '커뮤니티 이용 → 퍼나르기 → 블로그 운영 → 댓글달기 → UCC 게시'이다. 따라서 활동 순위가 서로 같지 않다.

오답분석
① 20대가 다른 연령에 비해 참여율이 비교적 높은 편임을 자료에서 확인할 수 있다.
② 남성이 여성보다 참여율이 대부분의 활동에서 높지만, 블로그 운영에서는 여성의 참여율이 높다.
③ 남녀 간의 참여율 격차가 가장 큰 영역은 13.8%p로 댓글달기이며, 그 반대로는 2.7%p로 커뮤니티 이용이다.
⑤ 40대는 다른 영역과 달리 댓글달기 활동에서는 다른 연령대보다 높은 참여율을 보이고 있다.

29
정답 ③

매월 각 프로젝트에 필요한 인원들을 구하면 다음과 같다.

(단위 : 명)

구분	2월	3월	4월	5월	6월	7월	8월	9월
A	46							
B	42	42	42	42				
C		24	24					
D				50	50	50		
E						15	15	15
합계	88	66	66	92	50	65	15	15

따라서 5월에 가장 많은 92명이 필요하므로 모든 프로젝트를 완료하기 위해서는 최소 92명이 필요하다.

30
정답 ①

프로젝트별 총 인건비를 계산하면 다음과 같다.
- A프로젝트 : 46×130만=5,980만 원
- B프로젝트 : 42×550만=23,100만 원
- C프로젝트 : 24×290만=6,960만 원
- D프로젝트 : 50×430만=21,500만 원
- E프로젝트 : 15×400만=6,000만 원

따라서 A∼E프로젝트를 인건비가 가장 적게 드는 것부터 나열한 순서는 'A−E−C−D−B'임을 알 수 있다.

31
정답 ③

30번에서 구한 총 인건비와 진행비를 합산하여 각 프로젝트에 들어가는 총 비용을 계산하면 다음과 같다.

- A프로젝트 : 5,980만+20,000만=25,980만 원
- B프로젝트 : 23,100만+3,000만=26,100만 원
- C프로젝트 : 6,960만+15,000만=21,960만 원
- D프로젝트 : 21,500만+2,800만=24,300만 원
- E프로젝트 : 6,000만+16,200만=22,200만 원

따라서 C프로젝트가 21,960만 원으로 총 비용이 가장 적게 든다.

32
정답 ④

팔은 안으로 굽는다는 속담은 공과 사를 구분하지 못한 것으로 올바른 직업윤리라고 할 수 없다.

33
정답 ④

회사와 팀의 업무 지침은 변화하는 환경 속에서 그 일의 전문가들에 의해 확립된 것이므로, 기본적으로 지켜야 할 것은 지키되 그 속에서 자신의 방식을 발견해야 한다. 따라서 본인이 속한 팀의 업무 지침이 마음에 들지 않는다는 이유로 이를 지키지 않고 본인만의 방식을 찾겠다는 D대리의 행동전략은 적절하지 않다.

34
정답 ②

직장에서의 자기개발은 도움이 되는 인간관계를 선별하기 위해서가 아닌 직장 내 동료들과 긍정적인 인간관계를 형성하기 위해 필요하다.

35
정답 ②

자기개발은 자아인식, 자기관리, 경력개발의 세 과정으로 구성돼 있다. 이 중 자기관리란 목표를 성취하기 위해 자신의 행동 및 업무수행을 관리하고 조정하는 것을 말한다. 자신에 대한 이해를 바탕으로 비전과 목표를 수립하고, 피드백 과정을 통해 부족한 점을 고쳐 나가도록 한다.

오답분석

① 자아인식이란 자신의 흥미, 적성, 특성 등을 이해하고 자기정체감을 확고히 하는 것을 말한다.
③ ⑤ 자기개발의 구성요소에 해당되지 않는다.
④ 경력개발이란 자신의 진로에 대해 단계적 목표를 설정하고 목표 성취에 필요한 역량을 개발해 나가는 능력을 말한다.

36
정답 ③

B부장의 부탁으로 여러 가게를 돌아다니다가 물건을 찾았다면 일단 사는 것이 옳다. 그러고 나서 금액이 초과되어 돈을 보태어 산 상황을 얘기하고 그 돈을 받는다.

37
정답 ④

오답분석

① A – 호주
② B – 캐나다
③ C – 프랑스
⑤ E – 일본

38
정답 ④

제시된 자료의 ○, ◑, ●을 점수로 변환하고, 빈칸을 $a \sim f$로 나타내면 다음과 같다.

이때 계산의 편의성을 위해 심사위원 A ~ D의 총점도 함께 나타낸다.

심사위원 정책	A	B	C	D	합계
가	1.0	1.0	0.5	0	2.5
나	1.0	1.0	0.5	1.0	3.5
다	0.5	0	1.0	0.5	2.0
라	a	1.0	0.5	e	$a+e+1.5$
마	1.0	c	1.0	0.5	$c+2.5$
바	0.5	0.5	1.0	1.0	2.5
사	0.5	0.5	0.5	1.0	2.5
아	0.5	0.5	1.0	f	$f+2.0$
자	0.5	0.5	d	1.0	$d+2.0$
차	b	1.0	0.5	0	$b+1.5$
평균(점)	0.55	0.70	0.70	0.50	
총점(점)	5.5	7.0	7.0	5.0	

심사위원별 총점을 이용하여 $a \sim f$를 구하면 다음과 같다.

- 심사위원 A : $1.0+1.0+0.5+a+1.0+0.5+0.5+0.5+0.5+b=a+b+5.5=5.5 \rightarrow a+b=0$
  a와 b는 0, 0.5, 1.0 중 하나이므로 $a=0$, $b=0$이다.
- 심사위원 B : $1.0+1.0+0+1.0+c+0.5+0.5+0.5+0.5+1.0=c+6.0=7.0 \rightarrow c=1.0$
- 심사위원 C : $0.5+0.5+1.0+0.5+1.0+0.5+0.5+1.0+d+0.5=d+6.0=7.0 \rightarrow d=1.0$
- 심사위원 D : $0+1.0+0.5+e+0.5+1.0+1.0+f+1.0+0=e+f+5.0=5.0$
  e와 f는 0, 0.5, 1.0 중 하나이므로 $e=0$, $f=0$이다.

앞에서 구한 $a \sim f$를 바탕으로 정책 라·마·아·자·차의 총점을 구하면 다음과 같다.

- 정책 '라'의 총점 : $a+e+1.5=0+0+1.5=1.5$
- 정책 '마'의 총점 : $c+2.5=1.0+2.5=3.5$
- 정책 '아'의 총점 : $f+2.0=0+2.0=2.0$
- 정책 '자'의 총점 : $d+2.0=1.0+2.0=3.0$
- 정책 '차'의 총점 : $b+1.5=0+1.5=1.5$

따라서 폐기할 정책은 '다', '라', '아', '차'이다.

39

정답 ③

B팀장에게 가지고 있는 불만이므로 본인과 직접 해결하는 것이 가장 올바르다. 비슷한 불만을 가지고 있는 사원들과 이야기를 나누고 개선해 줄 것을 바라는 사항을 정리한 후에 B팀장에게 조심스레 말하는 것이 옳다.

40

정답 ④

제시된 사례를 살펴보면 갈등 처리를 통해 내부 집단끼리 서로의 목표를 달성하여 만족시키기를 원하고 있고, 갈등 당사자들은 적정한 수준에서의 변화와 과도하지 않은 요구조건을 서로 원하고 있다. 따라서 이와 같은 사례에서 유추할 수 있는 갈등처리 의도에 대해 옳게 설명하고 있는 사람은 은영과 권철이다.

직무수행능력평가

01	02	03	04	05	06	07	08	09	10
④	②	①	①	②	③	①	②	④	④
11	12	13	14	15	16	17	18	19	20
①	①	④	④	④	②	①	①	①	②
21	22	23	24	25	26	27	28	29	30
⑤	②	①	④	①	②	④	④	④	①
31	32	33	34	35	36	37	38	39	40
⑤	①	④	④	②	④	③	③	②	②

01

정답 ④

전기력선의 성질
• 도체 표면에 존재(도체 내부에는 없다)
• $(+) \rightarrow (-)$ 이동
• 등전위면과 수직으로 발산
• 전하가 없는 곳에는 전기력선이 없음(발생, 소멸이 없다)
• 전기력선 자신만으로 폐곡선 이루지 않음
• 전위가 높은 곳에서 낮은 곳으로 이동
• 전기력선은 서로 교차하지 않음
• 전기력선 접선방향＝그 점의 전계의 방향
• Q[C]에서 $\dfrac{Q}{\varepsilon_0}$개의 전기력선이 나옴

02

정답 ②

전기력선의 성질
• 도체 표면에 존재(도체 내부에는 없다)
• $(+) \rightarrow (-)$ 이동
• 등전위면과 수직으로 발산
• 전하가 없는 곳에는 전기력선이 없음(발생, 소멸이 없다)
• 전기력선 자신만으로 폐곡선을 이루지 않음
• 전위가 높은 곳에서 낮은 곳으로 이동
• 전기력선은 서로 교차하지·않음
• 전기력선 접선방향＝그 점의 전계의 방향
• Q[C]에서 $\dfrac{Q}{\varepsilon_0}$개의 전기력선이 나옴
• 전기력선의 밀도는 전기장의 세기에 비례

03

정답 ①

충전된 대전체를 대지에 연결하면 대전체의 전하들은 대지로 이동하여 대전체는 방전한다.

04
정답 ①

쿨롱법칙에 의해 힘은 $F=k\dfrac{q_1q_2}{r^2}$ 으로 나타낼 수 있으며, 이때 k 는 쿨롱상수로 약 9×10^9 의 값을 갖는다. 따라서 $F=9\times10^9\times\dfrac{10\times20}{1^2}=1,800\times10^9\times10^{-6}\times10^{-6}=1.8\text{N}=18\times10^{-1}\text{N}$ 이다.

05
정답 ②

전위차는 1C의 전하를 옮기는 데 필요한 일이므로

$V=\dfrac{W}{q}=\dfrac{1}{2}\text{V}=0.5\text{V}$

06
정답 ③

도체에 작용하는 자기력은 $F=BIl\sin\theta$ 의 식으로 구할 수 있다.
[B : 자속밀도, I : 전류, l : 도선의 길이(m)]
$F=BIl\sin\theta=2\times5\times0.6\times\sin60°\fallingdotseq5.2\text{N}$ 이다.

07
정답 ①

진공(공기)의 유전율 $\epsilon_0=8.855\times10^{-12}$ 이고, $C=\epsilon_0\dfrac{A}{d}$ 이므로

$C=8.855\times10^{-12}\times\dfrac{5\times10^{-4}}{1\times10^{-3}}\fallingdotseq4.428\times10^{-12}\text{F}$

08
정답 ②

콘덴서는 직렬이 아닌 병렬로 연결할수록 합성 정전용량이 커진다.

• 직렬 합성 정전용량 : $C_T=\dfrac{1}{\dfrac{1}{C_1}+\dfrac{1}{C_2}}=\dfrac{C_1\times C_2}{C_1+C_2}$

• 병렬 합성 정전용량 : $C_T=C_1+C_2$

09
정답 ④

1Wh는 1시간 동안 1W의 전력을 사용한 것으로 1W×3,600s/h=3,600J이다.

10
정답 ④

합성 저항 $R=R_1+R_2$, 전류 $I=\dfrac{V}{R_1+R_2}$ 이므로

R_1 양단의 전압은 $V_1=I\cdot R_1=\dfrac{R_1}{R_1+R_2}\cdot V$이 된다.

11
정답 ①

$I=\dfrac{Q}{t}=\dfrac{10}{4}=2.5\text{A}$ 이다. 이때, 1A=1,000mA이므로 2.5A=2,500mA이다.

12
정답 ①

자동화재 탐지설비는 감지기, 중계기, 수신기, 음향장치, 표시램프, 전원 등으로 구성된다.

13
정답 ④

영상분
• 대칭 3상 전압에서는 0이 된다.
• 비접지 계열 회로에는 영상분이 존재하지 않는다.

14
정답 ④

반자성체란 외부자기장이 없을 때 물질을 구성하는 원자들의 총 자기장은 0이고, 외부 자기장의 방향과 반대방향으로 자기화되는 물질이다. 이에 속하는 물질은 구리, 유리, 금 등이며, 비투자율은 $\mu S<1$이다.

오답분석

강자성체 비투자율은 $\mu S\gg1$이고, 상자성체 비투자율은 $\mu S>1$ 이다.

15
정답 ④

(변압기의 용량)$=E_2I_2$ 이므로

$E_2=\dfrac{V_2}{\sqrt{3}}=\dfrac{6,600}{\sqrt{3}}\fallingdotseq3,810\text{V}$

$I_2=\dfrac{400\times\dfrac{10^3}{3}}{3,810\times0.7}\fallingdotseq50\text{A}$

$\therefore\ 3,810\times50\fallingdotseq190\text{kVA}$

16
정답 ②

([%]리액턴스 강하)$=\dfrac{I_{1n}x}{V_{1n}}\times100$

$I_{1n}=\dfrac{10\times10^3}{2,000}=5\text{A}$이므로,

([%]리액턴스 강하)$=\dfrac{I_{1n}x}{V_{1n}}\times100=\dfrac{5\times7}{2,000}\times100=1.75\%$

17 정답 ①

권수비는 $a = \dfrac{N_1}{N_2} = \dfrac{V_1}{V_2} = \dfrac{6{,}300}{210} = 30$이다.

18 정답 ①

반발 기동형>반발 유도형>콘덴서 기동형>분상 기동형>셰이딩 코일형

19 정답 ①

제시된 전동기의 동기회전수(분당 동기속도)는 $N_s = \dfrac{120f}{P}$

$= \dfrac{120 \times 60}{4} = 1{,}800$rpm이고, 슬립이 0.05이므로

유도 전동기의 회전수는 $N = (1-s)N_s = (1-0.05) \times 1{,}800$rpm $= 1{,}710$rpm이다.

20 정답 ②

$s = \dfrac{N_s - N}{N_s}$ 에서 $N_s = \dfrac{120f}{p} = \dfrac{120 \times 60}{8} = 900$rpm

$\therefore s = \dfrac{900 - 855}{900} \times 100 = 5\%$

21 정답 ⑤

직렬공진회로에서 공진상태가 되면 임피던스는 $R[\Omega]$로 최솟값을 가지며 순수저항과 같은 특성을 가지게 된다. 그리고 전압 확대율(선택도) Q는 공진 시 리액턴스와 저항의 비로 정의하고 원하는 신호를 구별해서 다룰 수 있는 정도를 나타낸다.

확대율 : $Q = \dfrac{1}{R}\sqrt{\dfrac{L}{C}} = \dfrac{1}{2\Omega} \times \sqrt{\dfrac{10\text{mH}}{4\mu\text{F}}}$

$= \dfrac{1}{2\Omega} \times \sqrt{\dfrac{10 \times 10^{-3}\text{H}}{4 \times 10^{-6}\text{F}}} = 25$

22 정답 ②

- 진동 상태 : $R^2 < \dfrac{4L}{C}$

- 비진동 상태 : $R^2 > \dfrac{4L}{C}$

- 임계 상태 : $R^2 = \dfrac{4L}{C}$

$R^2 = 100^2 = 10{,}000$, $\dfrac{4L}{C} = \dfrac{4 \times 0.1 \times 10^{-3}}{0.1 \times 10^{-6}} = 4{,}000$

따라서, $R^2 > \dfrac{4L}{C}$ 이므로 비진동 상태이다.

23 정답 ①

시상수 $T = CR[\sec]$이므로

$\therefore T = 10 \times 10^{-6} \times 100 \times 10^3 = 1\sec$

24 정답 ④

측정하는 전류(I_0)는 $I_0 = \left(1 + \dfrac{r}{R}\right)I_a$ (r : 전류계의 내부저항, R : 분류기의 내부저항, I_a : 전류계의 지시)이다. 따라서 분류기의 내부저항은 $R = \dfrac{rI_a}{I_0 - I_a} = \dfrac{10 \times 1}{101 - 1} = 0.1\,\Omega$임을 알 수 있다.

25 정답 ①

$C_{ac} = C_3 + \dfrac{1}{\dfrac{1}{C_1} + \dfrac{1}{C_2}}\,[\text{F}]$

26 정답 ②

서셉턴스는 임피던스 역수(어드미턴스)의 허수부분 상수인 리액턴스 성분이다. 따라서 $Y = \dfrac{1}{Z} = \dfrac{1}{R + jX_L} = \dfrac{R - jX_L}{R^2 + X_L^2} = \dfrac{R}{R^2 + X_L^2}$

$- \dfrac{X_L}{R^2 + X_L^2}j$에서 허수부분 상수인 $\dfrac{-X_L}{R^2 + X_L^2} = \dfrac{-8}{6^2 + 8^2}$

$= -0.08\text{℧}$이므로 0.08℧이다.

27 정답 ④

구리전선과 전기 기계기구 단자를 접속하는 경우에 진동 등으로 인하여 헐거워질 염려가 있는 곳에는 '스프링 와셔'를 끼워 진동을 방지한다.

28 정답 ④

천장에 작은 구멍을 뚫어 그 속에 등기구를 매입하는 방식은 '다운라이트 방식'이다.

오답분석

① 코브 방식 : 천장이나 벽 부분에 빛을 보내기 위해 램프를 감춰 간접 조명을 이용하는 방식이다.
② 코퍼 방식 : 천장을 여러 형태의 사각, 삼각, 원형 등으로 구멍을 내어 다양한 형태의 매입기구를 취부하여 실내의 단조로움을 피하는 방식이다.
③ 밸런스 방식 : 벽면을 광원으로 조명하는 방식이다.
⑤ 코니스 방식 : 천정과 벽면의 경계구역에 턱을 만들어 그 내부에 조명기구를 설치하는 방식이다.

29 정답 ④

전선을 조영재의 윗면 또는 옆면을 따라 붙일 경우 전선의 지지점 간 거리는 2m 이하여야 한다.

30 정답 ①

합성수지 전선관공사에서 CD관과 관을 연결할 때 사용하는 부속품은 '커플링'이다.

오답분석

② 커넥터 : 전기 기구와 코드, 코드와 코드를 연결하여 전기 회로를 구성하는 접속기구이다.
③ 리머 : 금속관이나 합성 수지관의 끝 부분을 다듬기 위해 사용하는 공구이다.
④ 노멀벤드 : 직각으로 연장할 때 사용하는 전선관용 부속품이다.
⑤ 샤프벤드 : 노멀 벤드에 비해서 굴곡 반경이 작은 전선관용의 곡관이다.

31 정답 ⑤

가정용 전등에 사용되는 점멸 스위치는 전동의 전기 흐름을 차단하거나 연결해야 하므로 전압측 전선에 설치하여야 한다.

32 정답 ①

접지의 목적은 이상 전압의 억제, 전로의 대지 전압의 저하, 보호 계전기의 동작 확보, 감전 방지이다.

33 정답 ④

KEC 532.3(제어 및 보호장치 등)
계측장치의 시설
• 회전속도계
• 나셀(Nacelle) 내의 진동을 감시하기 위한 진동계
• 풍속계
• 압력계
• 온도계

34 정답 ④

KEC 512.2(제어 및 보호장치 등)
전기저장장치의 이차전지에 자동으로 전로로부터 차단하는 장치를 시설해야 하는 경우
• 과전압 또는 과전류가 발생한 경우
• 제어장치에 이상이 발생한 경우
• 이차전지 모듈의 내부 온도가 급격히 상승할 경우

35 정답 ②

KEC 512.1(시설기준)
전기저장장치 전기배선의 전선은 공칭단면적 2.5mm^2 이상의 연동선 또는 이와 동등 이상의 세기 및 굵기의 것일 것

36 정답 ④

KEC 520(태양광발전설비)
• 태양전지 모듈, 전선, 개폐기 및 기타 기구는 충전부분이 노출되지 않도록 시설할 것
• 모든 접속함에는 내부의 충전부가 인버터로부터 분리된 후에도 여전히 충전상태일 수 있음을 나타내는 경고를 붙일 것
• 주택의 태양전지모듈에 접속하는 부하측 옥내배선의 대지전압은 직류 600V 이하
  – 전로에 지락이 생겼을 때 자동적으로 전로를 차단하는 장치를 시설할 것
  – 사람이 접촉할 우려가 없는 은폐된 장소에 합성수지관배선, 금속관배선 및 케이블배선에 의하여 시설하거나, 사람이 접촉할 우려가 없도록 케이블배선에 의하여 시설하고 전선에 적당한 방호장치를 시설할 것
• 모듈의 출력배선은 극성별로 확인할 수 있도록 표시할 것
• 모듈을 병렬로 접속하는 전로에는 그 주된 전로에 단락전류가 발생할 경우에 전로를 보호하는 과전류차단기 또는 기타 기구를 시설할 것
• 전선은 공칭단면적 2.5mm^2 이상의 연동선 또는 이와 동등 이상의 세기 및 굵기의 것일 것
• 배선설비공사는 옥내에 시설할 경우에는 합성수지관배선, 금속관배선, 가요전선관배선, 케이블배선 규정에 준하여 시설할 것
• 옥측 또는 옥외에 시설할 경우에는 합성수지관배선, 금속관배선, 가요전선관배선 또는 케이블배선의 규정에 준하여 시설할 것
• 단자의 접속은 기계적, 전기적 안전성을 확보할 것

37 정답 ③

'망간전지'는 방전한 뒤 충전을 못하는 1차 전지로 주로 사용된다.

오답분석

①·④ 충전 가능한 2차 전지이다.
② 연료전지는 산화환원 반응인 화학변화로 인한 에너지 변화를 전기에너지로 바꾸는 장치이다.
⑤ 볼타전지는 아연판과 구리판을 두 극으로 사용한 가장 간단한 전지로, 세계 최초의 전지이다.

38
정답 ③

판단기준 제175조(옥내 저압 간선의 시설)

- $\sum I_M \leq \sum I_H$일 때 $I_0 = \sum I_M + \sum I_H$
- $\sum I_M > \sum I_H$

$\sum I_M \leq 50A$	$\sum I_M > 50A$
$I_0 = 1.25 \sum I_M + \sum I_H$	$I_0 = 1.1 \sum I_M + \sum I_H$

39
정답 ②

(간선의 굵기 선정)=(간선의 허용전류)

$I_a = \sum I_H + \sum I_M \times k$

간선의 굵기는 허용전류에 따라 결정된다.

40
정답 ②

애자 사용 배선에는 절연전선을 사용하지만 옥외용 비닐 절연전선 (OW), 인입용 비닐 절연전선(DV)는 제외한다.

서울교통공사 전기직 신입사원 필기시험

제4회 직업기초능력평가 정답 및 해설

직업기초능력평가

01	02	03	04	05	06	07	08	09	10
④	③	②	⑤	③	④	⑤	④	⑤	②
11	12	13	14	15	16	17	18	19	20
④	①	②	⑤	③	③	④	④	④	③
21	22	23	24	25	26	27	28	29	30
②	④	③	④	③	③	②	③	①	②
31	32	33	34	35	36	37	38	39	40
②	①	④	④	①	④	④	②	④	②

01
정답 ④

'저성장 시대에 재해예방을 고려한 도시계획 세우기'가 아니라, 4차 산업혁명과 관련된 최첨단, 스마트, 똑똑한, 편리함과 재해예방을 고려한 도시계획 세우기와 관련된 내용이 들어가는 것이 적절하다.

02
정답 ③

제48조 제1항 제3호에서 확인할 수 있다.

03
정답 ②

제시문의 '잡다'는 '권한 따위를 차지하다.'의 의미로 쓰였으며, 이와 같은 의미로 사용된 것은 ②이다.

오답분석
① 실마리, 요점, 단점 따위를 찾아내거나 알아내다.
③ 일, 기회 따위를 얻다.
④ 계획, 의견 따위를 정하다.
⑤ 기세를 누그러뜨리다.

04
정답 ⑤

철도안전법 제2조 제10호 마항을 통해 철도차량의 운행선로를 지휘·감독하는 사람은 작업책임자임을 확인할 수 있다. 철도차량 정비기술자는 철도안전법 제2조 제13호와 제14호에 따라 철도차량을 점검·검사, 교환 및 수리하는 행위를 하며, 철도차량정비에 관한 자격, 경력 및 학력 등을 갖추어 국토교통부장관의 인정을 받은 사람을 말한다.

오답분석
① 철도안전법 제2조 제10호 바항
② 철도산업발전기본법 제3조 제2호 다·마항
③ 철도산업발전기본법 제3조 제3호 다항
④ 철도안전법 제2조 제12호

05
정답 ③

가정에 있을 경우 전력수급 비상단계를 신속하게 극복하기 위해 전력기기 등의 전원을 차단하거나 사용을 중지하는 것이 필요하나, 가정 – 4번 항목에 따르면 안전, 보안 등을 위한 최소한의 조명까지 소등할 필요는 없다.

오답분석
① 가정에 있을 경우, TV, 라디오 등을 통해 재난상황을 파악하여 대처하라고 하였으므로, 전력수급 비상단계 발생 시 대중매체를 통해 재난상황에 대한 정보를 파악할 수 있다는 것을 알 수 있다.
② 사무실에 있을 경우 즉시 사용이 필요하지 않은 사무기기의 전원을 차단해야 한다.
④ 공장에서는 비상발전기의 가동을 점검하여 가동을 준비해야 한다.
⑤ 전력수급 비상단계가 발생할 경우, 컴퓨터, 프린터 등 긴급하지 않은 모든 사무기기의 전원을 차단해야 하므로 한동안 사무실의 업무가 중단될 수 있다.

06
정답 ④

ㄴ. 사무실에서의 행동요령에 따르면 본사의 중앙보안시스템은 긴급한 설비로 볼 수 있다. 따라서 3번 항목의 예외에 해당하므로 중앙보안시스템의 전원을 차단해버린 이 주임의 행동은 적절하지 않다고 볼 수 있다.
ㄹ. 상가에서의 행동요령에 따르면 식재료의 부패와 관련 없는 가전제품의 가동을 중지하거나 조정하도록 설명되어 있다. 하지만 최 사장은 횟감을 포함한 식재료를 보관 중인 모든 냉동고의 전원을 차단하였으므로 적절하지 않다.

오답분석
ㄱ. 가정에 있던 중 세탁기 사용을 중지하고 실내조명을 최소화한 것은 행동요령에 따른 것으로 김 사원의 행동은 적절하다.
ㄷ. 공장에 있던 중 공장 내부 조명 밝기를 최소화한 박 주임의 행동은 적절하다.

제4회 정답 및 해설

07
정답 ⑤

A/S 규정 중 '교환·환불 배송 정책' 부분을 살펴보면, A/S와 관련된 운송비는 제품 초기불량일 경우에만 당사에서 부담한다고 규정하고 있다. 그러므로 초기불량이 아닐 경우에는 운송비는 고객이 부담하여야 한다. 따라서 운송비를 제외한 복구 시 발생되는 모든 비용에 대해 고객이 부담하여야 한다는 설명은 올바르지 않다.

08
정답 ④

고객의 요청을 참고하여 수리가 필요한 항목을 정리하면 다음과 같다.
• 네트워크 관련 작업 : 20,000원
• 펌웨어 업그레이드 : 20,000원
• 하드 디스크 점검 : 10,000원
따라서 고객에게 안내해야 할 수리비용은 20,000+20,000+10,000 =50,000원이다.

09
정답 ⑤

A/S 점검표에 따른 비용을 계산하면 다음과 같다.
• 전면 유리 파손 교체 : 3,000원
• 전원 배선 교체 : 8,000원
• 41만 화소 IR 교체 : 30,000원
• 추가 CCTV 제품비 : 80,000원
• 추가 CCTV 건물 내부(로비) 설치 : 10,000원
따라서 고객에게 청구해야 할 비용은 3,000+8,000+30,000+ 80,000+10,000=131,000원이다.

10
정답 ②

남녀 국회의원의 여야별 SNS 이용자 구성비 중 여자의 경우 여당이 $(22÷38)×100≒57.9\%$이고, 야당은 $(16÷38)×100≒42.1\%$이므로 잘못된 그래프이다.

오답분석
① 국회의원의 여야별 SNS 이용자 수는 각각 145명, 85명이다.
③ 야당 국회의원의 당선 횟수별 SNS 이용자 구성비는 85명 중 초선 36명, 2선 28명, 3선 14명, 4선 이상 7명이므로 각각 계산해보면 42.4%, 32.9%, 16.5%, 8.2%이다.
④ 2선 이상 국회의원의 정당별 SNS 이용자는 A당 63명, B당 44명, C당 5명이다.
⑤ 여당 국회의원의 당선 유형별 SNS 이용자 구성비는 145명 중 지역구가 126명이고, 비례대표가 19명이므로 각각 86.9%와 13.1%이다.

11
정답 ④

합격자 중 남성의 비율은 $\dfrac{1,699}{1,699+624}×100=\dfrac{1,699}{2,323}×100≒73.1\%$이므로 80% 미만이다.

오답분석
① 총 입사지원자의 합격률은 $\dfrac{2,323}{10,891+3,984}×100=\dfrac{2,323}{14,875}×100≒15.6\%$이므로 15% 이상이다.
② 여성 입사지원자 대비 여성 합격자의 비중은 $\dfrac{624}{3,984}×100≒15.7\%$이므로 20% 미만이다.
③ 총 입사지원자 중에서 여성의 비중은 $\dfrac{3,984}{14,875}×100≒26.8\%$이므로 30% 미만이다.
⑤ 남성 입사지원자의 합격률은 $\dfrac{1,699}{10,891}×100≒15.6\%$이고, 여성 입자지원자의 합격률은 $\dfrac{624}{3,984}×100≒15.7\%$이므로 옳은 설명이다.

12
정답 ①

노선지수를 계산하기 위해선 총거리와 총시간, 총요금을 먼저 계산한 후 순위에 따라 다시 한 번 계산해야 한다.

경유지	합산거리	총거리순위	합산시간	총시간순위	합산요금	총요금순위	노선지수
베이징	9,084 km	1	10시간	1	150만 원	7	2.9
하노이	11,961 km	4	15시간	6	120만 원	4	8.2
방콕	13,242 km	7	16시간	7	105만 원	1	10.7
델리	11,384 km	3	13시간	4	110만 원	2	5.6
두바이	12,248 km	6	14시간	5	115만 원	3	8.9
카이로	11,993 km	5	12시간	3	125만 원	5	7.1
상하이	10,051 km	2	11시간	2	135만 원	6	4.2

베이징 노선은 잠정 폐쇄되었으므로 그 다음으로 노선지수가 낮은 상하이를 경유하는 노선이 가장 적합하다.

13
정답 ②

D사원의 출장 기간은 4박 5일로, 숙박요일은 수·목·금·토요일이다. 숙박비를 계산하면 120+120+150+150=USD 540이고, 총숙박비의 20%를 예치금으로 지불해야하므로 예치금은 540×0.2=USD 108이다. 일요일은 체크아웃하는 날이므로 숙박비가 들지 않는다.

14
정답 ⑤

D사원의 출장 출발일은 호텔 체크인 당일이다. 체크인 당일 취소 시 환불이 불가능하므로 D사원은 환불받을 수 없다.

15

정답 ③

- 시행기업 수 증가율 : $\dfrac{7,686-2,802}{2,802}\times100 ≒ 174.3\%$

- 참여직원 수 증가율 : $\dfrac{21,530-5,517}{5,517}\times100 ≒ 290.2\%$

따라서 2018년 대비 2020년 시행기업 수의 증가율이 참여직원 수의 증가율보다 낮다.

오답분석

① 2020년 남성육아휴직제 참여직원 수는 2018년의 $\dfrac{21,530}{5,517} ≒$ 3.9배이다.

② • 2017년 : $\dfrac{3,197}{2,079} ≒ 1.5$명

　• 2018년 : $\dfrac{5,517}{2,802} ≒ 2.0$명

　• 2019년 : $\dfrac{10,869}{5,764} ≒ 1.9$명

　• 2020년 : $\dfrac{21,530}{7,686} ≒ 2.8$명

　따라서 시행기업당 참여직원 수가 가장 많은 해는 2020년이다.

④ 2017년부터 2020년까지 연간 참여직원 수 증가 인원의 평균은 $\dfrac{21,530-3,197}{3}=6,111$명이다.

⑤ 참여직원 수 그래프의 기울기와 시행기업 수 그래프의 길이를 참고하면, 참여직원 수는 2020년에 가장 많이 증가했고, 시행기업 수는 2019년에 가장 많이 증가했다.

16

정답 ③

제시문의 '끼치다'는 '영향, 해, 은혜 따위를 당하거나 입게 하다.'의 의미로 쓰였으며, 이와 같은 의미로 사용된 것은 ③이다.

오답분석

① 소름이 한꺼번에 돋아나다.

②・④ 기운이나 냄새, 생각, 느낌 따위가 덮치듯이 확 밀려들다.

⑤ 어떠한 일을 후세에 남기다.

17

정답 ④

모니터 전원은 들어오나 화면이 나오지 않는 원인은 본체와 모니터 연결선의 문제가 있을 경우이다.

18

정답 ④

D주임 : 주의사항에 따르면 불안정한 책상에 컴퓨터를 설치하면 무게로 인하여 떨어질 수도 있으므로 안정된 곳에 설치해야 한다.

오답분석

① A사원 : 모니터 전원과 본체 전원 총 2개의 전원이 필요하기 때문에 2구 이상의 멀티탭을 사용해야 한다.

② B팀장 : 컴퓨터 주위를 깨끗하게 유지하여 먼지가 쌓이지 않게 해야 한다.

③ C대리 : 본체 내부의 물청소는 금해야 할 사항이다.

⑤ E과장 : 통풍이 잘 되고 화기와 멀리 있는 장소에 컴퓨터를 설치해야 한다.

19

정답 ④

등록 장애인 수가 가장 많은 장애등급은 6급이고, 가장 적은 장애등급은 1급이다. $124,623\times3<389,601$이므로 3배 이상이다.

오답분석

① 여성과 남성 등록 장애인 수의 비는 약 2 : 3이다. 따라서 전체 장애인 수의 증가율은 약 3.3%이다.

② 전년도 등급별 등록 장애인 수를 주어진 자료를 통해서는 알 수 없다.

③ 장애등급 5급과 6급의 등록 장애인 수의 합은 $248,059+278,586+203,810+389,601=1,120,056$이고, $1,120,056\times2<2,517,312$이므로 50% 이하이다.

⑤ 성별 등록 장애인 수 차이가 가장 작은 장애등급은 4급이고, 가장 큰 장애등급은 6급이므로 $\dfrac{190,772+203,810}{1,048,979}\times100 ≒$ 37.6%이다.

20

정답 ③

우선 갑돌이의 총 구매가격은 600달러 이상이므로 모두 관세 대상이다. 하지만 주류는 종류에 상관없이 1병, 1L 이하, 400달러 이하는 관세 대상에서 제외된다. 따라서 양주 1병은 200달러이며, 1L이기 때문에 면세 물품에 해당된다.

오답분석

① 향수는 면세 범위인 60mL 이상이므로 면세 물품에서 제외된다.

② GUCCY 가방의 경우 가방 한 개 금액이 600달러 이상이므로 관세 대상이다.

④ 신발은 단일세율이 적용되는 상품으로 관세 물품이다.

⑤ 담배는 200개피(1보루)가 면세 범위이다.

21

정답 ②

세율 및 자료를 읽어보면 결국 모두 20%임을 알 수 있으며, 면세 품목인 주류나 담배는 면세 범위에 해당되므로 관세 대상에 포함하지 않는다. 개인면세한도(포도주 1병, 담배 1보루) 내에서 구매하였기 때문이다. 단, 향수는 60mL를 초과하기 때문에 관세 대상이다.

관세 대상 품목들의 총구입금액은 $100+40+200\times2+70+125$ $=735$달러이고, 총금액에서 600달러를 빼면 135달러가 된다.

따라서 $135\times1,100\times0.7$(자진납부인 경우 30% 감면)$=103,950$원이다.

안심Touch

22 정답 ④

총 600달러를 넘었기 때문에 과세 대상이다. 을순이가 구매한 품목의 총액은 $80+1,400+350+100+150=2,080$유로이다. 여기서 단일세율적용품목대상은 '합계 미화 1,000불까지 본래의 세율보다 낮은 단일세율(20%)을 적용받을 수 있다.'라고 되어 있으니 팔찌는 20%로 계산할 수 있다.

또한, 예상세액은 총 구입물품 가격에서 1인 기본면세범위 미화 600불을 선공제하고 각각의 관세율을 적용해 계산한 금액의 합이기 때문에 $(2,080×1,300-600×1,100)×0.2=2,044,000×0.2=408,800$원이 관세이다.

만약 성실신고를 하게 된다면, 관세의 30%인 $0.3×408,800=122,640$원을 절약하게 되고(15만 원 한도), 납부해야 할 관세는 286,160원이다. 신고를 안했을 때 기댓값은 걸릴 경우 관세의 1.4배, 걸릴 확률이 80%이므로 $408,800×1.4×0.8=457,856$원이 되고, 안 걸릴 경우 0원이 된다. 따라서 기댓값이 20만 원을 초과하므로 을순이는 자진신고를 하여 관세로 286,160원을 납부할 것이다.

23 정답 ③

한국철도공사 사장이 프랑스와 네덜란드를 방문하여 유럽 철도 기관장 면담, 스마트레일 콘퍼런스 패널 참석 등 10개 철도 기관장과의 면담, 9개 철도 시설에 대한 산업시찰을 통해 유럽 철도와의 실질적인 협력을 위한 발판을 마련했다는 내용이 주된 내용이므로 ③이 적절하다.

24 정답 ④

한국철도공사 사장이 프랑스와 네덜란드를 방문하였으며 어떤 활동을 했는지 설명하고 있는 (다)와 이전 문단에서 언급한 스마트레일 콘퍼런스의 전반적인 참여현황과 패널토론 이야기가 나오는 (나), '또한'으로 시작하며 (나) 문단에서 언급한 한국에서 열리는 스마트레일 콘퍼런스를 홍보하였다는 내용의 (가), 콘퍼런스 참석에 앞서 SNCF, UIC, RATP를 방문했다는 (가) 문단에 이어 SNCF CEO 기욤 페피와의 만남에 대해서 이야기하고 있는 (라), '마지막으로'로 시작하여 한국철도공사 사장이 유럽 방문의 공식 일정과 탑승한 TGV 열차의 설명을 하고 있는 (바), 출장을 통해 이뤄낸 향후 협력의 합의와 다짐을 이야기하는 (마)의 순서가 적절하다.

25 정답 ③

구체적인 일정은 월간계획 → 주간계획 → 하루계획 순서로 작성한다. 월간계획은 보다 장기적인 관점에서 계획하고 준비해야 될 일을 작성하며, 주간계획은 우선순위가 높은 일을 먼저 하도록 계획을 세우고, 하루계획은 이를 보다 자세하게 시간단위로 작성한다.

26 정답 ③

설치 시 주의사항에 따르면 난방기기 주변은 과열되어 고장의 염려가 있으므로 피해야 한다. ③의 냉방기는 장소 선정 시 고려되어야 할 사항과 거리가 멀다.

27 정답 ②

전원이 갑자기 꺼진다면 전력 소모를 줄일 수 있는 기능인 '취침예약'이나 '자동전원끄기' 기능이 설정되어 있는지 확인해야 한다.

오답분석

① 전원이 켜지지 않을 경우 전원코드, 안테나 케이블, 케이블 방송 수신기의 연결이 제대로 되어 있는지 확인해야 하지만, 위성 리시버는 설명서에서 확인할 수 없다.
③ 제품에서 뚝뚝 소리가 나는 것은 TV외관의 기구적 수축이나 팽창 때문에 나타날 수 있는 현상이므로 안심하고 사용해도 된다.
④ 제품 특성상 장시간 시청 시 패널에서 열이 발생하므로 열이 발생하는 것은 결함이나 동작 사용상의 문제가 되는 것이 아니므로 안심하고 사용해도 된다.
⑤ 리모컨 동작이 되지 않을 때는 새 건전지로 교체하고, 교체 후에도 문제가 해결되지 않는다면 서비스센터로 문의해야 한다.

28 정답 ③

매년 보통우표와 기념우표 발행 수의 차이는 다음과 같다.
• 2016년 : $163,000-47,180=115,820$장
• 2017년 : $164,000-58,050=105,950$장
• 2018년 : $69,000-43,900=25,100$장
• 2019년 : $111,000-35,560=75,440$장
• 2020년 : $105,200-33,630=71,570$장
따라서 보통우표와 기념우표 발행 수가 가장 큰 차이를 보이는 해는 2016년이다.

오답분석

① 2017년에는 기념우표 발행 수가 전년 대비 증가했지만 나만의 우표 발행 수는 감소했으며, 2019년에는 그 반대현상을 보이므로 옳지 않은 설명이다.
② 보통우표, 나만의 우표 발행 수의 경우에는 2018년에 가장 낮지만, 기념우표 발행 수의 경우에는 2020년이 가장 낮다.
④ 2018년 전체 우표 발행 수 대비 나만의 우표 발행 수의 비율은 $\dfrac{1,000}{113,900}×100≒0.88\%$이므로 1% 미만이다.
⑤ 2016년 대비 2018년 전체 우표 발행 수의 감소율은 $\dfrac{217,880-113,900}{217,880}×100≒47.72\%$이므로 50% 미만이다.

29 정답 ①

주변 사람들과 긍정적인 인간관계를 형성하기 위해서는 자기개발이 필요하며, 자기개발계획을 설계할 때는 인간관계를 고려해야 한다. 이처럼 자기개발에 있어서 인간관계는 중요한 요소이므로 회사 동료들과의 인간관계를 멀리하고 자기개발에 힘쓰는 A사원의 자기개발 방법은 적절하지 않다.

30 정답 ②

ㄴ. 기계장비 부문의 상대수준은 일본이다.
ㄷ. 한국의 전자 부문 투자액은 301.6억 달러, 전자 외 부문 투자액의 총합은 3.4+4.9+32.4+16.4=57.1억 달러로, 57.1 ×6=342.6>301.6이다. 따라서 옳지 않다.

오답분석
ㄱ. 제시된 자료를 통해 한국의 IT서비스 부문 투자액은 최대 투자국인 미국 대비 상대수준이 1.7%임을 알 수 있다.
ㄹ. 일본은 '전자 – 바이오·의료 – 기계장비 – 통신 서비스 – IT 서비스' 순서이고, 프랑스는 '전자 – IT서비스 – 바이오·의료 – 기계장비 – 통신 서비스' 순서이다.

31 정답 ②

B의 경우 실현 가능성이 높은 1년 이내의 계획은 세웠으나 장기 목표를 별도로 수립하지 않았다. 급변하는 사회에 적응하기 위해서는 먼 미래를 예측할 수 있는 준비와 목표를 설정하는 것이 중요하므로 자기개발에 대한 계획을 수립할 때는 장·단기 목표 모두를 세워야 한다.

32 정답 ①

제시문의 내용과 PT자료의 내용이 일치하므로 올바르지 않은 부분이 없다.

33 정답 ④

주어진 조건에 따라 악기별로 서로 잘 어울리는 악기와 잘 어울리지 않는 악기를 분류하면 다음과 같다.

구분	플루트	클라리넷	오보에	바순	호른
플루트	–	○	○	○	?
클라리넷	○	–	×	○	?
오보에	○	×	–	○	×
바순	○	○	○	–	○
호른	?	?	×	○	–

○ : 음색이 서로 잘 어울리는 악기
× : 음색이 서로 잘 어울리지 않는 악기
? : 알 수 없음

이때, 오보에와 음색이 서로 어울리지 않는 악기는 클라리넷과 호른으로 오보에는 반드시 1번, 3번, 5번에 놓여야 하므로 3가지 경우로 나누어 경우의 수를 생각하면 다음과 같다.

ⅰ) 오보에가 1번에 놓이는 경우
클라리넷과 호른이 각각 3번 또는 5번에 놓일 수 있으나, 호른은 바순과만 음색이 어울리므로 반드시 5번에 위치해야 한다.

구분	1번	2번	3번	4번	5번
경우 1	오보에	플루트	클라리넷	바순	호른

ⅱ) 오보에가 3번에 놓이는 경우
오보에는 플루트와 바순과 음색이 어울리므로 각각 2번 또는 4번에 놓여야 한다.

구분	1번	2번	3번	4번	5번
경우 1	호른	바순	오보에	플루트	클라리넷
경우 2	클라리넷	플루트	오보에	바순	호른

ⅲ) 오보에가 5번에 놓이는 경우
클라리넷과 호른이 각각 1번 또는 3번에 놓일 수 있으나, 호른은 바순과만 음색이 어울리므로 반드시 1번에 위치해야 한다.

구분	1번	2번	3번	4번	5번
경우 1	호른	바순	클라리넷	플루트	오보에

따라서 총 4가지 경우가 있으며, 바순은 어떠한 악기와도 음색이 어울리지만 놓일 수 있는 자리는 2번 또는 4번밖에 없다.

오답분석
① 어느 경우에도 플루트는 2번 또는 4번 자리에만 놓일 수 있다.
② 오보에가 3번에 놓인 경우 클라리넷은 양 끝 자리인 1번 또는 5번 자리에만 놓일 수 있다.
③ 어느 경우에도 오보에는 1번, 3번, 5번 자리에만 놓일 수 있다.
⑤ 어느 경우에도 호른은 1번, 5번 자리에만 놓일 수 있다.

34 정답 ④

틀 고정을 취소할 때는 셀 포인터의 위치와 상관없다.

안심Touch

35　　　　정답 ①

다음의 논리 순서를 따라 주어진 조건을 정리하면 쉽게 접근할 수 있다.

- 네 번째 조건 : 22일부터 26일 동안 워크숍이므로 4주차에는 어떠한 교육도 실시할 수 없다.
- 첫 번째 조건 : 주 1회 금연교육이 실시되어야 하는데 매주 월요일과 4주 차에는 금주교육을 실시할 수 없으므로 매주 화요일에 금주교육을 한다.
- 두 번째, 세 번째 조건 : 화, 수, 목요일에 금주교육을 실시하는데 첫째 주에 성교육 2회를 연속해서 실시해야 하므로 3일에는 금주교육을, 4, 5일에는 성교육을 실시한다. 그리고 2주 차, 3주 차에 금주교육은 10일 또는 11일에 1회, 17일 또는 18일에 1회 실시해야 한다.

이 사실을 종합하여 주어진 조건을 달력에 표시하면 다음과 같다.

일	월	화	수	목	금	토
	1	2 금연 교육	3 금주 교육	4 성교육	5 성교육	6
7	8	9 금연 교육	10 (금주 교육)	11 (금주 교육)	12	13
14	15	16 금연 교육	17 (금주 교육)	18 (금주 교육)	19	20
21	22 워크숍	23 워크숍	24 워크숍	25 워크숍	26 워크숍	27
28	29	30 금연 교육				

따라서 4월 30일에는 금연교육이 예정되어 있다.

② 금주교육은 반드시 같은 요일에 실시되어야 하는 것은 아니다.
③ 금주교육은 첫째 주부터 셋째 주 사이에 3회 모두 실시된다.
④ 수요일은 4번 밖에 없으므로 워크숍이 포함된 주를 제외하면 금연교육 4회를 모두 실시할 수 없다.
⑤ 성교육은 반드시 4일과 5일에 실시된다.

36　　　　정답 ④

사소한 것에 트집을 잡는 트집형 고객의 모습이다. 트집형 고객의 대응 방안으로는 이야기를 경청하고, 맞장구치고, 추켜세우고, 설득해 가는 방법이 가장 효과적이다.

37　　　　정답 ④

4차 산업혁명 시대를 맞아 산업 전반으로 부상한 기술의 핵심 키워드는 AICBM, 즉 AI(인공지능), IoT(사물인터넷), Cloud(클라우딩), Big Data(빅데이터), Moblie(모바일 기기)이다.
(나)에서는 한전KDN이 이러한 기술 분야에 대한 간략한 사업 내용을 다음과 같이 소개하고 있다.

- 경영지원 및 전력계통 전 분야 활용 가능한 전력시장 특화 AI솔루션 확보(AI)
- 유무선 융합 및 고정밀 기술을 적용한 전력설비 감시용 지능형 단말장치 개발(IoT)
- 한전 및 전력그룹사 지원 에너지 클라우드 실증센터 구축 및 운영(Cloud)
- 데이터 분석 및 시각화 도구를 탑재한 빅데이터 통합 플랫폼의 고도화(Big Data)
- 스마트 시티 및 미래 에너지 사업에 대비한 모바일 어플리케이션 개발 및 서비스 확대(Mobile)

38　　　　정답 ②

ⓒ 윤리적 인간은 눈에 보이는 육신의 안락보다는 삶의 가치와 도덕적 신념을 존중하는 사람이다.
ⓓ 윤리적인 인간은 자신의 이익만을 생각하기보다는 공동의 이익을 우선하는 사람이다.

39　　　　정답 ④

윤리적 규범이란 ㉠ 공동생활과 ㉡ 협력의 필요를 기반으로 ㉢ 공동 협력의 룰을 반복하여 형성되는 것이다.

40　　　　정답 ②

기업중심의 원칙이 아니라 고객중심의 원칙이다. 고객중심의 원칙이란 고객에 대한 봉사를 최우선으로 생각하고 현장중심, 실천중심으로 일하는 것을 말한다.

직업윤리의 5대 원칙
- 객관성의 원칙
- 고객중심의 원칙
- 전문성의 원칙
- 정직과 신용의 원칙
- 공정경쟁의 원칙

01	02	03	04	05	06	07	08	09	10
③	②	③	③	④	②	③	②	④	④
11	12	13	14	15	16	17	18	19	20
②	③	②	②	②	③	②	④	④	④
21	22	23	24	25	26	27	28	29	30
③	③	②	④	③	②	①	①	①	⑤
31	32	33	34	35	36	37	38	39	40
④	②	①	④	④	②	③	③	③	④

01 정답 ③

$A = A_1 + A_2 = (3+j5)+(3+j3)=(3+3)+j(5+3)=6+j8$

$\therefore A = \sqrt{6^2+8^2} = 10$

02 정답 ②

μ(마이크로)는 10^{-6}으로 $1F = 1,000,000\mu F$이다.
따라서 $0.001F = 1,000\mu F$이다.

03 정답 ③

$F = 9\times10^9 \times \dfrac{Q_1 Q_2}{\epsilon_s r^2}$ 이고 진공(공기 중)의 비유전율 $\epsilon_s = 1$이므로

$F = 9\times10^9 \times \dfrac{2\times10^{-5} \times 2.5\times10^{-5}}{1\times2^2} = 1.125N$이다.

04 정답 ③

두 전하에 작용하는 정전기력은 쿨롱 법칙에 의해 $F = k\dfrac{Q_1 Q_2}{r^2}$ 에

서 쿨롱 상수 k값은 $\dfrac{1}{4\pi\epsilon_0} \fallingdotseq 9\times10^9$ 이므로 $F = 9\times10^9 \times \dfrac{Q_1 Q_2}{r^2}$

이다.

05 정답 ④

$C_s = \dfrac{3\times6}{3+6} = 2\mu F,\;\; Q = CV = 2\times120 = 240\mu F$

$6\mu F$의 양단의 전압 $V = \dfrac{Q}{C} = \dfrac{240}{6} = 40V$

06 정답 ②

정전유도는 물체에 대전체를 가까이 하면 대전체와 같은 극은 반대쪽으로 이동하고 반대 극은 대전체 쪽으로 이동하여 반발력이 아닌 인력이 작용한다.

07 정답 ③

전압계는 병렬로 연결한다. 전압계는 저항이 매우 커서 직렬로 연결하면 전기 회로의 전체 저항이 매우 커져서 전류가 잘 흐르지 않기 때문이다.
전류계는 직렬로 연결한다. 전류계는 저항이 매우 작아서 병렬로 연결하면 전기 회로의 대부분의 전류가 저항이 작은 전류계로 흘러 정확한 전류 측정이 어렵기 때문이다.

08 정답 ②

$$\frac{(자기\ 용량)}{[부하\ 용량(2차\ 출력)]} = \frac{V_h - V_l}{V_h}$$

09 정답 ④

역률을 개선시키기 위해 일반적으로 콘덴서 등이 활용되는데 '진상용 콘덴서'는 수변전 설비에서 발생하게 되는 역률을 개선해 주어 에너지 사용의 효율성을 증가시켜 준다.

10 정답 ④

총 소선수는 $N = 1+3n(n+1)$이며, n은 층수를 의미한다. 따라서 전체 소선수는 $N = 1+3\times3\times(3+1) = 37$개이다.

11 정답 ②

- $\dfrac{P_a}{P_b} = \dfrac{250}{200} \times \dfrac{3}{2.5} = \dfrac{3}{2}$

- $P_b = P_a \times \dfrac{2}{3} = 250 \times \dfrac{2}{3} \fallingdotseq 166.67$

- $P_a = P_b \times \dfrac{3}{2} = 200 \times \dfrac{3}{2} = 300$

하지만 변압기의 최대 용량이 250이기 때문에 P_a는 300이 아닌 250을 써야 한다.
따라서 합성 용량 $P_a + P_b = 250 + 166.67 \fallingdotseq 417kVA$이다.

12 정답 ③

변압기의 최대 효율은 철손과 동손이 같을 때 최대 효율이 되므로
$P_i = m^2 P_c,\; m^2 \times 2.5 = 1$

$\therefore m = \sqrt{\dfrac{1}{2.5}} \fallingdotseq 0.63$

13

정답 ②

$$\frac{\text{(자기 용량)}}{\text{(부하 용량)}} = \frac{2(V_1 - V_2)I_1}{V_1 I_1 \sqrt{3}} = \frac{2}{\sqrt{3}}\left(1 - \frac{V_2}{V_1}\right)$$

$$\therefore P_s = \frac{2}{\sqrt{3}}\left(1 - \frac{V_2}{V_1}\right)P$$

14

정답 ②

전동기가 7kV 이하인 경우 절연내력 시험 전압은 1.5배이나 최저 500V가 안될 시 500V로 한다. 따라서 220V×1.5=330V이므로 절연내력 시험 전압은 500V로 해야 한다.

15

정답 ②

3상 유도 전동기의 회전 방향을 바꾸기 위해서는 전원을 공급하는 3선 중 2선을 서로 바꾸어 연결하면 된다.

16

정답 ②

$N = (1 - s)N_s$ 에서

$$N_s = \frac{120f}{p} = \frac{120 \times 50}{4} = 1,500\text{rpm}$$

$$\therefore N = (1 - 0.04) \times 1,500 = 1,440\text{rpm}$$

17

정답 ③

단절권 계수 $K_s = \sin\frac{\beta\pi}{2}\left[\beta : \frac{\text{(권선 피치)}}{\text{(자극 피치)}}\right] = \sin\left(\frac{13}{15} \times \frac{\pi}{2}\right)$

$$= \sin\frac{13}{30}\pi$$

18

정답 ②

발전기의 입력 $P_g = \frac{450 \times 0.85}{0.9}$ 인데 발전기의 입력과 원동기의 출력은 같으므로 원동기의 출력은 425kW이다.

$$\therefore \text{원동기의 입력 } P = \frac{P_g}{0.85} = \frac{425}{0.85} = 500\text{kW}$$

19

정답 ④

동기전동기를 무부하 운전하고 그 계자 전류를 조정하면 역률이 0에 가까운 전기자 전류의 크기를 바꿀 수 있다. 이것을 이용해 회로로부터 얻는 진상 또는 지상 무효전력을 조정하여 역률 조정에 사용되는 것은 '동기조상기'이다.

20

정답 ④

$$K_d = \frac{\sin\frac{\pi}{2m}}{q\sin\frac{\pi}{2mq}} = \frac{\sin\left(\frac{\pi}{2 \times 3}\right)}{4 \times \sin\left(\frac{\pi}{2 \times 3 \times 4}\right)} = 0.958$$

21

정답 ③

3상 회로의 역률 $\cos\theta$는 전력을 이용하여 구할 수 있다.

$$P = \sqrt{3}\,VI\cos\theta$$

$$\rightarrow \cos\theta = \frac{P}{\sqrt{3}\,VI} = \frac{7,000\text{W}}{\sqrt{3} \times 200\text{V} \times 25\text{A}} = 0.81$$

22

정답 ③

전류계는 부하에 직렬로 연결한다. 전류계는 저항이 매우 작아서 병렬로 연결하면 전기 회로의 대부분의 전류가 저항이 작은 전류계로 흘러 정확한 전류 측정이 어렵기 때문이다.

전압계는 부하에 병렬로 연결한다. 전압계는 저항이 매우 커서 직렬로 연결하면 전기 회로의 전체 저항이 매우 커져서 전류가 잘 흐르지 않기 때문이다.

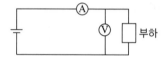

23

정답 ②

상전압 $V_p = \frac{V_l}{\sqrt{3}} = \frac{1}{\sqrt{3}} \times 210 = 122\text{V}$

24

정답 ④

임피던스 $Z = \sqrt{R^2 + (X_L - X_C)^2}\ \Omega$,

$$Z = \sqrt{16^2 + (2 - 14)^2} = 20\,\Omega$$

25

정답 ③

전압계 저항은 R, 배율기 저항은 RL, 전압계 전압은 V이며, 측정하고자 하는 전압은 10배이므로 10V이다.

$$V = 10\,V \times \frac{R}{R + R_L} \rightarrow 1 = 10 \times \frac{R}{R + R_L} \rightarrow R + R_L = 10R$$

$$\rightarrow R_L = 9R$$

따라서 배율기 저항 RL은 전압계 저항 R의 9배가 되어야 한다.

26 정답 ②

정현파(사인파) 교류에서

$V = V_m \sin(wt + X)$ 이므로 $w = 377$이다.

주파수 $f = \dfrac{w}{2\pi}$ 이므로 $f = \dfrac{377}{2\pi} = 60\text{Hz}$이다.

27 정답 ①

미리 드릴로 뚫어 놓은 구멍을 정확한 치수의 지름으로 넓히거나 구멍의 내면을 깨끗하게 다듬질하는 데 사용하는 공구는 '리머'이다.

오답분석

② 홀소 : 분전반이나 배전반의 금속함에 원형 구멍을 뚫기 위해 사용하는 공구
③ 프레셔 툴 : 단자나 커넥터를 압착하여 고정시키는 공구
④ 파이프 렌치 : 관을 돌려 관 조인트나 다른 부품과 연결하거나 해체하는 공구
⑤ 토크 렌치 : 볼트나 너트를 조이는 세기가 미리 정해져 있는 경우에 그 토크에 맞추어 볼트나 너트를 조이는 공구

28 정답 ①

상설 극장과 영화관 등의 기타 유사한 흥행장에서의 사용 전압은 400V 미만이어야 한다.

흥행장의 저압 공사

• 사용 전압은 400V 미만이어야 한다.
• 영사실에 사용되는 이동전선은 1종 캡타이어 케이블 이외의 캡타이어 케이블을 사용한다.
• 플라이 덕트를 시설하는 경우에는 덕트의 끝부분을 막는다.
• 무대용의 콘센트 박스, 플라이 덕트 및 보더라이트의 금속제 외함에는 제3종 접지공사를 한다.
• 무대, 무대마루 밑, 오케스트라 박스 및 영사실의 전로에는 과전류 차단기 및 개폐기를 시설한다.
• 사용 전압 400V 미만의 이동전선은 0.6/1 kV EP 고무 절연 클로로플렌 캡타이어 케이블을 사용한다.

29 정답 ①

광도의 단위이다.

오답분석

② 조도 : 룩스[lx]
③ 광속 : 루멘[lm]
④ 휘도 : cd/m^2
⑤ 색온도 : K

30 정답 ⑤

과전류 차단기로 저압 전로에 사용하는 배선용 차단기가 정격전류 30A 이하일 때, 정격전류의 1.25배 전류를 통한 경우 60분 안에 자동으로 동작되어야 한다.

• 정격전류 30 이하 : 1.25배는 60분, 2배는 2분
• 정격전류 30 초과 50 이하 : 1.25배는 60분, 2배는 4분
• 정격전류 50 초과 100 이하 : 1.25배는 120분, 2배는 6분

31 정답 ④

건축물 종류에 따른 표준부하(VA/m^2)

건축물 종류	표준부하
공장, 공회당, 사원, 교회, 극장, 영화관, 연회장 등	10
기숙사, 여관, 호텔, 병원학교, 음식점, 다방, 대중목욕탕	20
주택, 아파트, 사무실, 은행, 상점, 이발소, 미용원	30

32 정답 ②

정격전류가 30A 이하인 저압 전로의 과전류 차단기를 배선용 차단기로 사용할 때, 정격전류의 2배 전류가 통과하였을 경우 2분 안에 자동으로 동작되어야 한다.

33 정답 ①

KEC 461.3(레일 전위의 접촉 전압 감소 방법)
교류 전기철도 급전시스템은 다음 방법을 고려하여 접촉 전압을 감소시켜야 한다.

• 접지극의 추가 사용
• 등전위 본딩
• 전자기적 커플링을 고려한 귀선로의 강화
• 전압 제한 소자의 적용
• 보행 표면의 절연
• 단락 전류를 중단시키는 데 필요한 트래핑 시간의 감소

34 정답 ④

KEC 332.15(고압 가공전선과 교류 전차선 등의 접근 또는 교차)
고압 가공전선은 케이블인 경우 이외에는 인장강도 14.51kN 이상의 것 또는 단면적 $38mm^2$ 이상의 경동 연선(교류 전차선 등과 교차하는 부분을 포함하는 경간에 접속점이 없는 것에 한한다)일 것

35 정답 ④

KEC 203.4(IT계통)
- 충전부 전체를 대지로부터 절연시키거나 한 점을 임피던스를 통해 대지에 접속시킨다. 전기설비의 노출도전부를 단독 또는 일괄적으로 계통의 PE도체에 접속시킨다. 배전계통에서 추가접지가 가능하다.
- 계통은 충분히 높은 임피던스를 통하여 접지할 수 있다. 이 접속은 중성점, 인위적 중성점, 선도체 등에서 할 수 있다. 중성선은 배선할 수도 있고, 배선하지 않을 수도 있다.

36 정답 ②

KEC 211.2(전원의 자동차단에 의한 보호대책)

(단위 : 초)

계통	$50V < U_0$ $\leq 120V$		$120V < U_0$ $\leq 230V$		$230V < U_0$ $\leq 400V$		$U_0 > 400V$	
구분	교류	직류	교류	직류	교류	직류	교류	직류
TN	0.8	☆	0.4	5	0.2	0.4	0.1	0.1
TT	0.3	☆	0.2	0.4	0.07	0.2	0.04	0.1

- TT계통에서 차단은 과전류 보호장치에 의해 이루어지고, 보호등전위 본딩은 설비 안의 모든 계통외도전부와 접속되는 경우 TN 계통에 적용 가능한 최대 차단시간이 사용될 수 있다.
- U_0는 대지에서 공칭 교류 전압 또는 직류 선간 전압이다.
- ☆ 차단은 감전 보호 외에 다른 원인에 의해 요구될 수도 있다.

37 정답 ③

KEC 211.2(전원의 자동차단에 의한 보호대책)
TT계통
- 전원계통의 중성점이나 중간점은 접지하여야 한다.
- 중성점이나 중간점을 이용할 수 없는 경우 선도체 중 하나를 접지하여야 한다.
- TT계통은 누전차단기를 사용하여 고장 보호를 하여야 한다.
- 고장 루프 임피던스가 충분히 낮을 때는 과전류 보호장치에 의하여 고장 보호를 할 수 있다.
- 결선도에서 TT계통 : 전원의 한 점을 직접 접지하고 설비의 노출도전부는 전원의 접지전극과 전기적으로 독립적인 접지극에 접속시킨다. 배전계통에서 PE도체를 추가로 접지할 수 있다.

38 정답 ③

KEC 341.11(고압 및 특고압 전로 중의 과전류차단기의 시설)
고압 또는 특고압 전로 중 기계기구 및 전선을 보호하기 위하여 필요한 곳에 시설

구분	견디는 시간	용단 시간
포장 퓨즈	1.3배	2배 전류 - 120분
비포장 퓨즈	1.25배	2배 전류 - 2분

39 정답 ③

KEC 211.2.4(누전차단기의 시설), 341.13(지락차단장치 등의 시설)
- 사용 전압 50V 넘는 금속제 외함을 가진 저압 기계기구로서 사람 접촉 우려 시 전로에 지기가 발생한 경우
- 특고압, 고압의 전로가 변압기에 의해서 결합되는 사용 전압 400V 이상의 저압 전로에 지기가 생긴 경우 전로를 자동차단하는 장치 시설
- 발·변전소 또는 이에 준하는 곳의 인출구(고압, 특고압인 경우)
- 다른 전기사업자로부터 공급받는 수전점(고압, 특고압인 경우)
- 배전용 변압기(단권 변압기 제외) 시설장소(고압, 특고압인 경우)

40 정답 ④

KEC 212.4(과부하전류에 대한 보호)
도체와 과부하 보호장치 사이의 협조
- $I_B \leq I_n \leq I_Z$
- $I_2 \leq 1.45 \times I_Z$
  - I_B : 회로의 설계전류
  - I_Z : 케이블의 허용전류
  - I_n : 보호장치의 정격전류
  - I_2 : 보호장치가 규약시간 이내에 유효하게 동작하는 것을 보장하는 전류

서울교통공사 직업기초능력평가 + 직무수행능력평가 답안카드

직업기초능력평가

1	① ② ③ ④ ⑤
2	① ② ③ ④ ⑤
3	① ② ③ ④ ⑤
4	① ② ③ ④ ⑤
5	① ② ③ ④ ⑤
6	① ② ③ ④ ⑤
7	① ② ③ ④ ⑤
8	① ② ③ ④ ⑤
9	① ② ③ ④ ⑤
10	① ② ③ ④ ⑤
11	① ② ③ ④ ⑤
12	① ② ③ ④ ⑤
13	① ② ③ ④ ⑤
14	① ② ③ ④ ⑤
15	① ② ③ ④ ⑤
16	① ② ③ ④ ⑤
17	① ② ③ ④ ⑤
18	① ② ③ ④ ⑤
19	① ② ③ ④ ⑤
20	① ② ③ ④ ⑤
21	① ② ③ ④ ⑤
22	① ② ③ ④ ⑤
23	① ② ③ ④ ⑤
24	① ② ③ ④ ⑤
25	① ② ③ ④ ⑤
26	① ② ③ ④ ⑤
27	① ② ③ ④ ⑤
28	① ② ③ ④ ⑤
29	① ② ③ ④ ⑤
30	① ② ③ ④ ⑤
31	① ② ③ ④ ⑤
32	① ② ③ ④ ⑤
33	① ② ③ ④ ⑤
34	① ② ③ ④ ⑤
35	① ② ③ ④ ⑤
36	① ② ③ ④ ⑤
37	① ② ③ ④ ⑤
38	① ② ③ ④ ⑤
39	① ② ③ ④ ⑤
40	① ② ③ ④ ⑤

직무수행능력평가

1	① ② ③ ④ ⑤
2	① ② ③ ④ ⑤
3	① ② ③ ④ ⑤
4	① ② ③ ④ ⑤
5	① ② ③ ④ ⑤
6	① ② ③ ④ ⑤
7	① ② ③ ④ ⑤
8	① ② ③ ④ ⑤
9	① ② ③ ④ ⑤
10	① ② ③ ④ ⑤
11	① ② ③ ④ ⑤
12	① ② ③ ④ ⑤
13	① ② ③ ④ ⑤
14	① ② ③ ④ ⑤
15	① ② ③ ④ ⑤
16	① ② ③ ④ ⑤
17	① ② ③ ④ ⑤
18	① ② ③ ④ ⑤
19	① ② ③ ④ ⑤
20	① ② ③ ④ ⑤
21	① ② ③ ④ ⑤
22	① ② ③ ④ ⑤
23	① ② ③ ④ ⑤
24	① ② ③ ④ ⑤
25	① ② ③ ④ ⑤
26	① ② ③ ④ ⑤
27	① ② ③ ④ ⑤
28	① ② ③ ④ ⑤
29	① ② ③ ④ ⑤
30	① ② ③ ④ ⑤
31	① ② ③ ④ ⑤
32	① ② ③ ④ ⑤
33	① ② ③ ④ ⑤
34	① ② ③ ④ ⑤
35	① ② ③ ④ ⑤
36	① ② ③ ④ ⑤
37	① ② ③ ④ ⑤
38	① ② ③ ④ ⑤
39	① ② ③ ④ ⑤
40	① ② ③ ④ ⑤

성 명

지원 분야

문제지 형별기재란

( ) 형   Ⓐ Ⓑ

수 험 번 호

⓪ ① ② ③ ④ ⑤ ⑥ ⑦ ⑧ ⑨
⓪ ① ② ③ ④ ⑤ ⑥ ⑦ ⑧ ⑨
⓪ ① ② ③ ④ ⑤ ⑥ ⑦ ⑧ ⑨
⓪ ① ② ③ ④ ⑤ ⑥ ⑦ ⑧ ⑨
⓪ ① ② ③ ④ ⑤ ⑥ ⑦ ⑧ ⑨
⓪ ① ② ③ ④ ⑤ ⑥ ⑦ ⑧ ⑨
⓪ ① ② ③ ④ ⑤ ⑥ ⑦ ⑧ ⑨

감독위원 확인

(인)

서울교통공사 직업기초능력평가 + 직무수행능력평가 답안카드

직업기초능력평가

문번	1	2	3	4	5	문번	1	2	3	4	5
1	①	②	③	④	⑤	21	①	②	③	④	⑤
2	①	②	③	④	⑤	22	①	②	③	④	⑤
3	①	②	③	④	⑤	23	①	②	③	④	⑤
4	①	②	③	④	⑤	24	①	②	③	④	⑤
5	①	②	③	④	⑤	25	①	②	③	④	⑤
6	①	②	③	④	⑤	26	①	②	③	④	⑤
7	①	②	③	④	⑤	27	①	②	③	④	⑤
8	①	②	③	④	⑤	28	①	②	③	④	⑤
9	①	②	③	④	⑤	29	①	②	③	④	⑤
10	①	②	③	④	⑤	30	①	②	③	④	⑤
11	①	②	③	④	⑤	31	①	②	③	④	⑤
12	①	②	③	④	⑤	32	①	②	③	④	⑤
13	①	②	③	④	⑤	33	①	②	③	④	⑤
14	①	②	③	④	⑤	34	①	②	③	④	⑤
15	①	②	③	④	⑤	35	①	②	③	④	⑤
16	①	②	③	④	⑤	36	①	②	③	④	⑤
17	①	②	③	④	⑤	37	①	②	③	④	⑤
18	①	②	③	④	⑤	38	①	②	③	④	⑤
19	①	②	③	④	⑤	39	①	②	③	④	⑤
20	①	②	③	④	⑤	40	①	②	③	④	⑤

직무수행능력평가

문번	1	2	3	4	5	문번	1	2	3	4	5
1	①	②	③	④	⑤	21	①	②	③	④	⑤
2	①	②	③	④	⑤	22	①	②	③	④	⑤
3	①	②	③	④	⑤	23	①	②	③	④	⑤
4	①	②	③	④	⑤	24	①	②	③	④	⑤
5	①	②	③	④	⑤	25	①	②	③	④	⑤
6	①	②	③	④	⑤	26	①	②	③	④	⑤
7	①	②	③	④	⑤	27	①	②	③	④	⑤
8	①	②	③	④	⑤	28	①	②	③	④	⑤
9	①	②	③	④	⑤	29	①	②	③	④	⑤
10	①	②	③	④	⑤	30	①	②	③	④	⑤
11	①	②	③	④	⑤	31	①	②	③	④	⑤
12	①	②	③	④	⑤	32	①	②	③	④	⑤
13	①	②	③	④	⑤	33	①	②	③	④	⑤
14	①	②	③	④	⑤	34	①	②	③	④	⑤
15	①	②	③	④	⑤	35	①	②	③	④	⑤
16	①	②	③	④	⑤	36	①	②	③	④	⑤
17	①	②	③	④	⑤	37	①	②	③	④	⑤
18	①	②	③	④	⑤	38	①	②	③	④	⑤
19	①	②	③	④	⑤	39	①	②	③	④	⑤
20	①	②	③	④	⑤	40	①	②	③	④	⑤

※ 본 답안지는 마킹연습용 모의 답안지입니다.

성 명

지원 분야

문제지 형별기재란
Ⓐ
Ⓑ
( )형

수험번호

⓪	①	②	③	④	⑤	⑥	⑦	⑧	⑨
⓪	①	②	③	④	⑤	⑥	⑦	⑧	⑨
⓪	①	②	③	④	⑤	⑥	⑦	⑧	⑨
⓪	①	②	③	④	⑤	⑥	⑦	⑧	⑨
⓪	①	②	③	④	⑤	⑥	⑦	⑧	⑨
⓪	①	②	③	④	⑤	⑥	⑦	⑧	⑨
⓪	①	②	③	④	⑤	⑥	⑦	⑧	⑨

감독위원 확인
(인)

서울교통공사 직업기초능력평가 + 직무수행능력평가 답안카드

직업기초능력평가

번호	답란					번호	답란				
1	①	②	③	④	⑤	21	①	②	③	④	⑤
2	①	②	③	④	⑤	22	①	②	③	④	⑤
3	①	②	③	④	⑤	23	①	②	③	④	⑤
4	①	②	③	④	⑤	24	①	②	③	④	⑤
5	①	②	③	④	⑤	25	①	②	③	④	⑤
6	①	②	③	④	⑤	26	①	②	③	④	⑤
7	①	②	③	④	⑤	27	①	②	③	④	⑤
8	①	②	③	④	⑤	28	①	②	③	④	⑤
9	①	②	③	④	⑤	29	①	②	③	④	⑤
10	①	②	③	④	⑤	30	①	②	③	④	⑤
11	①	②	③	④	⑤	31	①	②	③	④	⑤
12	①	②	③	④	⑤	32	①	②	③	④	⑤
13	①	②	③	④	⑤	33	①	②	③	④	⑤
14	①	②	③	④	⑤	34	①	②	③	④	⑤
15	①	②	③	④	⑤	35	①	②	③	④	⑤
16	①	②	③	④	⑤	36	①	②	③	④	⑤
17	①	②	③	④	⑤	37	①	②	③	④	⑤
18	①	②	③	④	⑤	38	①	②	③	④	⑤
19	①	②	③	④	⑤	39	①	②	③	④	⑤
20	①	②	③	④	⑤	40	①	②	③	④	⑤

직무수행능력평가

번호	답란					번호	답란				
1	①	②	③	④	⑤	21	①	②	③	④	⑤
2	①	②	③	④	⑤	22	①	②	③	④	⑤
3	①	②	③	④	⑤	23	①	②	③	④	⑤
4	①	②	③	④	⑤	24	①	②	③	④	⑤
5	①	②	③	④	⑤	25	①	②	③	④	⑤
6	①	②	③	④	⑤	26	①	②	③	④	⑤
7	①	②	③	④	⑤	27	①	②	③	④	⑤
8	①	②	③	④	⑤	28	①	②	③	④	⑤
9	①	②	③	④	⑤	29	①	②	③	④	⑤
10	①	②	③	④	⑤	30	①	②	③	④	⑤
11	①	②	③	④	⑤	31	①	②	③	④	⑤
12	①	②	③	④	⑤	32	①	②	③	④	⑤
13	①	②	③	④	⑤	33	①	②	③	④	⑤
14	①	②	③	④	⑤	34	①	②	③	④	⑤
15	①	②	③	④	⑤	35	①	②	③	④	⑤
16	①	②	③	④	⑤	36	①	②	③	④	⑤
17	①	②	③	④	⑤	37	①	②	③	④	⑤
18	①	②	③	④	⑤	38	①	②	③	④	⑤
19	①	②	③	④	⑤	39	①	②	③	④	⑤
20	①	②	③	④	⑤	40	①	②	③	④	⑤

성 명

지원 분야

문제지 형별기재란

(   )형 Ⓐ Ⓑ

수 험 번 호

0	①	②	③	④	⑤	⑥	⑦	⑧	⑨
0	①	②	③	④	⑤	⑥	⑦	⑧	⑨
0	①	②	③	④	⑤	⑥	⑦	⑧	⑨
0	①	②	③	④	⑤	⑥	⑦	⑧	⑨
0	①	②	③	④	⑤	⑥	⑦	⑧	⑨
0	①	②	③	④	⑤	⑥	⑦	⑧	⑨
0	①	②	③	④	⑤	⑥	⑦	⑧	⑨

감독위원 확인

(인)

서울교통공사 직업기초능력평가 + 직무수행능력평가 답안카드

직업기초능력평가

번호	답란	번호	답란
1	① ② ③ ④ ⑤	21	① ② ③ ④ ⑤
2	① ② ③ ④ ⑤	22	① ② ③ ④ ⑤
3	① ② ③ ④ ⑤	23	① ② ③ ④ ⑤
4	① ② ③ ④ ⑤	24	① ② ③ ④ ⑤
5	① ② ③ ④ ⑤	25	① ② ③ ④ ⑤
6	① ② ③ ④ ⑤	26	① ② ③ ④ ⑤
7	① ② ③ ④ ⑤	27	① ② ③ ④ ⑤
8	① ② ③ ④ ⑤	28	① ② ③ ④ ⑤
9	① ② ③ ④ ⑤	29	① ② ③ ④ ⑤
10	① ② ③ ④ ⑤	30	① ② ③ ④ ⑤
11	① ② ③ ④ ⑤	31	① ② ③ ④ ⑤
12	① ② ③ ④ ⑤	32	① ② ③ ④ ⑤
13	① ② ③ ④ ⑤	33	① ② ③ ④ ⑤
14	① ② ③ ④ ⑤	34	① ② ③ ④ ⑤
15	① ② ③ ④ ⑤	35	① ② ③ ④ ⑤
16	① ② ③ ④ ⑤	36	① ② ③ ④ ⑤
17	① ② ③ ④ ⑤	37	① ② ③ ④ ⑤
18	① ② ③ ④ ⑤	38	① ② ③ ④ ⑤
19	① ② ③ ④ ⑤	39	① ② ③ ④ ⑤
20	① ② ③ ④ ⑤	40	① ② ③ ④ ⑤

직무수행능력평가

번호	답란	번호	답란
1	① ② ③ ④ ⑤	21	① ② ③ ④ ⑤
2	① ② ③ ④ ⑤	22	① ② ③ ④ ⑤
3	① ② ③ ④ ⑤	23	① ② ③ ④ ⑤
4	① ② ③ ④ ⑤	24	① ② ③ ④ ⑤
5	① ② ③ ④ ⑤	25	① ② ③ ④ ⑤
6	① ② ③ ④ ⑤	26	① ② ③ ④ ⑤
7	① ② ③ ④ ⑤	27	① ② ③ ④ ⑤
8	① ② ③ ④ ⑤	28	① ② ③ ④ ⑤
9	① ② ③ ④ ⑤	29	① ② ③ ④ ⑤
10	① ② ③ ④ ⑤	30	① ② ③ ④ ⑤
11	① ② ③ ④ ⑤	31	① ② ③ ④ ⑤
12	① ② ③ ④ ⑤	32	① ② ③ ④ ⑤
13	① ② ③ ④ ⑤	33	① ② ③ ④ ⑤
14	① ② ③ ④ ⑤	34	① ② ③ ④ ⑤
15	① ② ③ ④ ⑤	35	① ② ③ ④ ⑤
16	① ② ③ ④ ⑤	36	① ② ③ ④ ⑤
17	① ② ③ ④ ⑤	37	① ② ③ ④ ⑤
18	① ② ③ ④ ⑤	38	① ② ③ ④ ⑤
19	① ② ③ ④ ⑤	39	① ② ③ ④ ⑤
20	① ② ③ ④ ⑤	40	① ② ③ ④ ⑤

성 명

지원 분야

문제지 형별기재란

(　)형 Ⓐ Ⓑ

수 험 번 호

| ⓪ ① ② ③ ④ ⑤ ⑥ ⑦ ⑧ ⑨ |
| ⓪ ① ② ③ ④ ⑤ ⑥ ⑦ ⑧ ⑨ |
| ⓪ ① ② ③ ④ ⑤ ⑥ ⑦ ⑧ ⑨ |
| ⓪ ① ② ③ ④ ⑤ ⑥ ⑦ ⑧ ⑨ |
| ⓪ ① ② ③ ④ ⑤ ⑥ ⑦ ⑧ ⑨ |
| ⓪ ① ② ③ ④ ⑤ ⑥ ⑦ ⑧ ⑨ |
| ⓪ ① ② ③ ④ ⑤ ⑥ ⑦ ⑧ ⑨ |

감독위원 확인

(인)

서울교통공사 직업기초능력평가 + 직무수행능력평가 답안카드

성 명

지원 분야

문제지 형별기재란	
( )형	Ⓐ Ⓑ

수 험 번 호						
⓪	⓪	⓪	⓪	⓪	⓪	⓪
①	①	①	①	①	①	①
②	②	②	②	②	②	②
③	③	③	③	③	③	③
④	④	④	④	④	④	④
⑤	⑤	⑤	⑤	⑤	⑤	⑤
⑥	⑥	⑥	⑥	⑥	⑥	⑥
⑦	⑦	⑦	⑦	⑦	⑦	⑦
⑧	⑧	⑧	⑧	⑧	⑧	⑧
⑨	⑨	⑨	⑨	⑨	⑨	⑨

감독위원 확인
㉧ 인

직업기초능력평가				직무수행능력평가			
1	① ② ③ ④ ⑤	21	① ② ③ ④ ⑤	1	① ② ③ ④ ⑤	21	① ② ③ ④ ⑤
2	① ② ③ ④ ⑤	22	① ② ③ ④ ⑤	2	① ② ③ ④ ⑤	22	① ② ③ ④ ⑤
3	① ② ③ ④ ⑤	23	① ② ③ ④ ⑤	3	① ② ③ ④ ⑤	23	① ② ③ ④ ⑤
4	① ② ③ ④ ⑤	24	① ② ③ ④ ⑤	4	① ② ③ ④ ⑤	24	① ② ③ ④ ⑤
5	① ② ③ ④ ⑤	25	① ② ③ ④ ⑤	5	① ② ③ ④ ⑤	25	① ② ③ ④ ⑤
6	① ② ③ ④ ⑤	26	① ② ③ ④ ⑤	6	① ② ③ ④ ⑤	26	① ② ③ ④ ⑤
7	① ② ③ ④ ⑤	27	① ② ③ ④ ⑤	7	① ② ③ ④ ⑤	27	① ② ③ ④ ⑤
8	① ② ③ ④ ⑤	28	① ② ③ ④ ⑤	8	① ② ③ ④ ⑤	28	① ② ③ ④ ⑤
9	① ② ③ ④ ⑤	29	① ② ③ ④ ⑤	9	① ② ③ ④ ⑤	29	① ② ③ ④ ⑤
10	① ② ③ ④ ⑤	30	① ② ③ ④ ⑤	10	① ② ③ ④ ⑤	30	① ② ③ ④ ⑤
11	① ② ③ ④ ⑤	31	① ② ③ ④ ⑤	11	① ② ③ ④ ⑤	31	① ② ③ ④ ⑤
12	① ② ③ ④ ⑤	32	① ② ③ ④ ⑤	12	① ② ③ ④ ⑤	32	① ② ③ ④ ⑤
13	① ② ③ ④ ⑤	33	① ② ③ ④ ⑤	13	① ② ③ ④ ⑤	33	① ② ③ ④ ⑤
14	① ② ③ ④ ⑤	34	① ② ③ ④ ⑤	14	① ② ③ ④ ⑤	34	① ② ③ ④ ⑤
15	① ② ③ ④ ⑤	35	① ② ③ ④ ⑤	15	① ② ③ ④ ⑤	35	① ② ③ ④ ⑤
16	① ② ③ ④ ⑤	36	① ② ③ ④ ⑤	16	① ② ③ ④ ⑤	36	① ② ③ ④ ⑤
17	① ② ③ ④ ⑤	37	① ② ③ ④ ⑤	17	① ② ③ ④ ⑤	37	① ② ③ ④ ⑤
18	① ② ③ ④ ⑤	38	① ② ③ ④ ⑤	18	① ② ③ ④ ⑤	38	① ② ③ ④ ⑤
19	① ② ③ ④ ⑤	39	① ② ③ ④ ⑤	19	① ② ③ ④ ⑤	39	① ② ③ ④ ⑤
20	① ② ③ ④ ⑤	40	① ② ③ ④ ⑤	20	① ② ③ ④ ⑤	40	① ② ③ ④ ⑤

※ 본 답안지는 마킹연습용 모의 답안지입니다.

서울교통공사 직업기초능력평가 + 직무수행능력평가 답안카드

직업기초능력평가

번호	①	②	③	④	⑤	번호	①	②	③	④	⑤
1	①	②	③	④	⑤	21	①	②	③	④	⑤
2	①	②	③	④	⑤	22	①	②	③	④	⑤
3	①	②	③	④	⑤	23	①	②	③	④	⑤
4	①	②	③	④	⑤	24	①	②	③	④	⑤
5	①	②	③	④	⑤	25	①	②	③	④	⑤
6	①	②	③	④	⑤	26	①	②	③	④	⑤
7	①	②	③	④	⑤	27	①	②	③	④	⑤
8	①	②	③	④	⑤	28	①	②	③	④	⑤
9	①	②	③	④	⑤	29	①	②	③	④	⑤
10	①	②	③	④	⑤	30	①	②	③	④	⑤
11	①	②	③	④	⑤	31	①	②	③	④	⑤
12	①	②	③	④	⑤	32	①	②	③	④	⑤
13	①	②	③	④	⑤	33	①	②	③	④	⑤
14	①	②	③	④	⑤	34	①	②	③	④	⑤
15	①	②	③	④	⑤	35	①	②	③	④	⑤
16	①	②	③	④	⑤	36	①	②	③	④	⑤
17	①	②	③	④	⑤	37	①	②	③	④	⑤
18	①	②	③	④	⑤	38	①	②	③	④	⑤
19	①	②	③	④	⑤	39	①	②	③	④	⑤
20	①	②	③	④	⑤	40	①	②	③	④	⑤

직무수행능력평가

번호	①	②	③	④	⑤	번호	①	②	③	④	⑤
1	①	②	③	④	⑤	21	①	②	③	④	⑤
2	①	②	③	④	⑤	22	①	②	③	④	⑤
3	①	②	③	④	⑤	23	①	②	③	④	⑤
4	①	②	③	④	⑤	24	①	②	③	④	⑤
5	①	②	③	④	⑤	25	①	②	③	④	⑤
6	①	②	③	④	⑤	26	①	②	③	④	⑤
7	①	②	③	④	⑤	27	①	②	③	④	⑤
8	①	②	③	④	⑤	28	①	②	③	④	⑤
9	①	②	③	④	⑤	29	①	②	③	④	⑤
10	①	②	③	④	⑤	30	①	②	③	④	⑤
11	①	②	③	④	⑤	31	①	②	③	④	⑤
12	①	②	③	④	⑤	32	①	②	③	④	⑤
13	①	②	③	④	⑤	33	①	②	③	④	⑤
14	①	②	③	④	⑤	34	①	②	③	④	⑤
15	①	②	③	④	⑤	35	①	②	③	④	⑤
16	①	②	③	④	⑤	36	①	②	③	④	⑤
17	①	②	③	④	⑤	37	①	②	③	④	⑤
18	①	②	③	④	⑤	38	①	②	③	④	⑤
19	①	②	③	④	⑤	39	①	②	③	④	⑤
20	①	②	③	④	⑤	40	①	②	③	④	⑤

성 명

지원 분야

문제지 형별기재란

형 Ⓐ Ⓑ

( )

수 험 번 호

⓪	①	②	③	④	⑤	⑥	⑦	⑧	⑨
⓪	①	②	③	④	⑤	⑥	⑦	⑧	⑨
⓪	①	②	③	④	⑤	⑥	⑦	⑧	⑨
⓪	①	②	③	④	⑤	⑥	⑦	⑧	⑨
⓪	①	②	③	④	⑤	⑥	⑦	⑧	⑨
⓪	①	②	③	④	⑤	⑥	⑦	⑧	⑨
⓪	①	②	③	④	⑤	⑥	⑦	⑧	⑨

감독위원 확인

(인)